Schönenberg-Wessel/Szalai/Uhl/Hahner/Richter

Überlassungsverträge in der notariellen Praxis

N O T A R P R A X I S

Überlassungsverträge in der notariellen Praxis

2. Auflage 2026

Von
Rechtsanwalt und Notar
Ulf Schönenberg-Wessel, Kiel,

Notar **Dr. Stephan Szalai**, Neuenhagen,

Notarin **Anja Uhl**, Naumburg,

Rechtsanwalt und Steuerberater
Dr. Arne Hahner, Hamburg,

Diplom-Wirtschaftsjurist (FH)
Roy Richter, Leipzig

DeutscherNotarVerlag

Zitiervorschlag:
Schönenberg-Wessel/Szalai/Uhl/Hahner/Richter,
Überlassungsverträge in der notariellen Praxis, § 1 Rn 1

Benutzer-Hinweis für Muster
Für den Download der Mustertexte gehen Sie auf
https://www.notarverlag.de/ueberlassungsvertraege-notarielle-praxis
Dort erhalten Sie Zugriff auf das zip-Archiv: nv_6327_musterdownload

Hinweis
Die Ausführungen in diesem Werk wurden mit Sorgfalt und nach bestem Wissen erstellt. Sie stellen jedoch lediglich Arbeitshilfen und Anregungen für die Lösung typischer Fallgestaltungen dar. Die Eigenverantwortung für die Formulierung von Verträgen, Verfügungen und Schriftsätzen trägt der Benutzer. Herausgeber, Autoren und Verlag übernehmen keinerlei Haftung für die Richtigkeit und Vollständigkeit der in diesem Buch enthaltenen Ausführungen und der per Download bereitgestellten Daten.

Anregungen und Kritik zu diesem Werk senden Sie bitte an
info@notarverlag.de
Autoren und Verlag freuen sich auf Ihre Rückmeldung.

Copyright 2026 by Deutscher Notarverlag, Bonn
Umschlaggestaltung: gentura, Holger Neumann, Bochum
Satz: PMGi – Agentur für intelligente Medien GmbH, Hamm
Druck: Hans Soldan Druck GmbH, Essen
ISBN 978-3-95646-327-3

Bibliografische Information der Deutschen Bibliothek
Die Deutsche Bibliothek verzeichnet diese Publikation in der Deutschen Nationalbibliografie; detaillierte bibliografische Daten sind im Internet über
http://dnb.d-nb.de abrufbar.

Vorwort

Der Entwurf und die Abwicklung von Überlassungsverträgen gehören zu den grundlegenden Aufgaben eines/einer jeden Notarfachangestellten. Dabei erweist sich diese Art von Verträgen oftmals als Herausforderung, da viele verschiedene rechtliche Aspekte eine Rolle spielen können – je nachdem, welche Interessen die Beteiligten vertreten. So können Schuld- und Sachenrecht relevant werden, aber auch Familien-, Erb- oder Sozialrecht. Auch steuerrechtliche Fragestellungen sind keine Seltenheit. Häufig ist ein Überlassungsvertrag in Verbindung mit einer vorweggenommenen Erbfolge gewünscht und hat Grundbesitz zum Gegenstand.

Einem Überlassungsvertrag können diverse Motive zugrunde liegen: Das mehrfache Ausnutzen von Erbschafts- und Schenkungssteuerfreibeträgen, die Reduzierung von Pflichtteils- bzw. Pflichtteilsergänzungsansprüchen oder die Streitvermeidung bei der vorweggenommenen Erbfolge – das sind nur einige Beispiele. Damit Notarfachangestellte den Vertrag sachgerecht aufsetzen können, ist es unerlässlich, dass zuallererst Klarheit über das Motiv herrscht.

Da der Begriff „Überlassungsvertrag" gesetzlich nicht definiert ist, kann die Überlassung selbst sowohl in Form einer reinen Schenkung, einer Schenkung unter Vorbehalt (z.B. eines Nießbrauchsrechts) als auch in Form einer Schenkung unter Auflage vollzogen werden.

Wir hoffen, mit der aktualisierten und erweiterten 2. Auflage des vorliegenden Werkes einen Beitrag zu einer effektiven und zielgerichteten Gestaltung und Abwicklung von Überlassungsverträgen zu leisten. Wir haben uns dabei auf typische Fallkonstellationen beschränkt.

Kiel, im September 2025

Ulf Schönenberg-Wessel, Dr. Stephan Szalai, Anja Uhl, Dr. Arne Hahner, Roy Richter

Inhaltsverzeichnis

Musterverzeichnis

§ 1 Mandatsannahme

§ 2 Schenkung i.S.d. BGB

§ 4 Vorbehaltene Rechte und Gegenleistungen

Abkürzungsverzeichnis

Abs.	Absatz
AG	Amtsgericht
AGBGB	Gesetz zur Ausführung des Bürgerlichen Gesetzbuchs
Anm.	Anmerkung
Art.	Artikel
BeckOGK	beck.online.GROSSKOMMENTAR
BeckOK	Beck'sche Online-Kommentare
BeckRS	Beck-Rechtsprechung
Beschl.	Beschluss
BeurkG	Beurkundungsgesetz
BewG	Bewertungsgesetz
BFH	Bundesfinanzhof
BGB	Bürgerliches Gesetzbuch
BGH	Bundesgerichtshof
BGHZ	Entscheidungen des Bundesgerichtshofes in Zivilsachen
BSG	Bundessozialgericht
BSHG	Bundessozialhilfegesetz
bspw.	beispielsweise
BtBG	Betreuungsbehördengesetz
BTHG	Bundesteilhabegesetz
BVerfG	Bundesverfassungsgericht
BVerwG	Bundesverwaltungsgericht
BWNotZ	Zeitschrift für das Notariat in Baden-Württemberg
bzw.	beziehungsweise
DNotZ	Deutsche Notar-Zeitschrift, Verkündungsblatt der Bundesnotarkammer
eGbR	eingetragene Gesellschaft bürgerlichen Rechts
EGZVG	Einführungsgesetz zu dem Gesetz über die Zwangsversteigerung und die Zwangsverwaltung
ErbStG	Erbschaftsteuer- und Schenkungsteuergesetz
EStG	Einkommensteuergesetz
EUR	Euro
f.	folgend

FamRZ	Zeitschrift für das gesamte Familienrecht
FEVS	Fürsorgerechtliche Entscheidungen der Verwaltungs- und Sozialgerichte (Zs.)
GBO	Grundbuchordnung
GbR	Gesellschaft bürgerlichen Rechts
gem.	gemäß
ggf.	gegebenenfalls
GmbH	Gesellschaft mit beschränkter Haftung
GNotKG	Gerichts- und Notarkostengesetz
grds.	grundsätzlich
GrdstVG	Grundstückverkehrsgesetz
GrEStG	Grunderwerbsteuergesetz
GwG	Geldwäschegesetz
HEZ	Die Heim und ErzieherInnen Zeitschrift
i.d.R.	in der Regel
i.H.v.	in Höhe von
i.S.d.	im Sinne des/der
i.S.v.	im Sinne von
i.V.m.	in Verbindung mit
insb.	insbesondere
JW	Juristische Wochenschrift (Zs.)
KG	Kommanditgesellschaft
KV	Kostenverzeichnis
LG	Landgericht
LPartG	Lebenspartnerschaftsgesetz
LSG	Landessozialgericht
MittBayNot	Mitteilungen des Bayerischen Notarvereins, der Notarkasse und der Landesnotarkammer Bayern
MittRhNotK	Mitteilungen der Rheinischen Notarkammer
NDV-RD	Rechtsprechungsdienst des Deutschen Vereins für Öffentliche und private Fürsorge e.V.
NJW	Neue Juristische Wochenschrift
NJW-RR	NJW-Rechtsprechungs-Report
NotBZ	Zeitschrift für die notarielle Beratungs- und Beurkundungspraxis

Nr.	Nummer
NVwZ-RR	NVwZ-Rechtsprechungs-Report Verwaltungsrecht (Zs.)
NVwZ	Neue Zeitschrift für Verwaltungsrecht
o.Ä.	oder Ähnliche(s)
OLG	Oberlandesgericht
OLGR	OLG-Report (Zs.)
OVG	Oberverwaltungsgericht
RGZ	Entscheidungen des Reichsgerichts in Zivilsachen
Rn	Randnummer
S.	Satz, Seite
s.	siehe
SchlHA	Schleswig-Holsteinische Anzeigen (Justizministerialblatt)
SGB	Sozialgesetzbuch
sog.	sogenannte/er/es
u.a.	unter anderem
u.U.	unter Umständen
Urt.	Urteil
usw.	und so weiter
v.a.	vor allem
VGH	Verwaltungsgerichtshof
vgl.	vergleiche
WEG	Wohnungseigentumsgesetz
WEMoG	Wohnungseigentumsmodernisierungsgesetz
z.B.	zum Beispiel
ZErb	Zeitschrift für die Steuer- und Erbrechtspraxis
ZEV	Zeitschrift für Erbrecht und Vermögensnachfolge
ZfF	Zeitschrift für das Fürsorgewesen (ZfF)
ZNotP	Zeitschrift für die Notarpraxis
ZPO	Zivilprozessordnung
Zs.	Zeitschrift

Literaturverzeichnis

I. Kommentare, Monografien

Abele/Klinger/Maulbetsch, Pflichtteilsansprüche reduzieren und vermeiden, 3. Aufl. 2023

Armbrüster/Preuß/Renner, Beurkundungsgesetz und Dienstordnung für Notarinnen und Notare, Kommentar, 9. Aufl. 2022

Bamberger/Roth, Beck'scher Onlinekommentar BGB, 74. Edition, 2025

BeckOGK, beck-online.GROSSKOMMENTAR zum Zivilrecht, 2025

Bieritz-Harder/Conradis/Thie, Sozialgesetzbuch XII, Kommentar, 12. Aufl. 2020

Burandt/Rojahn, Erbrecht, Kommentar, 4. Aufl. 2022

Dauner-Lieb/Grziwotz, BGB, Kommentar, 4. Aufl. 2021

Doering-Striening, Der Sozialhilferegress bei Erbfall und Schenkung, 2. Aufl. 2022

Dörndorfer/Neie/Wendtland/Gerlach, Beck'scher Online-Kommentar zum Kostenrecht, 47. Edition, 2024

Dombek/Kroiß, FormularBibliothek Vertragsgestaltung, 4. Aufl. 2023

Eicher/Luik/Harich, SGB II – Grundsicherung für Arbeitssuchende, Kommentar, 6. Aufl. 2024

Gagel, SGB II – SGB III, Kommentar, 93. Aufl. 2025

Griesel, Aktuelle Probleme der Pflichtteilsergänzung, 1. Aufl. 2018

Groll/Rösler, Praxis-Handbuch Erbrechtsberatung, 6. Aufl. 2024

Grube/Wahrendorf/Flint, SGB XII – Sozialhilfe mit Eingliederungshilfe (SGB IX Teil 2) und Asylbewerberleistungsgesetz, Kommentar, 8. Aufl. 2024

Grüneberg (vormals Palandt), BGB, Kommentar, 84. Aufl. 2025

Kappler/Kappler, Die vorweggenommene Erbfolge, 2. Aufl. 2023

Knickrehm/Kreikebohm/Waltermann, Kommentar zum Sozialrecht, 8. Aufl. 2023

Korintenberg, Gerichts- und Notarkostengesetz: GNotKG, Kommentar, 22. Aufl. 2022

Krauß, Vermögensnachfolge in der Praxis, 7. Aufl. 2025

Kroiß/Horn/Solomon, Nachfolgerecht, 3. Aufl. 2023

Krug/Horn, Pflichtteilsprozess, 3. Aufl. 2021

Krug/Rudolf/Kroiß/Bittler, Anwaltformulare Erbrecht, 6. Aufl. 2019

Mayer/Süß/Tanck/Bittler, Handbuch Pflichtteilsrecht, 5. Aufl. 2024

Meincke/Hannes/Holtz, Erbschaft- und Schenkungsteuergesetz, Kommentar, 18. Aufl. 2021

Münch, Ehebezogene Rechtsgeschäfte, 6. Aufl. 2024

Münchener Kommentar zum BGB, 9. Aufl. 2023

Münder/Geiger, Sozialgesetzbuch II, Grundsicherung für Arbeitsuchende, Lehr- und Praxiskommentar, 8. Aufl. 2024

Muscheler, Erbrecht Band 1, 1. Aufl. 2010

Neie, Überlassungsvertrag, 3. Aufl. 2025

Neumann/Pahlen/Greiner/Winkler/Jabben, Sozialgesetzbuch IX: SGB IX, Kommentar, 15. Aufl. 2024

Notarkasse Anstalt des öffentlichen Rechts, Streifzug durch das GNotKG, 13. Aufl. 2021

Rolfs/Giesen/Kreikebohm/Udsching, Beck'scher Onlinekommentar zum Sozialrecht, 76. Edition, 2025

Rose/Watrin, Erbschaftsteuer mit Schenkungsteuer und Bewertungsrecht, 13. Aufl. 2021

Sauer/Ritzer/Schuhmann, Handbuch Immobilienbesteuerung, Loseblatt-Sammlung, Stand: Mia 2025

Scherer, Münchener Anwaltshandbuch Erbrecht, Kommentar, 6. Aufl. 2023

Schlitt/Müller, Handbuch Pflichtteilsrecht, 3. Aufl. 2024

Spiegelberger, Vermögensnachfolge, 3. Aufl. 2020

Troll/Gebel/Jülicher/Gottschalk, Erbschaft- und Schenkungsteuergesetz, Kommentar, 70. Aufl. 2025

Viskorf, Grunderwerbsteuergesetz, 21. Aufl. 2024

II. Zeitschriftenbeiträge

Die Zitierung von Zeitschriftenbeiträgen erfolgt durch Angabe der Zeitschrift, des Erscheinungsjahres sowie der Seite.

§ 1 Mandatsannahme

Ulf Schönenberg-Wessel

A. Mandanteninteressen

Die Motiv- und Interessenlage der Beteiligten ist für den Notar bei Beratung und Gestaltung von elementarer Bedeutung. Auch, wenn die Beteiligten häufig ein prägendes Motiv angeben, sollte der Notar ebenso über die **Fernwirkungen** der jeweiligen Gestaltung beraten. Was steuerlich günstig ist (Überlassung gegen Nießbrauchsvorbehalt) kann negative erbrechtliche Folgen (Pflichtteilsergänzungsansprüche) der pflichtteilsberechtigten Nichterben auslösen. Es gilt auch insoweit den **wahren Willen** der Beteiligten nach § 17 Abs. 1 BeurkG zu erforschen. 1

Es ist die zentrale Aufgabe des Notars, den **Willen** der Beteiligten zu erforschen, den **Sachverhalt** zu klären und die Beteiligten über die **rechtliche Tragweite** des Geschäfts zu belehren. Er soll darauf achten, dass Irrtümer und Zweifel bei den Beteiligten vermieden werden. Aufgabe des Notars ist es, den Willen der Beteiligten mit den Erklärungen in der Niederschrift in Einklang zu bringen. Hierzu hat der Notar im Vorfeld – spätestens bei – der Beurkundung die, je nach Art des beantragten Rechtsgeschäfts regelungsbedürftigen, Aspekte abzufragen und zu erörtern, ob die Beteiligten bewusst oder unbewusst über einen bestimmten Aspekt keine Regelung treffen wollen.[1] 2

Der Notar kann seiner **Beratungs- und Belehrungspflicht** jedoch nur nachkommen, wenn er den zu regelnden Sachverhalt kennt, insbesondere die diesen ausmachenden Tatsachen einschließlich der Vorstellungen der Beteiligten kennt, um eine dem wahren Willen der Beteiligten nentsprechende Urkunde errichten zu können. Grundsätzlich ist es Sache der Beteiligten, dem Notar den Sachverhalt und die für die beantragte Regelung relevanten Angaben zu übermitteln. Dies entbindet den Notar jedoch nicht davon, durch gezielte Nachfragen und Belehrungen den tatsächlich **regelungsbedürftigen Kern** des Beurkundungsvorganges zu ermitteln. Gerade bei Überlassungsverträgen ist der Beratungs- und Belehrungsbedarf sehr hoch, 3

1 BGH, NJW 1994, 2283; DNotZ, 1995, 407 (409); Armbrüster/Preuß/Renner/*Armbrüster*, § 17 BeurkG Rn 21; BeckOGK/*Regler*, BeurkG § 17 Rn 23.

da die Beteiligten häufig nur einen sehr eingeschränkten Blick auf die Wirkungen des Vertrages haben.

I. Steuerliche Motive

4 Die **Vermeidung von Erbschaftsteuer** für den Fall, dass die Immobilie erst im Erbfall an die Begünstigten übergeht, steht ganz häufig an der Spitze der Motive. Durch rechtzeitige Übertragung von Immobilienvermögen sollen die Freibeträge innerhalb der Familie möglichst optimiert ausgenutzt werden. Dabei ist zu berücksichtigen, dass der Freibetrag nach dem ErbStG mehrfach ausgenutzt werden kann, wenn zwischen zwei Schenkungen bzw. einer Schenkung und dem Erbfall zehn oder mehr Jahre liegen.

Angesichts der zu erwartenden Wertsteigerung von Immobilien ist eine rechtzeitige Übertragung zu empfehlen, da sich der Wertzuwachs in diesem Fall realisiert, wenn der Überlassungsgegenstand sich schon im Eigentum des Übernehmers befindet. Er wird also bei der Berechnung der Erbschaftsteuer nicht berücksichtigt.

5 *Hinweis*

Verfügt der Überlasser über erhebliches Immobilienvermögen, empfiehlt es sich, die Immobilien **sukzessiv** zu übertragen und zunächst jeweils die Festsetzung des Werts der Schenkung durch das Finanzamt abzuwarten, bevor weitere Immobilien oder Anteile an Immobilien übertragen werden. Alternativ kann an die Einbringung der Immobilie in einen Familienpool unter **sukzessiver** Übertragung von Gesellschaftsanteilen an die Begünstigten gedacht werden.

II. Vermögenssicherung für den Fall der späteren Pflege

6 Die **Übertragung** einer Immobilie wird auch für den Fall in Betracht gezogen, dass der Eigentümer verhindern möchte, dass die Immobilie später für den eigenen Unterhalt bzw. die eigene Pflege verbraucht werden muss. Es soll, wenn gleich zu Lasten der Allgemeinheit, verhindert werden, dass das aufgebaute Vermögen „*an das Sozialamt*“ fällt, wenn die Pflege nicht mehr finanziert werden kann. Hauptmotiv ist insoweit, den Schenkungsrückforderungsanspruch nach § 528 BGB auszuschließen.

7 Gemäß § 528 BGB kann der Schenker vom Beschenkten die Herausgabe des Geschenkten verlangen, sofern der Schenker nach der Vollziehung der

Schenkung nicht in der Lage ist, seinen eigenen Unterhalt zu bestreiten und/oder die gegebenenfalls gegenüber Verwandten bestehenden Unterhaltsansprüche zu erfüllen. Da der Zweck des § 528 BGB darin besteht, dem Schenker die Deckung seines eigenen Unterhaltsbedarfs zu ermöglichen, lastet dieser Rückforderungsanspruch von Beginn an auf jeder Schenkung.[2]

Damit der Sozialhilfeträger einen Schenkungsrückforderungsanspruch aus 8
§ 528 BGB auf sich überleiten kann, muss er beweisen können, dass eine Schenkung nach § 516 Abs. 1 BGB vorliegt. Demnach ist eine Schenkung eine Zuwendung, durch die jemand aus seinem Vermögen einen anderen bereichert, beide Teile sich diesbezüglich einig sind und die Zuwendung unentgeltlich erfolgt ist.

Die **Rückforderung** des Geschenks ist ausgeschlossen, wenn seit der Leis- 9
tung des geschenkten Gegenstandes zehn Jahre verstrichen sind, § 529 Abs. 1 letzter Hs. BGB. Die Frist läuft ab dem Zeitpunkt, in dem der Schenker alles für den Vollzug Erforderliche getan hat, bei einem Grundstück entsprechend ab dem Umschreibungsantrag.[3] Der Fristlauf wird nicht dadurch gehindert, dass sich der Schenker an dem verschenkten Grundstück ein lebenslanges Nutzungsrecht vorbehält.[4] Im Gegensatz zum Pflichtteilsberechtigten, dessen Recht nicht durch die Konstruktion des Nießbrauchvorbehalts in zeitlicher Hinsicht geschmälert werden soll, bedarf der Schenker keines weitergehenden Schutzes, zumal der Vorbehalt der eigenen Unterhaltssicherung dient.[5]

Schenkungen, die aus sittlicher Pflicht oder Anstand getätigt werden, unter- 10
fallen nicht dem Schenkungsrückforderungsanspruch aus § 528 BGB. Diese sind nach § 534 BGB ausgenommen.

Die Rückforderung des Geschenks ist ferner dann ausgeschlossen, wenn der 11
Beschenkte die **Bedürftigkeitseinrede** aus § 529 Abs. 2 BGB geltend machen kann. Für die Ermittlung der Bedürftigkeit nach § 529 Abs. 2 BGB gelten die allgemeinen unterhaltsrechtlichen Reglungen und die hierzu von der Rechtsprechung entwickelten Richtlinien. Die Leistungsfähigkeit eines Beschenkten beurteile sich zuerst nach den §§ 1603 Abs. 1, 1610 Abs. 1 BGB.

2 Kroiß/Horn/Solomon/*Hußmann*, NachfolgeR, § 33 Rn 20; MüKoBGB/*Koch*, § 528 Rn 2.

3 BGH, NJW 2000, 728; 2011, 3082 Rn 13 ff.; OLG Köln, FamRZ 1986, 985; a.A. *Zeranski*, NJW 2017, 1345 ff.

4 BGH NJW 2011, 3082; BeckOK-BGB/*Gehrlein*, § 529 Rn 3.

5 BeckOGK/*Harke*, § 529 Rn 6.1; *Zeranski*, NJW 2017, 1345 (1349).

Das Mindestmaß zur Leistungsfähigkeit i.S.v. § 1603 Abs. 1 BGB beurteile die Praxis regelmäßig aus einem Sockelbetrag und der Hälfte des darüber hinausgehenden Einkommens.[6] Die 100.000 EUR-Grenze des § 94 Abs. 1a SGB XII hat keine Bedeutung hinsichtlich der Bestimmung des angemessenen Unterhalts i.S.v. § 529 Abs. 2 BGB. Der Ausschluss des Übergangs von Unterhaltsansprüchen wegen § 94 Abs. 1a S. 2 SGB XII hat auf Ansprüche aus § 528 Abs. 1 BGB keinen Einfluss.[7]

III. Reduzierung von Pflichtteils- und Pflichtteilsergänzungsansprüchen

12 In der Praxis stetig wiederkehrend ist die Vorstellung der Beteiligten, dass durch Übertragung eines Vermögensgegenstandes auf den anderen Ehegatten oder einen Abkömmling Pflichtteilsansprüche des jeweils „ungeliebten" Kindes vermieden bzw. verringert werden können.

13 **Zuwendungen** des Erblassers an andere Personen als den Pflichtteilsberechtigten eignen sich zur Reduzierung des Pflichtteils, wenn es sich um eine freigiebige Schenkung handelt, die die 10-Jahres-Frist des § 2325 Abs. 3 BGB auslöst. § 2325 BGB soll verhindern, dass der Pflichtteilsanspruch durch lebzeitige Zuwendungen des Erblassers ausgehöhlt wird. Dieser sog. **Pflichtteilsergänzungsanspruch** gem. § 2325 BGB ist sowohl in zeitlicher als auch in sachlicher Hinsicht begrenzt.[8] Innerhalb des Pflichtteilsergänzungsanspruchs wird das durch Schenkung Zugewendete zu dem Nachlass dazu gerechnet. Anhand dieses sog. **fiktiven Nachlasses** wird dann der Pflichtteilsanspruch des Berechtigten berechnet.[9] Gemäß § 2317 Abs. 2 BGB handelt es sich bei dem Pflichtteilsergänzungsanspruch um einen vererblichen Anspruch, sofern er vor dem Tod des berechtigten Nichterben entstanden ist. Der berechtigte Nichterbe muss zum Zeitpunkt der Schenkung allerdings noch nicht gelebt haben oder bereits pflichtteilsberechtigt gewesen sein.[10]

14 Nach § 2325 Abs. 3 S. 3 BGB beginnt die **Abschmelzungsfrist** von zehn Jahren bei Schenkungen an einen Ehegatten/eingetragenen Lebenspartner

6 BGH, Urt. v. 16.4.2024 – X ZR 14/23, Rn 10.
7 BGH, Urt. v. 16.4.2024 – X ZR 14/23; notar 2025, 112 m. Anm. *Schönenberg-Wessel*.
8 MüKoBGB/*Lange*, § 2325 Rn 1 f.
9 BeckOK-BGB/*Müller-Engels*, § 2325 Rn 1.
10 BGH, Urt. v. 23.5.2012 – IV ZR 250/11, ZEV 2012, 478.

nicht vor Auflösung der Ehe zu laufen. Die Regelung erfasst sämtliche Schenkungen während der Ehezeit. Schenkungen, die vor Begründung der Ehe an den zukünftigen Ehegatten erfolgt sind, unterliegen dagegen der Abschmelzung. Hat der Erblasser Schenkungen an einen früheren Ehegatten getätigt und wurde diese Ehe geschieden, aufgehoben oder durch Tod des beschenkten Ehegatten aufgelöst, so bleiben die Schenkungen des Erblassers im Rahmen der Pflichtteilsergänzung unberücksichtigt, wenn seit der Auflösung mehr als zehn Jahre verstrichen sind.[11]

Wird die Ehe erst durch den Tod des Erblassers aufgelöst wird, findet keine Abschmelzung statt. Dies hat zur Folge, dass Schenkungen an den Ehegatten selbst dann ergänzungspflichtig nach § 2325 BGB sind, wenn diese schon vor Jahrzehnten erfolgt sind.[12] Die Problematik des § 2325 Abs. 3 S. 3 BGB greift hingegen nicht ein, wenn die Zuwendung an den Ehegatten entgeltlich erfolgt ist. Dies ist etwa der Fall, wenn die Übertragung zur Erfüllung eines tatsächlichen Zugewinnausgleichsanspruchs oder als ehebedingte Zuwendung erfolgt ist. Im Wege der **Güterstandsschaukel** bzw. der Vereinbarung nachträglicher Entgeltlichkeit kann der Rechtsgrund einer früheren Schenkung nachträglich noch korrigiert werden.

Erhält der Erblasser für die Zuwendung eine **Gegenleistung**, kann es bereits an der objektiven Unentgeltlichkeit der Zuwendung für eine Schenkung i.S.v. § 516 BGB fehlen, sofern die Gegenleistung den Wert der Zuwendung erreicht.[13] Bei der Bewertung der Höhe von Leistung und Gegenleistung kommt den Vertragsparteien des Schenkungsvertrags ein erheblicher Beurteilungsspielraum zu. 15

Grenzen zieht die Rechtsprechung diesem **Beurteilungsspielraum** jedoch, sofern ein auffälliges Missverhältnis von Leistung und Gegenleistung vorliegt. Ob ein solches vorliegt, bemisst sich anhand objektiver Kriterien (objektiver Wert des Zugewandten im Verhältnis zur Gegenleistung).[14] Diesbezüglich trägt der Pflichtteilsberechtigte die Beweislast. Dementsprechend muss er im Prozess den **Wert** der Leistung und Gegenleistung sowie das bestehende Missverhältnis darlegen.[15] Gelingt ihm dieser Nachweis, wird zu

11 MüKoBGB/*Lange*, § 2325 Rn 84.

12 MüKoBGB/*Lange*, § 2325 Rn 84.

13 Burandt/Rojahn/*Horn*, Erbrecht, § 2325 BGB Rn 30.

14 BGH, Urt. v. 14.6.1972 – IV RZ 53/71, NJW 1972, 1708 (1709); BGH, Beschl. v. 3.12.2008 – IV ZR 58/07, ZEV 2009, 77 (78).

15 OLG Oldenburg, Urt. v. 4.6.1996 – 5 U 27/96, NJW-RR 1997, 263 (264).

seinen Gunsten vermutet, dass das Missverhältnis sowohl für den Zuwendungsempfänger als auch für den Zuwendenden ersichtlich gewesen ist.[16]

16 Wird das objektive Missverhältnis bejaht, so berechnet sich der Wert des Pflichtteilsanspruchs aus der **Differenz** vom objektiven Wert der Zuwendung und dem noch vertretbaren Wert bei einer Würdigung der konkreten Umstände des Einzelfalls.[17] Maßgeblich für den Zeitpunkt der Ermittlung des objektiven Werts ist der Zeitpunkt des **Vertragsschlusses.**[18]

> *Hinweis*
>
> Von der Pflichtteilsergänzung ausgeschlossen sind sog. Anstands- und Pflichtschenkungen (§ 2330 BGB).

IV. Vorweggenommene Erbfolge

17 „*Mit warmer Hand geben*“: Dieser Wunsch kann ein weiteres Motiv zur lebzeitigen Übertragung von Immobilien sein. Der Überlasser eröffnet sich damit die Möglichkeit, die eigentliche Erbfolge vorwegzunehmen und wesentliche Vermögenswerte gezielt zuzuordnen.

Für den Übergeber steht neben dem Hauptanliegen der geordneten **Vermögensnachfolge** – nicht in jedem Fall, aber doch regelmäßig – die Schaffung von Versorgungssicherheit für sich (und seinen Ehegatten) im Mittelpunkt, gibt er doch (vorzeitig) oftmals sein wesentliches Vermögen aus der Hand. Daneben tritt der Wunsch, dem Übernehmer bei dessen Existenzgründung unter die Arme zu greifen und dabei gleichsam das geschaffene Vermögen im Kreis der Familie zu halten. Diese Motive können unterschiedlich gewichtet sein; sie müssen nicht kumulativ vorliegen.[19]

Der Begriff der **vorweggenommen Erbfolge** ist dem BGB fremd. Die Kennzeichnung einer Vermögensübertragung im Überlassungsvertrag als „vorweggenommene Erbfolge“ kann eine bloße Motivangabe sein oder allein aus steuerlichen Gründen erfolgen. Darin kann aber auch eine Anrechnungsbestimmung zu sehen sein.[20] Ohne nähere Konkretisierung kann in

16 BGH, Urt. v. 14.6.1972 – IV RZ 53/71, NJW 1972, 1708 (1709); OLG Oldenburg, Urt. v. 4.6.1996 – 5 U 27/96, NJW-RR 1997, 263 (264).

17 BGH, Urt. v. 27.5.1981 – IVa ZR 132/80, NJW 1981, 2458 (2459).

18 *Klinger,* in: Pflichtteilsansprüche reduzieren und vermeiden, § 2 Rn 33.

19 *Kappler/Kappler,* MittBayNot 2019, 217.

20 BGH, ZEV 2010, 190 m. Anm. *Keim*; *Thubauville,* MittRhNotK 1992, 289 (297).

der Bezeichnung auch eine Ausgleichungsanordnung oder gar die zulässige Kombination aus Anrechnungs- und Ausgleichungsanordnung zu sehen sein. Der Notar ist hier gehalten die **gewünschten Wirkungen** klar und unmissverständlich in der Urkunde festzuhalten. Das OLG Brandenburg nahm in einer zu Recht kritisierten Entscheidung sogar an, dass in der Zuwendung eines Vermögenswerts durch notariellen Überlassungsvertrag im Wege der vorweggenommenen Erbfolge zugleich eine Enterbung liegen kann, wenn nach dem Überlassungsvertrag die Anrechnung der Zuwendung auf den Pflichtteil nach § 2325 BGB erfolgen soll.[21] Diese Fernwirkung sollte unbedingt vermieden werden.

V. Ehebedingte Zuwendung

Die Zuwendung einer Immobilie an den anderen Ehegatten findet sich häufig mit dem vermeintlichen Ziel der Reduzierung von Pflichtteilsansprüchen der („unliebsamen“) Abkömmlinge. Dieses Ziel kann aufgrund der Regelung des § 2325 Abs. 3 S. 3 BGB i.d.R. nicht erreicht werden, da etwaige Pflichtteilsergänzungsansprüche weiterhin ohne Abschmelzung bestehen. Es ist jedoch zu prüfen, ob eine Ausgestaltung der Überlassung als **unbenannte Zuwendung** möglich ist. 18

Ehebedingte Zuwendungen können entgeltlich und somit nicht nach § 2325 BGB ergänzungspflichtig sein.[22] Das Rechtsinstitut der **Ehegattenzuwendung** ist jedoch unterschiedlich zu bewerten, je nach dem in welchem Rechtsgebiet man sich befindet und wie sich im Einzelfall die Interessenslage gestaltet. Die Voraussetzungen und Rechtsfolgen einer ehebedingten Zuwendung gilt es herauszuarbeiten und daraus mögliche Gestaltungen in der Praxis abzuleiten. 19

Zuwendungen in der Ehe sind auch dadurch gekennzeichnet, dass der zuwendende Ehegatte sie nicht in Schenkungsabsicht erbringt, sondern „*um der Ehe willen*“ als Beitrag zur Verwirklichung, Ausgestaltung, Erhaltung und Sicherung der ehelichen Lebensgemeinschaft.[23] 20

Unbenannte Ehegattenzuwendungen unterscheiden sich im Vergleich zu Schenkungen auch dadurch, dass ihnen der Zuwendende keine echte Freigiebigkeit zugrunde legt, sondern die Erwartung oder Vorstellung, die Ehe

21 OLG Brandenburg, Beschl. v. 31.8.2022 – 3 W 55/22.
22 *Schlitt/Müller-Engels*, Handbuch Pflichtteilsrecht, § 5 Rn 76.
23 BGH, MittBayNot 1997, 295.

werde Bestand haben und der Zuwendende werde dadurch innerhalb der ehelichen Lebensgemeinschaft weiterhin am Vermögenswert und dessen Früchten teilhaben.[24]

Der BGH sieht in der ehebedingten Zuwendung einen **familienrechtlichen Vertrag eigener Art**, dessen Geschäftsgrundlage der Bestand der Ehe ist.[25] Die Zuwendung „*um der Ehe willen*" ist güterrechtlich im Verhältnis zwischen den Ehegatten grundsätzlich keine Schenkung.[26] Im Außenverhältnis zu Dritten findet das Rechtsinstitut der ehebedingten Zuwendung dagegen keine Anwendung und die Ehegattenzuwendung wird wie eine echte Schenkung behandelt:[27] Etwa folgt das Erbschaft- und Schenkungsteuerrecht der zivilrechtlichen Sonderbehandlung nicht und unbenannte Ehegattenzuwendungen sind unter den Voraussetzungen des § 7 Abs. 1 Nr. 1 ErbStG steuerbar.[28]

21 Im Bereich des Güterrechts hat die Rechtsprechung zahlreiche Fallgruppen anerkannt, die zum Vorliegen einer Ehegattenzuwendung und somit zu einer Entgeltlichkeit der Zuwendung führen.[29] Die Ehegattenzuwendung stellt zwischen den Ehegatten den **Regelfall** dar, wenn es um größere Zuwendungen innerhalb der Ehe geht. Die schlichte Schenkung wird man in wenigen Fällen bejahen können. Anders verhält es sich jedoch, wenn die Zuwendung nicht ausschließlich zwischen den Ehegatten wirkt, sondern **Dritte** betroffen sind. So etwa, wenn der Staat in Form von Schenkungs- und Erbschaftssteuer an den Zuwendungen der Ehegatten teilhaben kann.

22 Der BGH sieht in der ehebedingten Zuwendung im Erbrecht grundsätzlich eine Schenkung, die nach § 2325 BGB **ergänzungspflichtig** ist.[30] Das Fehlen der subjektiven Unentgeltlichkeit zwischen den Ehegatten ist im Hinblick auf die Schutzwürdigkeit des Pflichtteilsberechtigten also unbeachtlich. Der BGH begnügt sich mit dem Vorliegen der objektiven Unentgeltlichkeit. Jedoch lässt der BGH ausnahmsweise gewisse Fallgruppen zu, die eine Entgeltlichkeit der Zuwendung begründen. Die sich hieraus ergebenden Gestaltungsmöglichkeiten, die nach der Rechtsprechung keine Ergänzungs-

24 BGH, NJW 2013, 2025; BeckOK-BGB/*Scheller/Sprink*, 73. Ed. 1.2.2025, § 1372 Rn 32.
25 BGH, NJW 2006, 2330; BGH, MittBayNot 1988, 181; *Münch*, Kap. 3 Rn 3.
26 Vgl. BeckOK-BGB/*Scheller/Sprink*, 73. Ed. 1.2.2025, § 1372 Rn 33.
27 BeckOK-BGB/*Scheller/Sprink*, 73. Ed. 1.2.2025, § 1372 Rn 33.
28 BFH, NJW 1994, 2044.
29 Zusammenfassend *Frank*, Anm. BGH, MittBayNot 1990, 181.
30 BGH, NJW 1992, 564; BeckOK-BGB/*Müller-Engels*, § 2325 Rn 18.

pflicht auslösen und daher tatsächlich zu einer Reduzierung von Pflichtteilsansprüchen führen, sollten bei entsprechendem Willen der Beteiligten genutzt und in der Urkunde dokumentiert werden.

1. Unterhaltsrechtlich geschuldete Leistungen und angemessene Altersversorgung

Als ersten Fall der ehebedingten Zuwendung, die auch im Erbrecht als entgeltlich gilt, hat der BGH die angemessene **Altersversorgung** und die unterhaltsrechtlich geschuldeten Leistungen des anderen Ehegatten anerkannt.[31] Diese Fälle stehen eng beieinander, da die Ehegatten sich auch während der intakten Ehe **Versorgungsunterhalt** schulden (§ 1360 BGB). Daraus lässt sich ein Maßstab ableiten, der auch für die Altersversorgung gilt, da diese eine Verlängerung des **Unterhaltsanspruchs** darstellt. Eine solche Zuwendung muss jedoch in erster Linie für die konkreten ehelichen Verhältnisse angemessen sein. 23

Die **Angemessenheit** ist maßgeblich anhand der §§ 1360, 1360a BGB zu bestimmen und richtet sich nach den konkreten Einkommens- und Vermögensverhältnissen der Ehegatten, nicht nach Durchschnittswerten.[32] Bei Zuwendungen zur Alterssicherung ist auch zu berücksichtigen, inwiefern bereits für die Zukunft des Zuwendungsempfängers **vorgesorgt** ist.[33]

Beispiel aus der Rechtsprechung 24

Das OLG Schleswig hat unter diesen Fall auch die Zuwendung eines Nießbrauchs an zwei Wohnungen, wobei eine davon fremdvermietet war, als angemessene Altersversorgung und mithin als entgeltlich angesehen. Dem überlebenden Ehegatten werde damit ermöglicht, den von beiden Ehegatten geführten Lebensstandard auch nach dem Erbfall aufrecht zu erhalten. Zur Höhe der angemessenen Versorgung ist zu bedenken, dass sich die Kosten mit dem Tod eines Ehegatten nicht einfach halbieren, sondern aufgrund der Haushaltsführung u.a. oftmals ein über der Hälfte liegender Betrag heranzuziehen ist.[34]

31 BeckOK-BGB/*Müller-Engels*, § 2325 Rn 18.
32 BeckOGK-BGB/*Schindler*, 1.2.2025, § 2325 Rn 89.
33 BGH, NJW 1992, 564, 566.
34 OLG Schleswig, ZEV 2010, 369; *Löhnig*, NJW 2018, 1435.

25 *Beispiel aus der Rechtsprechung*

Das OLG Stuttgart hat eine weitere Ausgestaltung dieser Fallgruppe zur Entscheidung gehabt. Der Erblasser hatte 58.300 EUR in den privaten Rentenversicherungsvertrag seiner Ehefrau eingezahlt. Ohne die Zuwendung des Erblassers hätte die Ehefrau lediglich eine geringe Rente (352,82 EUR) und die Witwenrente i.H.v. 60 % (893,52 EUR) für ihre Altersversorgung zur Verfügung gehabt. Diese Summe sei insbesondere aufgrund der Vorerkrankungen und dementsprechend der Wahrscheinlichkeit einer Heimunterbringung der Ehegattin nicht ausreichend. Mithin hat das OLG entschieden, dass die Zuwendung in die Rentenversicherung angemessen war und ein Pflichtteilsanspruch dadurch nicht entsteht.[35]

26 Der Umfang der unterhaltsrechtlich geschuldeten Leistung und somit der angemessenen Altersversorgung bestimmt sich nach §§ 1360, 1360a BGB. Dabei kommt es auf die konkreten **Einkommens- und Vermögensverhältnisse** der Ehegatten an.[36] Dabei ist auch nicht entscheidend, wie sie das Einkommen oder Vermögen tatsächlich genutzt haben, also ob sie besonders sparsam oder übermäßig aufwendig gelebt haben.[37] Nach dem BGH ist hier ein objektiver Maßstab anzulegen.[38] Insbesondere im Verhältnis zu anderen Unterhaltsberechtigten ist es den Ehegatten nicht gestattet, von diesem objektiven Maßstab abzuweichen.[39] Gegenüber einem pflichtteilsberechtigten Dritten kommt es jedoch nicht im gleichen Maße zu Konflikten der Ansprüche. Der Pflichtteilsanspruch erfüllt nämlich nicht den Zweck des Unterhalts und ist demnach nicht gleichwertig zu einem Unterhaltsanspruch eines Verwandten.[40] Mithin bleibt den Ehegatten ein weiterer Spielraum für die Gestaltung der ehebedingten Zuwendungen, jedoch stets bis zur Grenze der Angemessenheit und gemessen am Grundsatz der hälftigen Beteiligung der Ehegatten.[41] Dies geht über eine schlichte Halbierung der bisherigen Kos-

35 OLG Stuttgart, ZEV 2011, 384.
36 MüKoBGB/*Weber-Monecke*, § 1360a Rn 2, 3.
37 BeckOK-BGB/*Beutler*, § 1360a Rn 3.
38 BGH, NJW 2008, 57.
39 BGH, NJW 2013, 686, 688.
40 *Löhnig*, NJW 2018, 1435.
41 BVerfG, NJW 2002, 1185.

ten der Ehegatten hinaus und muss anhand eines konkreten Vergleichs der Lebensverhältnisse vor und nach dem Erbfall ermittelt werden.[42]

Schließlich gilt es zu beachten, in welcher **Form** die Zuwendung zwischen Ehegatten stattfindet. Sie muss nämlich die Funktion als Altersversorgung konkret erfüllen. Eine schlichte Zuwendung einer Geldsumme wird dafür nicht ausreichen.[43] Anders verhält es sich mit Leistungen, die eine wiederkehrende, rentenähnliche Leistung nach sich ziehen. Dies kann sich insbesondere aus der Zuwendung von Lebensversicherungen[44] und Zahlungen in private Rentenversicherungen oder eines Nießbrauchs einer nicht selbst genutzten Immobilie ergeben.[45] 27

Hinweis

Auch die Übertragung einer Immobilie, die geeignet ist, den **Wohnbedarf im Alter** zu decken, kann der Altersversorgung dienen.

2. Nachträgliche Vergütung langjähriger Dienste

Weiterhin hat der BGH die Vergütung des Ehegatten für langjährige Dienste als entgeltliche Zuwendung anerkannt. Hierunter fallen zunächst Fälle wie die 30-jährige Mitarbeit der Ehefrau als Sprechstundenhilfe in der Arztpraxis des Ehemanns.[46] Die Entgeltlichkeit kann mithin auch noch lange Zeit nach der Tätigkeit vereinbart werden.[47] Die Höhe der Zuwendung ist nach allgemeinen Maßstäben danach zu beurteilen, ob ein grobes Missverhältnis zwischen der Leistung und der Gegenleistung vorliegt. Der überschüssige Betrag könnte dann Pflichtteilsergänzungsansprüche auslösen.[48] Zu berücksichtigen ist dabei, ob und in welchem **Umfang** der mitarbeitende Ehegatte während seiner Tätigkeit eine angemessene Vergütung erhalten hat. Wurde die Tätigkeit seinerzeit umfassend vergütet, scheidet eine (weitere) nachträgliche Vergütung aus. In diesem Fall läge eine (ergänzungspflichtige) Schenkung vor. 28

42 OLG Schleswig, ZEV 2010, 369; OLG Hamm, BeckRS 2016, 117427 Rn 153.
43 *Löhnig*, NJW 2018, 1435.
44 OLG Stuttgart, ZEV 2011, 384.
45 OLG Schleswig, ZEV 2010, 369.
46 OLG Oldenburg, BeckRS 1999, 31030994.
47 *Schlitt/Müller-Engels*, Handbuch Pflichtteilsrecht, § 5 Rn 82.
48 OLG Koblenz, ZEV 2021, 253.

29 Fraglich ist, ob auch die Haushaltstätigkeit eines Ehegatten die Entgeltlichkeit einer unbenannten Zuwendung begründen kann. Der BGH hat entschieden, dass die Haushaltstätigkeit schon deshalb keine adäquate Gegenleistung darstellen könne, da diese auch unterhaltsrechtlich nach § 1360 BGB geschuldet ist.[49] Auch darüberhinausgehende Leistungen seien nach § 1360b BGB im Zweifel nicht zu vergüten. Diese Rechtsprechung erhielt das OLG Schleswig aufrecht.[50] Erwerben die Ehegatten hälftiges Miteigentum und tilgt nur der erwerbstätige Ehegatte das gesamtschuldnerische Darlehen, während der andere den Haushalt führt, geht das OLG von einer Schenkung im Sinne des § 2325 BGB aus. Der Grundsatz der Halbteilung unter Ehegatten überzeugt das OLG nicht. Dies führe zu einer doppelten Begünstigung des Ehegatten durch den güterrechtlichen Ausgleich. Ferner sei die Zuwendung des Familienheims auch nicht als Unterhaltsleistung zu sehen, da es sich dabei um Vermögensbildung handele.

30 In der Literatur hat bereits *Morhard*[51] dafür plädiert, ehebedingte Zuwendungen im Erbrecht nicht als unentgeltlich zu behandeln. Weitere Bedenken bezüglich des Bestands der Rechtsprechung des BGH hat die Gleichwertigkeitsthese des BVerfG entstehen lassen. *Löhnig*[52] meint, unter Beachtung des Halbteilungsgrundsatzes müssten Zuwendungen der Ehegatten bis zur Grenze der hälftigen Beteiligung stets pflichtteilsfest sein. Auch *Grziwotz* ist der Ansicht, dass die Gleichwertigkeit der Erwerbs- und Familienarbeit auch in der Erbschaft berücksichtigt werden müsse.[53] Vor allem das Familienheim stellt auch in finanzieller Hinsicht einen wesentlichen Mittelpunkt des Ehelebens dar, sodass eine hälftige Beteiligung beider Ehegatten pflichtteilsfest sein müsse.[54]

31 Letztlich findet diese Ansicht auch trotz des Urteils des BVerfG noch keinen Halt in der Rechtsprechung, was die Entscheidung des OLG Schleswig deutlich gezeigt hat. Besonders deutliche Worte findet das OLG Schleswig, das ausführt, dass der BGH die Ansicht *Morhards* ausdrücklich verworfen hat.[55] In der Literatur wird sich mithin auch der aktuellen Meinung der

49 BGH, NJW 1992, 564; so auch *Pawlytta*, in: Handbuch Pflichtteilsrecht, § 7 Rn 60.

50 OLG Schleswig, ZEV 2014, 260.

51 *Morhard*, NJW 1987, 1734.

52 *Löhnig*, NJW 2018, 1435, 1437; so auch *Münch*, Ehebezogene Rechtsgeschäfte, Kap. 3 Rn 129.

53 *Grziwotz*, Anm. BFH, NJW 2018, 1422.

54 *Langenfeld*, NJW 1994, 2133.

55 OLG Schleswig, ZEV 2014, 260, 262.

Rechtsprechung angeschlossen.[56] Bis ein entsprechender Sachverhalt erneut vom BGH zu entscheiden sein wird, muss sich in der Gestaltungspraxis an dem Grundsatz der Unentgeltlichkeit ehebedingter Zuwendungen orientiert werden. Im Zuge der geringen Gestaltungsmöglichkeiten müssen daher andere Ansätze zur Reduzierung von Pflichtteilsansprüchen verfolgt werden.

3. Ausstattung

32 Eine angemessene Ausstattung ist nach der Festlegung des Gesetzgebers **keine Schenkung**. Unter Ausstattung ist alles zu verstehen, was das Kind mit Rücksicht auf seine Verheiratung oder auf die Erlangung einer **selbstständigen Lebensstellung** zur Begründung oder zur Erhaltung der wirtschaftlichen Umstände oder der Lebensstellung von den Eltern zugewandt wird.[57] Auch das Eingehen einer eingetragenen Lebenspartnerschaft fällt hierunter.[58] Die Ausstattung kann sowohl durch unmittelbare Gewährung, als auch durch Ausstattungsversprechen erfolgen.[59] Sinn und Zweck der Ausstattung soll darin liegen, dem Kind den Schritt in die wirtschaftliche Selbstständigkeit zu ermöglichen.[60] Die Zuwendung an das Kind muss nicht wirtschaftlich notwendig sein.[61] Sie fordert auch keine konkrete Verwendungsabsicht auf Seiten des Kindes.

Eine solche Ausstattung i.S.v. § 1624 BGB setzt immer ein Eltern-Kind-Verhältnis voraus. Demnach können weder Stiefkinder, Enkel oder sonstige Angehörige in dieser Weise bedacht werden.[62] Ebenso können weitere Dritte weder Empfänger noch Zuwender eine Ausstattung i.S.v. § 1624 BGB sein.[63] Gegenstand der Ausstattung kann jede Vermögensmehrung sein, die dem Kind aus einem Zweck i.S.v. § 1624 Abs. 1 BGB zufällt.[64]

33 Der Umfang der Zuwendung an das Kind ist lediglich für die **Angemessenheit** der Ausstattung von Bedeutung. Er lässt keinen Rückschluss darauf zu,

56 *Pawlytta*, in: Handbuch Pflichtteilsrecht, § 7 Rn 58.
57 Grüneberg/*Götz*, BGB, § 1624 Rn 1; *Troll/Gebel/Jülicher/Gottschalk*, ErbStG, § 13 Rn 148.
58 *Flechtner*, in: Erbrecht, BGB, § 1624 Rn 4.
59 MüKoBGB/*v. Sachsen Gessaphein*, § 1624 Rn 2.
60 *Flechtner* in: Erbrecht, BGB § 1624 Rn 5; BeckOK-BGB/*Pöcker*, § 1624 Rn 1.
61 BGH, NJW 1965, 2056; OLG Düsseldorf, NJW-RR 2004, 1082.
62 OLG Zweibrücken, BeckRS 2014, 00149; BeckOK-BGB/*Pöcker*, 74. Ed. 1.5.2025, BGB § 1624 Rn 2.
63 BeckOK-BGB/*Pöcker*, § 1624 Rn 2; MüKoBGB/*v. Sachsen Gessaphein*, § 1624 Rn 3.
64 MüKoBGB/*v. Sachsen Gessaphein*, § 1624 Rn 4.

ob tatsächlich eine Ausstattung vorliegt. Erfolgt die Zuwendung aus einem Ausstattungsanlass i.S.v. § 1624 BGB ist immer zu prüfen, ob die Beteiligten der Zuwendung tatsächlich Ausstattungscharakter beigemessen haben. Hier sind die Beteiligten in ihrer Gestaltung frei. Im Rahmen des Beratungsgesprächs sind die zivilrechtlichen Unterschiede zwischen den Wirkungen einer Ausstattung und einer freigiebigen Zuwendung darzustellen, damit die Beteiligten eine fundierte Entscheidung treffen können. Dabei ist darauf hinzuweisen, dass eine Ausstattung nach § 2050 BGB im Erbfall zwingend **auszugleichen** ist und diese Ausgleichungspflicht unabhängig von dem seit der Zuwendung vergangenen Zeitraum ist. Bei einer freigiebigen Zuwendung, also einer solchen, der die Beteiligten keinen Ausstattungscharakter zugemessen haben, handelt es sich um eine Schenkung i.S.v. § 2325 BGB. Es steht dem Schenker frei, ob er einer Zuwendung aufgrund eines Ausstattungsanlasses tatsächlich Ausstattungscharakter beimisst oder eine freigiebige Schenkung vornehmen möchte.

> *Hinweis*
>
> Um im Erbfall Streitigkeiten zu vermeiden, sollte im Überlassungsvertrag klarstellend mit aufgenommen werden, ob es sich um eine Ausstattung oder um eine freigiebige Schenkung handelt.

B. Geldwäschegesetz

34 Das Thema Geldwäsche gewinnt zunehmend an Bedeutung in der notariellen Praxis. Dies gilt umso mehr als nach § 10 Abs. 9 S. 3 GwG ein **besonderes Beurkundungsverbot** für Notare bei Erwerbsvorgängen im Anwendungsbereich des § 1 GrEStG besteht. Dies greift immer dann ein, wenn dem Notar vor der Beurkundung keine schlüssige Dokumentation der Eigentums- und Kontrollstruktur einer auf der Veräußerer- oder der Erwerberseite beteiligten Gesellschaft oder sonstigen juristischen Person des Privatrechts vorgelegt wird. Das Beurkundungsverbot gilt nicht nur für Immobilienkäufe, sondern auch für alle Anteilsabtretungen an Gesellschaften mit Grundbesitz. Es kommt dabei nicht darauf an, ob der Vorgang tatsächlich grunderwerbsteuerpflichtig ist. Es genügt, dass das betroffene Rechtsgeschäft der steuerlichen Meldepflicht gem. § 18 GrEStG unterliegt.

35

> *Hinweis*
>
> Nicht erfasst werden jedoch die Bestellung von Rechten an Grundstücken, Schenkungen und Übergabeverträge sowie familien- und erbrecht-

liche Angelegenheiten.[65] Hiervon gibt es jedoch eine Ausnahme, soweit die Überlassung von Rechtsanwälten und Notar im Namen und auf Rechnung des Mandanten erfolgen (§ 2 Abs. 1 Nr. 10b GwG). In diesem – wohl eher seltenen Fall – wären die Vorgaben des Geldwäscherechts umfangreich zur Anwendung zu bringen.

C. Mandantenbogen

Der Notarbogen enthält neben den wesentlichen Angaben zu den Beteiligten, dem Überlassungsgegenstand sowie etwaigen vorbehaltenen Rechten ausdrücklich auch den Notarauftrag und den Hinweis auf die hierdurch ausgelösten Kosten. Der Hinweis auf die Kosten ist durch den Notar ausdrücklich nicht geschuldet.[66] Fragen über die Höhe der Kosten muss der Notar allerdings zutreffend beantworten und erbetene Auskünfte erteilen.[67] 36

▼

Muster 1.1: Notarbogen für die Überlassung über Grundvermögen

Bitte füllen Sie das Formular aus, soweit Ihnen die erforderlichen Informationen vorliegen. Mit den Angaben kann der Besprechungs- und Beurkundungstermin bestmöglich vorbereitet werden. 1.1

Für Rückfragen steht Ihnen das Sekretariat gern zur Verfügung.

I. Überlasser		
	Überlasser 1	**Überlasser 2**
Name:		
Vorname:		
ggf. Geburtsname:		
Geburtsdatum/-ort:		
Straße, Hausnummer:		
PLZ, Ort:		
Telefon:		
E-Mail:		
Staatsangehörigkeit:		

65 BeckOK-BGB/*Litzenburger*, BeurkG § 4 Rn 9; *Bülte/Marinitsch*, DNotZ 2021, 804.
66 LG Düsseldorf, BeckRS 2021, 7634; BeckOK-KostR/*Diehn*, GNotKG § 21 Rn 32.
67 OLG Köln, MittBayNot 1999, 399 (401).

Steuerliche Identifikations-nummer:		
Familienstand:	□ ledig □ verheiratet □ geschieden	□ ledig □ verheiratet □ geschieden
Güterstand:	□ Gütertrennung □ Wahl-Zugewinngemeinschaft □ ohne Ehevertrag verheiratet	□ Gütertrennung □ Wahl-Zugewinngemeinschaft □ ohne Ehevertrag verheiratet
II. Übernehmer		
	Übernehmer 1	**Übernehmer 2**
Name:		
Vorname:		
ggf. Geburtsname:		
Geburtsdatum /-ort:		
Straße, Hausnummer:		
PLZ, Ort:		
Telefon:		
E-Mail:		
Staatsangehörigkeit:		
Steuerliche Identifikations-nummer:		
Verwandtschaft zum Veräußerer:	□ Kind □ Ehegatte □ Enkel	□ Kind □ Ehegatte □ Enkel
Familienstand:	□ ledig □ verheiratet □ geschieden	□ ledig □ verheiratet □ geschieden
Güterstand:	□ Gütertrennung □ Wahl-Zugewinngemeinschaft □ ohne Ehevertrag verheiratet	□ Gütertrennung □ Wahl-Zugewinngemeinschaft □ ohne Ehevertrag verheiratet
Erwerbsverhältnis	□ Alleineigentum □ je zu $^1/_2$	

III. Daten zum Objekt	
Grundbuch von:	
Blatt:	
Flurnummer(n):	
Lage/Anschrift:	

IV. Grund der Überlassung (Motiv)
□ Vorweggenommene Erbfolge/freigiebige Schenkung □ Optimierung der Vermögenszuordnung für Todesfall □ Haftungsrisiko des Veräußerers □ Beteiligung des Ehegatten am Vermögen □ Ausstattung

V. Gegenleistung/Vorbehalte	
Ausgleichszahlung:	□ nicht gewünscht □ gewünscht in Höhe von EUR
Empfänger der Ausgleichszahlung:	□ Veräußerer □ Geschwister
Bankdaten des Empfängers:	IBAN:
Sollen bzgl. des Objekts bestehende Schulden übernommen werden?	□ nicht gewünscht □ gewünscht, Gläubiger:
Vorbehalt der Nutzung des Objekts:	□ für Veräußerer □ Vermietung soll zulässig sein □ sonstige zulässige Nutzung: □ Unterhaltskosten des Objekts trägt:
Rückübertragung an den Veräußerer:	□ bei Veräußerung durch Erwerber □ bei Vorversterben des Erwerbers □ Zwangsvollstreckung/Insolvenz des Erwerbers □ Scheidung des Erwerbers
Pflegeverpflichtung:	□ nicht gewünscht □ gewünscht

VI. Belastungen im Grundbuch		
	Abteilung II	**Abteilung III**
Ablösebetrag in EUR:	□ übernehmen □ löschen	□ übernehmen □ löschen
Berechtigter/Bank:		
Darlehensnummer/Aktenzeichen:		

VII. Nutzung	
□ steht leer □ vom Veräußerer bewohnt □ vom Erwerber bewohnt □ ist vermietet	
VIII. Übergabe	
□ sofort □ am:	
IX. Erbrechtliche Regelung	
Ausgleichspflicht zugunsten der Geschwister des Erwerbers (nach dem Tod des Veräußerers):	□ gewünscht □ nicht gewünscht
Regelungen zum Pflichtteilsrecht des Erwerbers:	□ Anrechnung des Vertragsobjekts auf den Pflichtteil □ Verzicht auf den Pflichtteil
X. Kosten	
Kosten trägt:	□ Veräußerer □ Erwerber
Verkehrswert (Immobilie) EUR:	
XI. Entwurfs-/Beurkundungsauftrag	
Hiermit beauftrage ich den Notar mit der Erstellung eines Entwurfs/Beurkundung gemäß den hier gemachten Angaben. Ich trage die Kosten des Verfahrens, auch wenn es nicht zu einer Beurkundung/Unterzeichnung kommt (GNotKG KV Nr. 21300 ff). *(Datum)* *(Name, Vorname)* *(Unterschrift)*	

§ 2 Schenkung i.S.d. BGB

Ulf Schönenberg-Wessel

A. Schenkungsbegriff

Bei der Überlassung von Immobilien liegt i.d.R. eine **Schenkung** i.S.d. BGB vor, sofern nicht eine Ausstattung oder eine ehebedingte Zuwendung angenommen werden kann. Der Charakter der Zuwendung sollte in der notariellen Urkunde unmissverständlich und eindeutig beschrieben werden, um spätere Streitigkeiten zu vermeiden. 1

Der Schenkungsbegriff im Zivilrecht ergibt sich aus § 516 Abs. 1 BGB. Danach müssen 2

- eine objektive Bereicherung des Dritten,
- eine objektive Entreicherung des Schenkers und
- die subjektive Einigung über die objektive Unentgeltlichkeit der Zuwendung vorliegen.

Maßgeblich ist die beim Zuwendungsempfänger eingetretene **Bereicherung**.[1]

Gegenstand der Zuwendung können alle **vermögenswerten Positionen** des Schenkers sein.[2] Hierunter zu fassen sind auch ein Verzicht auf etwaige Ansprüche oder das bloße Unterlassen der Durchsetzung eines bestehenden Anspruchs.[3] Die Zuwendung einer vermögenswerten Position kann durch Rechtgeschäft oder tatsächliches Handeln erfolgen.[4] Häufig übersehen wird, dass auch im Verzicht auf ein Wohnungsrecht oder ein Nießbrauchrecht eine Schenkung liegen kann. Eine Schenkung liegt nach § 517 BGB jedoch dann nicht vor, wenn jemand zum Vorteil eines anderen einen Vermögenserwerb unterlässt oder auf ein angefallenes, noch nicht endgültig erworbenes Recht verzichtet oder eine Erbschaft oder ein Vermächtnis ausschlägt.[5] 3

1 RGZ 128, 187; BGH, NJW 1961, 604; 1981, 1956; *Spellenberg*, NJW 1986, 2531; BeckOK-BGB/*Gehrlein*, § 516 Rn 5.

2 MüKoBGB/*Koch*, § 516 Rn 5.

3 Burandt/Rojahn/*Najdecki*, BGB, § 516 Rn 5; a.A: *Groll/Rösler*, Erbrechtsberatung, C VI Rn 300; Mayer/Süß/Tanck/Bittler/*Pawlytta*, § 7 Rn 11.

4 MüKoBGB/*Koch*, § 516 Rn 5; BeckOK-BGB/*Gehrlein*, § 516 Rn 5.

5 Burandt/Rojahn/*Horn*, BGB § 2325 Rn 25.

4 Der **Entreicherung** auf Seiten des Schenkers muss eine **Bereicherung** auf Seiten des Beschenkten gegenüberstehen.[6] Eine Bereicherung des Beschenkten liegt dann vor, wenn eine objektive, im Wege einer wirtschaftlichen Betrachtungsweise festzustellende Vermögensmehrung eingetreten ist.[7] Die Bereicherung wird durch einen Vermögensvergleich vor und nach der Schenkung ermittelt.[8] Für den **Vermögensvergleich** ist auf den Zeitpunkt der Zuwendung abzustellen.[9] Sofern die Vertragspartner in ihrer maßgeblichen subjektiven Wertung davon ausgehen, dass Leistung und Gegenleistung nahezu identisch sind, liegt keine Schenkung vor. In diesem Fall fehlt es an der subjektiven Einigung über die objektive Unentgeltlichkeit.[10] Dies kann auch in Fällen eines *„schlechten Geschäfts"* für den Übertragenden gegeben sein. Ein **grobes Missverhältnis** zwischen Leistung und Gegenleistung begründet eine tatsächliche Vermutung dafür, dass die begünstigte Vertragspartei bei Vertragsschluss aus verwerflicher Gesinnung und somit auch subjektiv sittenwidrig gehandelt hat. Diese Vermutung kann nicht schon deshalb als erschüttert angesehen werden, weil die benachteiligte Vertragspartei das Missverhältnis kannte.[11]

5 Die **Unentgeltlichkeit** der Zuwendung ist weitere Tatbestandsvoraussetzung für eine Schenkung. Maßgelblicher Zeitpunkt für die Beurteilung der Unentgeltlichkeit ist derjenige des Vollzugs der Schenkung.[12] Schenker und Beschenkter müssen sich subjektiv darüber einig sein, dass die Schenkung ohne Gegenleistung erfolgt. Eine Einigung über die Unentgeltlichkeit der Schenkung setzt nach der Rechtsprechung des Bundesgerichtshofs weder voraus, dass der Erwerber über den Gegenstand frei verfügen kann, noch dass der Beschenkte einseitig begünstigt wird.[13] Dies hat zur Folge, dass auch Übertragungen und Rückforderungs- und Nutzungsvorbehalte Schenkungen i.S.d. § 516 BGB sein können.

6 Kurze/*Papenmeier*, Vorsorgerecht, BGB § 516 Rn 2, 8.
7 RGZ 62, 386, 390; 105, 305, 308.
8 BGH, NJW-RR 1986, 1135.
9 OLG Bamberg, ZEV 2008, 386; MüKoBGB/*Lange*, § 2325 Rn 17.
10 BGH, MittRhNotK 1995, 172; MüKoBGB/*Koch*, § 516 Rn 25; Kurze/*Papenmeier*, Vorsorgerecht, BGB § 516 Rn. 19, 20.
11 BGH, Urt. v. 29.6.2007 – V ZR 1/06; OLG Celle, Urt. v. 14.4.2025 – 6 U 26/24.
12 BGH, DNotZ 2001, 71, 712; ZEV 2002, 282; Burandt/Rojahn/*Najdecki*, BGB § 516 Rn 6.
13 BGH, NJW 2010, 371, 372.

B. Vorweggenommene Erbfolge

Häufig erfolgen Schenkungen unter dem Begriff der vorweggenommenen Erbfolge. Der Begriff ist dem deutschen Zivilrecht fremd. 6

Unter dem Begriff der vorweggenommenen Erbfolge sind dabei solche Übertragungen zu verstehen, die ein **Erblasser zu Lebzeiten** an einen oder mehrere Erben macht.[14] Sie richten sich nach dem Recht der Rechtsgeschäfte unter Lebenden und nicht nach dem Erbrecht.[15]

Die Bezeichnung der **Beteiligten**, wonach eine Zuwendung im Wege der 7
vorweggenommenen Erbfolge erfolgt, gibt keine Auskunft darüber, ob es sich hierbei um eine unentgeltliche Übertragung handelt oder nicht.[16] Auch lassen sich die erbrechtlichen Konsequenzen aus dieser Formulierung nicht eindeutig ablesen. So wäre es denkbar, dass es sich um eine Anrechnungsbestimmung, eine Ausgleichungsbestimmung oder eine Kombination aus beidem handelt.

Ob die entsprechenden Zuwendungen auf den Pflichtteil **angerechnet** wer- 8
den oder nicht, bestimmt sich nach § 2315 BGB. Demzufolge wird eine Zuwendung auf den Pflichtteil dann angerechnet, wenn sie dem Pflichtteilsberechtigten vom Erblasser zu dessen Lebzeiten gemacht worden ist, mit der Bestimmung, dass sie auf den Pflichtteil angerechnet werden soll.

Anrechnungspflichtig sind also solche Zuwendungen, die der Erblasser bei 9
Lebzeiten dazu bestimmt hat. Die Anrechnungsbestimmung muss vor oder bei der Schenkung erfolgen; eine nachträgliche Anrechnungsbestimmung ist grundsätzlich nicht möglich.[17] Durch die Anrechnungsbestimmung verringert sich der Pflichtteilsanspruch des Zuwendungsempfängers um den Wert der erhaltenen Zuwendung. Eine Auswirkung auf die bestehenden Pflichtteilsansprüche anderer Personen hat die Anrechnung nicht.[18]

14 MüKoBGB/*Koch*, § 516 Rn 86.

15 BGH, MittRhNotK 1995, 172.

16 BGH, NJW 1995, 1349; NJW-RR 1996, 754; OLGR Braunschweig 2001, 242.

17 Schlitt/Müller-Engels/*Blum*, Handbuch Pflichtteilsrecht, § 3 Rn 110, 116.

18 MüKoBGB/*Lange*, § 2315 Rn 1.

Hinweis

Der Pflichtteilsberechtigte kann die Zuwendung zurückweisen, sofern er sich diese nicht anrechnen lassen will. Hat er sie angenommen, ist ein nachträglicher Widerspruch gegen die Anrechnung bedeutungslos.[19]

10 Das OLG Brandenburg hat in seinem rechtskräftigen Beschluss vom 31.8.2022[20] der Anrechnungsbestimmung nach § 2315 BGB einen Ausschließungswillen entnommen und damit eine zumindest stillschweigende Enterbung angenommen.[21] Aus einer Klausel im Überlassungsvertrag, die sich nicht auf eine Anrechnung der Zuwendung auf den Erbteil beschränkt, sondern ausdrücklich eine Anrechnung (auch) auf den Pflichtteil anordnet, entnimmt der Senat den Willen der Erblasserin, dass dem Zuwendungsempfänger allenfalls der Pflichtteil verbleiben sollte. Das OLG gelangt zu der Auffassung, dass, wenn ein gesetzlicher Erbe nur den Pflichtteil erhalten soll, in der Anrechnungsbestimmung eine Enterbung gem. § 1938 BGB gesehen werden soll. Die Entscheidung ist zurecht auf Kritik gestoßen und ist abzulehnen. Da der Notar jedoch verpflichtet ist den sichersten Weg zu wählen und durch die Entscheidung des OLG Brandenburg eine nicht unerhebliche Unsicherheit entstanden ist, empfiehlt es sich im Überlassungsvertrag klarzustellen, dass es sich bei der Anrechnungsbestimmung nicht um eine Enterbung i.S.v. § 1938 BGB handelt.

▼

Muster 2.1: Anrechnungsbestimmung

2.1 Der Erwerber hat sich den Wert der Zuwendung auf einen etwaigen Pflichtteil am Nachlass des Übergebers anrechnen zu lassen.

Diese Urkunde und die darin enthaltene Anrechnungsbestimmung gem. § 2315 BGB ist keine Verfügung von Todes wegen und enthält auch keine Enterbung gem. § 1938 BGB.

▲

11 Die Anrechnungspflicht aus § 2315 BGB soll, ähnlich wie die **Ausgleichung** nach §§ 2050 ff. BGB, die Bevorzugung einzelner Pflichtteilsberechtigter unter Zuhilfenahme von lebzeitigen Zuwendungen verhindern. Allerdings

19 MüKoBGB/*Lange*, § 2315 Rn 18.

20 OLG Brandenburg, Beschl. v. 31.8.2022 – 3 W 55/22.

21 OLG Brandenburg ZEV 2023, 30 m. Anm. *Litzenburger*.

führt die Ausgleichung gem. §§ 2050 ff. BGB nur dazu, dass bei der Berechnung der Pflichtteile lediglich die Anteile der Abkömmlinge des Erblassers angepasst werden. Bei der Anrechnung gem. § 2315 BGB werden die Pflichtteile aller Berechtigten angepasst, sodass eine Anrechnungsbestimmung auch gegenüber dem Ehegatten erfolgen kann.[22] Anrechnungsfähig sind nur Zuwendungen des Erblassers. Der Allein- bzw. Miterbe hat einen Anspruch auf Auskunft über anrechnungspflichtige Zuwendungen gegenüber den anderen Pflichtteilsberechtigten.[23] Die Anrechnungsbestimmung kann formlos erfolgen.[24] Allerdings muss die Erklärung dem Zuwendungsempfänger vor oder mit Erhalt der Zuwendung zugehen. Ein zu einem späteren Zeitpunkt erfolgter Zugang ist unwirksam.[25] Eine entsprechende Bestimmung durch den Erblasser kann auch konkludent erfolgen.[26] Bloßes Schweigen genügt hierzu nicht. Vielmehr muss ein Verhalten des Erblassers eine entsprechende Zweckbestimmung rechtfertigen.[27]

Damit eine Anrechnung gem. § 2315 BGB erfolgt, muss die Zuwendung zu- 12
nächst das Vermögen des Erblassers **unmittelbar** mindern. Ebenso muss die Zuwendung durch den Erblasser **freigiebig** erfolgen. Freigiebigkeit i.S.v. § 2315 BGB meint, dass der Zuwendende zur Vornahme der Leistung nicht verpflichtet ist, sondern er diese aus freien Stücken vornimmt.[28] Darüber hinaus muss die Zuwendung unmittelbar an den Pflichtteilsberechtigten erfolgt sein. Empfänger einer solchen Zuwendung können alle zum Kreis der Pflichtteilsberechtigten zählenden Personen sein, vgl. §§ 2303, 2309 BGB, § 10 Abs. 6 LPartG. Die Zuwendung muss dazu zu **Lebzeiten** des Erblassers erfolgen. Keine Rolle spielt, ob die Zuwendung im Erbfall noch im Vermögen des Pflichtteilsberechtigten vorhanden ist.[29]

Die Anrechnung der Zuwendung auf den Pflichtteil erfolgt gem. § 2315 13
BGB in **drei Stufen**:

1. Als erstes ist die anrechnungspflichtige Zuwendung dem Nachlass zuzurechnen.

22 MüKoBGB/*Lange*, § 2315 Rn 4.
23 MüKoBGB/*Lange*, § 2315 Rn 5.
24 Schlitt/Müller-Engels/*Blum*, Handbuch Pflichtteilsrecht, § 3 Rn 115.
25 *Klinger*, in: Pflichtteilsansprüche reduzieren und vermeiden, § 2 Rn 102.
26 Vgl. Schlitt/Müller-Engels/*Blum*, Handbuch Pflichtteilsrecht, § 3 Rn 112.
27 OLG Köln, Beschl. v. 28.11.2007 – 2 W 88/07, NJW-RR 2008, 240 (242).
28 BeckOK-BGB/*Müller-Engels*, § 2315 Rn 3.
29 MüKoBGB/*Lange*, § 2315 Rn 5–9.

2. Aus dem sich daraus ergebenden rechnerischen Gesamtnachlass ist der rechnerische hypothetische Pflichtteilsanspruch zu bilden.
3. Von dem berechneten hypothetischen Pflichtteil ist dann die Zuwendung abzuziehen.

14 Existieren mehrere Pflichtteilsberechtigte, wird nicht ein gesamter hypothetischer Nachlass gebildet. Vielmehr muss sich jeder die jeweils erlangten Zuwendungen individuell anrechnen lassen.[30]

15 *Praxistipp*

Die Verwendung des Begriffs „vorweggenommene Erbfolge" sollte ohne nähere Erläuterungen in der Urkunde dringend **vermieden** werden.

16 Der Notar sollte die Motive der lebzeitigen Schenkungen ermitteln und in der Urkunde dokumentieren. Dies gilt umso mehr, als eine Anrechnungs- und Ausgleichungsbestimmung vom Schenker nur vor oder bei der Schenkung erfolgen kann.[31] Sie kann später nicht nachgeholt werden.

17 Häufig erfolgen **Zuwendungen innerhalb der Familie** mit der (unausgesprochenen) Erwartung, dass der Empfänger der Zuwendung etwas tut oder unterlässt. In einem solchen Fall ist zu differenzieren zwischen einer belohnenden Schenkung und einem entgeltlichen Vertrag besonderer Art.[32] Der belohnenden Schenkung liegt lediglich ein Handeln oder Unterlassen des Zuwendungsempfängers zugrunde, während ein entgeltlicher Vertrag Leistung und Gegenleistung voraussetzen.[33] Wurde zunächst beim Notar eine Schenkung beurkundet und ändern sich die persönlichen Umstände, etwa aufgrund von Krankheit oder Pflegebedürftigkeit des Schenkers, kann eine „**Umwidmung**" einer unentgeltlichen Überlassung in eine entgeltliche Übertragung die Folge sein.[34] Dies ist immer dann der Fall, wenn sich der Schenker und der Beschenkte einig sind, dass die Unterstützungsleistung bzw. Pflege durch den Beschenkten erfolgt, weil er die Immobilie erhalten hat. Unter Hinweis auf die Rechtsprechung des Reichsgerichts und des BGH wird es als zulässig erachtet, eine unentgeltliche Zuwendung später in eine vollentgeltliche Zuwendung umzuwidmen.[35]

30 *Klinger*, in: Pflichtteilsansprüche reduzieren und vermeiden, § 2 Rn 105.
31 Siehe Schlitt/Müller-Engels/*Blum*, Handbuch Pflichtteilsrecht, § 3 Rn 112 – 116.
32 Burandt/Rojahn/*Najdecki*, BGB, § 516 Rn 9.
33 OLG Düsseldorf, OLGZ 1978, 323, 324; OLG München, NJW 1983, 759.
34 Siehe Burandt/Rojahn/*Horn*, BGB, § 2325 Rn 34 ff.
35 RGZ 1972, 191; BGH, NJW 1982, 436; NJW-RR 1986, 1135; NJW-RR 1989, 706.

Hinweis

Der Austausch des Rechtsgrunds der Zuwendung ist nachträglich **formfrei** möglich. Eine notarielle Beurkundung ist nicht (mehr) erforderlich, da die Auflassungserklärung bereits wirksam und formgerecht erklärt wurde.

C. Pflicht- und Anstandsschenkungen

Die Pflicht- und Anstandsschenkungen unterliegen im Recht der Pflicht- 18
teilsergänzung einer gesetzlichen Ausnahme. Nach § 2330 BGB bleiben Anstandsschenkungen oder Schenkungen, die einer sittlichen Pflicht entsprechen, im Rahmen der §§ 2325 bis 2329 BGB unberücksichtigt. Sie unterfallen auch nicht der Schenkungsrückforderung wegen Verarmung des Schenkers nach §§ 528, 534 BGB. Ob die Überlassung einer Immobilie unter den Begriff der Pflicht- oder Anstandsschenkung fällt, ist eine Frage des Einzelfalls.[36] Allein der Wert der Zuwendung ist hierfür nicht maßgeblich.

I. Pflichtschenkung

Eine Pflichtschenkung liegt vor, wenn das Unterlassen der Schenkung **sitt-** 19
lich pflichtwidrig wäre. Dies bedeutet, dass der Schenker aus moralischen oder ethischen Gründen verpflichtet war, die Schenkung vorzunehmen. Pflichtschenkungen können auch in größerem Umfang erfolgen, solange sie sittlich geboten sind.[37]

Pflichtschenkungen sind auch in einem größeren Umfang möglich.[38] Für eine Pflichtschenkung ist es nicht ausreichend, dass sich die Schenkung sittlich rechtfertigen lässt, vielmehr müsste das Unterlassen der Schenkung sittlich pflichtwidrig sein.[39] Eine sittliche Pflicht ist etwa anerkannt für den Fall der Sicherung des Lebensunterhalts naher (nicht unterhaltsberechtigter) Verwandter, Ehegatten oder des Lebensgefährten.[40]

36 OLG Karlsruhe, OLGZ 1990 457, 459; *Außner*, ErbR 2024, 826, 829.

37 *Reimann*, ZEV 198, 202; Mayer/Süß/Tanck/Bittler/*Pawlytta*, Handbuch Pflichtteilsrecht, § 7 Rn 21.

38 BGH, NJW 1984, 2939.

39 BGH, NJW 1984, 2939; OLG Koblenz, FamRZ 2006, 1789; Dauner-Lieb/Grziwotz/*Gietl*, BGB § 2330 Rn 5.

40 BGH, NJW-RR 1996, 705; NJW 1984, 2939; FamRZ 1983, 53.

20 Problematisch sind in Bezug auf Pflichtschenkungen die belohnenden (auch remuneratorische)[41] Schenkungen. Hier ergibt sich die sittliche Pflicht nicht aufgrund der sozialen Situation oder einer Notlage des Beschenkten, sondern aus dessen vorherigem Verhalten.[42] Soweit diese Schenkung nicht als entgeltlich zu qualifizieren ist, ist darauf abzustellen, ob das Ausbleiben einer Belohnung sittlich anstößig wäre.[43] Nur in diesem Fall wäre eine Pflichtschenkung anzunehmen.[44] Soweit allein nahe Verwandte gepflegt werden und keine weiteren Umstände hinzutreten, liegt eine sittliche Pflicht zur belohnenden Schenkung nicht vor.[45] Aus der Erfüllung einer eigenen moralischen Pflicht kann eine Pflicht zur belohnenden Schenkung nicht hergeleitet werden.[46] Die tiefe Dankbarkeit des Schenkers allein genügt ebenfalls nicht, um eine belohnende Schenkung als Pflichtschenkung zu qualifizieren.[47]

II. Anstandsschenkung

21 Anstandsschenkungen sind Zuwendungen, die zu **üblichen Gelegenheiten** (z.B. Geburtstage, Weihnachten, Hochzeiten) gemacht werden. Sie dienen der Wahrung des sozialen Anstands und der Pflege zwischenmenschlicher Beziehungen. Der Erblasser würde durch das Unterlassen der Schenkung einen Achtungsverlust in seinem sozialen Umfeld erleiden. Maßgeblich dafür, ob eine Anstandsschenkung vorliegt oder nicht, ist die jeweilige **einzelfallbezogene, örtliche oder gesellschaftsrechtliche Verkehrssitte**.[48]

Eine Anstandsschenkung kann demnach nur vorliegen, wenn das Auslassen der Schenkung zu Einbußen an Achtung innerhalb dieses konkreten Personenkreises führen würde.[49] Eine Anstandsschenkung kann sogar vorliegen, wenn nach den Ansichten und Gepflogenheiten des sozialen Kreises die Schenkung einer Yacht im Wert von ca. 575.000 EUR anlässlich einer Hochzeit angemessen ist.[50]

41 MüKoBGB/*Koch*, § 516 Rn 31.
42 Burandt/Rojahn/*Horn*, BGB, § 2325 Rn 24.
43 RG, JW 1931, 1358; BGH NJW 1986, 1926; NJW 2000, 3488.
44 Dauner-Lieb/Grziwotz/*Gietl*, BGB § 2330 Rn 8.
45 BGH, NJW 1926, 1927; OLG Oldenburg FamRZ 1996, 1281.
46 *Ludyga*, NZS 2012, 121, 125; Dauner-Lieb/Grziwotz/*Gietl*, BGB, § 2330 Rn 8.
47 BGH, FamRZ 2006, 1186.
48 OLG Düsseldorf, Urt. v. 27.1.2017 – 7 U 40/16, BeckRS 2016, 115634.
49 BGH NJW 1981, 111; Kroiß/Horn/*Bock*, BGB: Erbrecht, § 2330 Rn 5.
50 OLG Düsseldorf, Beschl. v. 27.1.2017 – I-7 U 40/16, ZEV 2017, 328.

Die Anstandsschenkung darf den Wert, der sich allein aus dem sozialen Umfeld des Erblassers im Zeitpunkt der Schenkung ergibt, nicht überschreiten, da sie sonst doch relevant für den Pflichtteil wird.[51] Entscheidend hierfür ist der **Wert** der Zuwendung. Eine Anstandsschenkung scheidet aus, wenn die Zuwendung die Hälfte des wesentlichen Teils des Schenkervermögens überschreitet.[52]

Denkbare **Anlässe** sind etwa 22

- Hochzeiten,
- Weihnachten,
- Geburtstage,
- Geburten,
- Taufen,
- Jubiläen,
- Kommunion,
- Firmung,
- Konfirmation,
- Schulabschlüsse,
- Ausbildungsabschlüsse,
- Studienabschlüsse,
- Dienstjubiläen oder
- Todesfälle.

Bei **außergewöhnlich werthaltigen Geschenken** ist eine Anstandsschenkung (in der Regel) nicht mehr anzunehmen; sie ist jedoch nicht ausgeschlossen.[53] Sofern sich dies mit den wahren Umständen und den Motiven der Parteien deckt, sollte die Überlassung in solchen Fällen bereits in der Urkunde als Anstandsschenkung gekennzeichnet werden. Es empfiehlt sich, einen Zusammenhang zum Anlass und – soweit möglich – zum sozialen Umfeld des Schenkers herzustellen.

D. Gemischte Schenkungen

Gemischte Schenkungen sind Geschäfte, bei denen die Zuwendung des Erblassers zu einem Teil unentgeltlich und zu einem anderen Teil entgeltlich er- 23

51 Grüneberg/*Weidenkaff*, BGB § 534 Rn 3.

52 *Horn*, in: Erbrecht, § 2330 Rn 5; BGH, Urt. v. 7.3.1984 – IVa ZR 152/82, NJW 1984, 2939 (2949).

53 Vgl. MüKoBGB/*Koch*, § 534 Rn 4f.

folgt. Entscheidend ist, dass der Wert der Leistung des Erblassers an den Beschenkten den Wert der versprochenen Gegenleistung **überwiegt**. Die gemischte Schenkung unterliegt hinsichtlich ihres überschießenden unentgeltlichen Teils dem Recht der Schenkung.[54] Insoweit unterliegt die Schenkung dann auch der Pflichtteilsergänzung.

Hinweis

Es handelt sich dann um eine gemischte Schenkung, wenn bei einem gegenseitigen Vertrag die Leistung der einen Partei nur zum Teil durch die Gegenleistung der anderen Partei ausgeglichen wird und sich aus dem Sachverhalt ausreichende Hinweise ergeben, dass einer Vertragspartei der Mehrwert, der von ihr zu erbringenden Leistung im Sinne einer unentgeltlichen Zuwendung, bewusst ist.[55]

24 Gemischte Schenkungen sind von bloß unvorteilhaften Geschäften abzugrenzen. Während bei gemischten Schenkungen eine Schenkungsabsicht des Schenkers hinsichtlich des Mehrwerts vorliegt, fehlt diese bei unvorteilhaften Geschäften.[56] Es gilt das Prinzip der **subjektiven Äquivalenz**, d.h. die Parteien müssen den Wert der Leistungen subjektiv als gleichwertig angesehen haben. Bei einem objektiven, über ein geringes Maß deutlich hinausgehenden **Missverhältnis** von Leistung und Gegenleistung wird vermutet, dass die Parteien dieses Missverhältnis erkannt haben und sich über die teilweise Unentgeltlichkeit einig waren.[57]

E. Schenkungen unter Auflage

25 Anders als bei der gemischten Schenkung, handelt es sich bei der mit einer Schenkung verbundenen Auflage nicht um eine Gegenleistung, sondern um eine **rechtlich selbstständige Leistungspflicht**.[58] Der Schenker hat gem. § 525 BGB einen Anspruch darauf, dass die Auflage vollzogen wird, wenn er seinerseits geleistet hat. Die Auflage kann auch über den Tod des Schenkers hinaus Wirkung entfalten.[59]

54 Daubner-Lieb/Grziwotz/*Gietl*, Pflichtteilsrecht, § 2325 BGB Rn 39.
55 Burandt/Rojahn/*Milatz*, ErbStG, § 7 Rn 11; Mayer/Süß/Tanck/Bittler/*Pawlytta*, Handbuch Pflichtteilsrecht, § 7 Rn 28.
56 BGHZ 59, 132; 82, 274.
57 BGH, NJW 2014, 294; *Scherer/Ridder*, MAH Erbrecht, § 32 Rn 11.
58 Schlitt/Müller/*Schlitt*, Handbuch Pflichtteilsrecht, § 5 Rn 51.
59 MüKoBGB/*Koch*, § 525 Rn 14 f.

Ferner ist die Schenkung unter Auflage von der sog. **Zweckschenkung** abzugrenzen. Mit einer Zweckschenkung wird ein über die Zuwendung hinausgehender Erfolg verbunden, dem Beschenkten aber keine einklagbare Verpflichtung auferlegt. Die Abgrenzung ist von erheblicher Bedeutung, für den Fall, dass der Zweck verfehlt wird. Im Falle der Zweckverfehlung folgt der Rückforderungsanspruch des Schenkers gegen den Beschenkten nicht aus § 527 BGB, sondern aus § 812 Abs. 1 S. 2 Alt. 2 BGB.[60] 26

Hinweis

Die Zweckschenkung dient eher Belangen des Beschenkten, während mit der Auflagenschenkung Interessen des Schenkers in den Fokus rücken.

Eine Auflage ist die Verpflichtung des Beschenkten zu einem **Tun oder Unterlassen**. Die Auflage ist nicht entgeltlicher Teil einer Gegenleistung. Dies gilt auch dann, wenn die Auflage in einer Leistung an den Schenker besteht, die fast den Wert des Geschenkt aufzehrt.[61] Maßgeblich für eine Schenkung unter Auflage ist, dass der Beschenkte die ihm **auferlegte Leistung** aus dem Wert der Zuwendung zu erbringen hat. Erbringt der Beschenkte eine eigene Gegenleistung aus dem eigenen Vermögen, liegt eine gemischte Schenkung vor.[62] Die Verpflichtung des Beschenkten den Schenker (in Grenzen) zu pflegen kann als Auflage angeordnet werden,[63] sofern es sich hierbei nicht um eine echte Gegenleistung handeln soll. 27

Praxistipp

In der notariellen Urkunde wäre die Auflage **deutlich** als solche zu kennzeichnen.

F. Ausstattung

Der Begriff der Ausstattung ist vom Gesetzgeber in § 1624 Abs. 1 BGB legal definiert worden. Danach gilt als Ausstattung, was ein Kind mit Rücksicht auf seiner Verheiratung, auf seine Begründung einer Lebenspartnerschaft 28

60 BGHZ 44, 321 (323) = NJW 1966, 540; BGH NJW-RR 1991, 1154; NJW 1984, 233; OLG Saarbrücken OLGR 1998, 449; BeckOK-BGB/*Gehrlein*, 74. Ed. 1.5.2025, BGB § 525 Rn 7.

61 RGZ 650, 238, 240.

62 *Scherer/Ridder*, MAH Erbrecht, § 32 Rn 13.

63 Kurze/*Papenmeier*, BGB § 525 Rn 1.

oder auf die Erlangung einer selbstständigen Lebensstellung zur Begründung oder zur Erhaltung der Wirtschaft oder der Lebensstellung vom Vater oder von der Mutter erhält. Eine Ausstattung kann auch bei entfernteren Abkömmlingen, etwa Enkeln oder Urenkeln in Betracht kommen.[64] Für die Einordnung einer Zuwendung als Ausstattung ist nicht die von den Beteiligten gewählte Bezeichnung der Zuwendung entscheidend, sondern ausschließlich der Zuwendungszweck.[65] Es steht den Beteiligten frei, eine Schenkung aus „Ausstattungsanlass" als freigiebige Schenkung zu vereinbaren und damit u.a. die Ausgleichungspflicht des § 2050 Abs. 1 BGB zu vermeiden.

29 Eine Ausstattung wird in der Regel in einer einmaligen Zuwendung von Geld oder anderen Vermögensgegenständen gewährt. Abzugrenzen ist die Ausstattung von der Pflicht der Eltern zur Gewährung des gesetzlichen Unterhalts.[66]

30 *Praxistipp*

Bei der Übertragung einer Immobilie ist stets mit den Beteiligten zu erörtern, ob es sich um eine Ausstattung handelt bzw. ob die Überlassung Ausstattungscharakter haben soll. Entsprechendes sollte dann auch in der Urkunde vermerkt werden.

▼

Muster 2.2: Ausstattung

2.2 Die Übertragung des erfolgt als Ausstattung i.S.d. § 1624 Abs. 1 BGB. Der Notar/die Notarin hat darüber belehrt, dass es sich bei der Ausstattung nicht um eine Schenkung im Sinne des § 516 BGB handelt und die Zuwendung fristunabhängig unter den Voraussetzungen des § 2050 BGB zur Ausgleichung zu bringen ist.

▲

64 OLG Karlsruhe, ZEV 531, 532 m.Anm. *Ruby/Schindler*, ZEV 2011, 524, 526.

65 MüKoBGB/*Ann*, § 2050 Rn 15; Mayer/Süß/Tanck/Bittler/*Lenz-Brendel*, Handbuch Pflichtteilsrecht, § 6 Rn 14; Krug/*Horn*, Pflichtteilsprozess, § 7 Rn 104.

66 BGH, NJW 1982, 575; OLG Hamburg, NJW 1953, 1353; OLG Celle, FamRZ 1965, 390; Burandt/Rojahn/*Flechtner*, BGB, § 2050 Rn 32.

▼

Muster 2.3: Keine Ausstattung

Die Übertragung des erfolgt als nicht Ausstattung i.S.d. § 1624 Abs. 1 BGB, sondern als freigiebige Schenkung i.S.d. § 516 BGB. Der Beschenkte hat sich die Zuwendung auf einen etwaigen Pflichtteilsanspruch anrechnen zu lassen/nicht anrechnen zu lassen (§ 2315 BGB). Der Notar/die Notarin hat darüber belehrt, dass eine Schenkung im Erbfall nach § 2325 BGB zur Pflichtteilsergänzung führt, sofern die Frist des § 2325 Abs. 3 BGB zum Zeitpunkt des Erbfalls noch nicht abgelaufen war. 2.3

▲

§ 3 Überlassungsgegenstand

Ulf Schönenberg-Wessel

Gegenstand eines Überlassungsvertrages können sowohl Einfamilienhäuser, Mehrfamilienhäuser als auch Eigentumswohnungen oder unbebaute Grundstücke sein. Abhängig vom **Gegenstand** und der **Nutzungsart** sind in der Gestaltung des Vertrages über die eigentliche Überlassung hinausgehende Regelungen aufzunehmen. 1

A. Eigentumswohnung

Handelt es sich bei dem Überlassungsgegenstand um eine Eigentumswohnung, so ist der **Eintritt in die Eigentümergemeinschaft** zu regeln. Der Umfang des gemeinschaftlichen und des Sondereigentums sowie die Rechtsverhältnisse der Miteigentümer ergeben sich auch insoweit aus der Teilungserklärung samt Nachträgen sowie den bindenden Beschlüssen, Vereinbarungen und bisher geschlossenen Verträgen der Eigentümergemeinschaft.[1] Diese sind für den Übernehmer als Rechtsnachfolger des Überlassers im Eigentum verbindlich. Durch die Änderungen aufgrund WEMoG (v. 16.10.2020) ist der Übernehmer darauf hinzuweisen, dass vereinbarungsersetzende Beschlüsse der Wohnungseigentümergemeinschaft, die aufgrund von Öffnungsklauseln vor dem 1.12.2020 gefasst wurden, spätestens bis zum 31.12.2025 durch Eintragung im Grundbuch verdinglicht werden müssen, damit sie dauerhaft Bestand gegenüber Rechtsnachfolgern im Eigentum haben. Zu regeln ist ferner, wen ab Besitzübergang die Zahlung der Vorschüsse zur Kostentragung in der WEG trifft. Die bis dahin fälligen Ansprüche aus der Vergangenheit treffen ausschließlich den Überlasser, soweit in der Gemeinschaftsordnung nicht eine gesamtschuldnerische Haftung vereinbart ist. Schließlich wäre zu regeln, ob und inwieweit dem Überlasser bei vorbehaltenem Nießbrauchrecht eine Vollmacht zur Wahrnehmung der Eigentümerrechte in der Eigentümerversammlung erteilt werden soll. 2

1 Vgl. Beck'sches Notar-Handbuch/*Naumann*, 1. Kap. § 3 Rn 32–39.

B. Land- oder forstwirtschaftliche Grundstücke

3 Die Veräußerung von land- oder forstwirtschaftlichen Grundstücken bedarf der **Genehmigung** nach § 2 Abs. 1, 2 Nr. 2 GrdstVG. Dabei sieht § 8 Nr. 2 GrdstVG eine Verpflichtung zur Genehmigung vor, wenn der land- oder forstwirtschaftliche Betrieb geschlossen an den Ehegatten des Eigentümers oder an eine Person übertragen wird, die mit dem Eigentümer in gerader Linie oder bis zum dritten Grad in der Seitenlinie verwandt oder bis zum zweiten Grad verschwägert ist.[2] Handelt es sich um einen Hof im Sinne der Höfeordnung, ist die Genehmigung durch das Landwirtschaftsgericht zu beantragen.

C. Selbstgenutztes Einfamilienhaus

4 Handelt es sich bei dem Überlassungsgegenstand um das vom Überlasser und seinem Ehegatten selbstgenutzte Einfamilienhaus, ist zunächst zu klären, ob der Überlasser die Immobilie zukünftig ganz oder teilweise – unter Ausschluss des Eigentümers (Beschenkten) – weiter nutzen möchte. Soweit die Immobilie vollständig im bisherigen Umfang vom Überlasser genutzt werden soll, so ist an die Gestaltung eines Nießbrauchvorbehalts oder eines Wohnungsrechts i.S.v § 1093 BGB zu denken. Dieser kann rechtlich so ausgestaltet werden, dass Nutzungen, Belastungen und Haftung weiterhin beim Überlasser verbleiben.

Sollen nur Teile der Immobilie weiter genutzt werden, etwa einzelne Räume im Erd- oder Obergeschoss, die Immobilie im Übrigen aber bereits dem Übernehmer zur Verfügung stehen, so bietet sich die Gestaltung eines Wohnrechts in Form einer beschränkt persönlichen Dienstbarkeit i.S.v. § 1090 BGB an. Sofern die Gestaltung nicht lediglich auf die Duldung der Wohnnutzung durch den Überlasser gerichtet ist, sondern das aktive Zurverfügungstellen von Wohnraum, einschließlich der Instandhaltungsarbeiten sowie der Bereitstellung von Energie, Wärme und Wasser den Willen der Beteiligten prägt, ist das Wohnrecht in Form einer Reallast auszugestalten.

2 *Neie*, Überlassungsvertrag, Rn 222.

D. Mehrfamilienhaus

Auch bei der Überlassung eines Mehrfamilienhauses ist zu erörtern, wem zukünftig die Nutzungen (Mieteinnahmen usw.) aus der überlassenen Immobilie zustehen und wer die Lasten der Immobilie tragen soll. In diesem Zusammenhang darf auch eine mögliche Abschreibung auf das Objekt nicht aus dem Blick gelassen werden. Häufigste Gestaltung wird auch hier der sog. Nießbrauchsvorbehalt sein, da hierdurch Nutzungen, Lasten und auch die Abschreibung beim Überlasser verbleiben. 5

Zu regeln sind darüber hinaus auch die Verhältnisse zu den Mietern des Mehrfamilienhauses, die Möglichkeit des Vorbehaltsnießbrauchers neue ggf. auch langfristige Mietverträge abzuschließen sowie die Kostentragungspflicht bei außergewöhnlichen Aufwendungen.

§ 4 Vorbehaltene Rechte und Gegenleistungen

Dr. Stephan Szalai/Anja Uhl/Roy Richter

A. Allgemeines

I. Leistungsbeziehungen

Ob im Rahmen einer Übertragung Rechte vorbehalten werden oder als Gegenleistung eingeräumt werden, spielt regelmäßig eine untergeordnete Rolle, wenn die „Gegenleistung" im Verhältnis zwischen Erwerber und Veräußerer erbracht wird. Die „Netto-Zuwendung" ist in (schenkungs)steuerlicher Hinsicht (vgl. § 7 ErbStG) in der Regel dieselbe. Die Unterscheidung zwischen vorbehaltenem Recht und Gegenleistung kann begrifflich allenfalls dann relevant werden, wenn Leistungsstörungen im Rahmen des Vertragsvollzuges hervortreten, da sich dann die Frage nach synallagmatisch verknüpften Leistungsbeziehungen stellt. Da im Rahmen von Übertragungen jedoch zumeist das Schenkungselement im Vordergrund steht, besteht jedoch oft auch kein echtes Synallagma. Die Leistungsbeziehungen und deren weitere Verknüpfung ergeben sich typisch aus den weitergehenden Regelungen der Parteien untereinander. 1

Soweit Dritte eine **Zuwendung** erhalten, ist die Leistungsbeziehung bzw. Leistungsrichtung von Bedeutung. Hier ist insbesondere klarzulegen, von wem die Zuwendung stammt und wer in welchem Leistungsverhältnis die Zuwendung erhält. Werden Dritte (z.B. Ehegatten des Veräußerers) bedacht, ist die Leistungsbeziehung klarzulegen, da sich in den verschiedenen Personenverhältnissen auch unterschiedliche Steuersätze und Freibeträge ergeben (können). So ist z.B. die Zuwendung eines Nießbrauchrechts an den Ehegatten des Veräußerers sinnvollerweise eine Zuwendung unter Ehegatten und nicht eine Zuwendung des Erwerbers des Grundbesitzes an den Ehegatten des Veräußerers. 2

Häufig finden sich Sätze in den Erklärungen, wonach die Leistung im Übrigen in vorweggenommener Erbfolge erfolgt, etwa in Anrechnung auf etwaige Pflichtteile oder dergleichen, die für sich genommen keine echte Gegenleistung darstellen. Gesetzlich finden sich in den §§ 2050 ff. BGB Regelungen zu Ausgleichungspflichten unter Abkömmlingen des Veräußerers als dessen gesetzliche Erben. Auch solche sind keine echten Gegenleistungen, da sie keine Pflicht des Erwerbers begründen, eigenes Vermögen einzusetzen. Vorsicht ist hier dennoch geboten: Das OLG Brandenburg[1] deutete in die Formulierung, wonach die Überlassung in „vorweggenommene Erbfolge“ erfolgte, eine „**stillschweigende Enterbung**“ bzw. einen entsprechenden Erbverzicht. Das ist unrichtig. Eine Klarlegung empfiehlt sich in solchen Fällen dennoch.

II. Mehrberechtigung – Grundsätzliches

3 Die Beteiligung mehrerer Personen auf Veräußerer- oder Erwerberseite schafft oft weiteren Regelungsbedarf. Dies gilt nicht nur in Bezug auf das Verhältnis zwischen Veräußerer und Erwerber, sondern auch und insbesondere in Bezug auf das Verhältnis der Erwerber oder Veräußerer untereinander.

4 Werden verschiedene – ggf. kollidierende – Rechte eingeräumt bzw. vorbehalten, lässt sich das Verhältnis der Berechtigten insbesondere durch die Definition der grundbuchlichen Ränge klären. Soweit die Rechte im Gleichrang zueinanderstehen, gelten die Regelungen über die Rechtsgemeinschaft.[2]

5 „Teilen“ sich verschiedene Berechtigte ein Recht, entsteht eine echte Mehrberechtigung, sodass Regelungsbedarf insbesondere in Bezug auf die Frage entsteht, welche Pflichten der Verpflichtete gegenüber welchem Berechtigten hat und wie die Berechtigten zueinanderstehen. Die verschiedenen Mehrberechtigungsverhältnisse sollen hier nicht weiter dargestellt werden.[3] Hinzuweisen ist aber darauf, dass diese mit Bedacht gewählt und ggf. ausgestaltet werden sollten, dies gilt insbesondere, als aus verdinglichten Rechten (bspw. Wohnungsrechten oder Nießbrauchrechten) weitergehenden Ansprüche folgen, deren Forderungsberechtigter stets klar sein sollte.

Klassisch stellen sich insbesondere folgende Fragen:

- Kann jeder Berechtige von dem Eigentümer die volle Leistung verlangen bzw. nur einen Teil oder können die Berechtigten die Leistung nur gemeinsam verlangen?
- Was geschieht beim Wegfall eines Berechtigten und kann dieser (allein) auf sein Recht verzichten?

1 OLG Brandenburg, 31.8.2022 – 3 W 55/22.
2 Vgl. dazu *Jung/Szalai*, notar 2022, 53 ff., 78 ff.
3 Vgl. dazu vertiefend *Jung/Szalai*, notar 2022, 53 ff., 78 ff.

- Was geschieht bei Streit unter den Berechtigten? Kann sich ein Berechtigter gegen den anderen durchsetzen?

Bei dinglich gesicherten Ansprüchen (z.B. Rückforderungsanspruch in bestimmten, definierten Fällen) ist der Anspruchsberechtigte in der Regel klar. Hinzuweisen ist aber darauf, dass gerade bei der Absicherung Dritter (z.B. nicht veräußernder Ehegatten) jene Ansprüche ggf. auf den Tod des Veräußerers an den Dritten (z.B. den Ehegatten) zu übertragen sind. Alternativ können mehrere Rechte bestellt werden, die z.B. mit verschiedenen Rängen im Grundbuch versehen sind, oder ein eigenes Rückforderungsrecht in Gesamtberechtigung (§ 428 BGB) vereinbart werden. 6

Zu unterscheiden sind daher insbesondere bei Rückforderungsrechten und mehreren Veräußerern:

a) **Abtretungslösung**: Jeder Veräußerer veräußert seinen Miteigentumsanteil und hat hierauf bezogen ein Rückforderungsrecht; dieses wird – aufschiebend bedingt auf den eigenen Tod – auf den überlebenden Veräußerer übertragen.

   Vorteile der Abtretungslösung sind eine klare Regelung, die unkompliziert „umgestellt" oder geändert an spezielle Bedürfnisse angepasst werden kann.

b) **Gleichranglösung**: Jeder Veräußerer veräußert seinen Miteigentumsanteil und hat nicht nur in Bezug auf seinen Anteil, sondern auch in Bezug auf den anderen übertragenen Anteil ein Forderungsrecht, das mit einer eigenen Vormerkung grundbuchlich gesichert wird. Jeder hat ein Rückforderungsrecht auf das Ganze.

   Die Lösung funktioniert auch als Nachranglösung; hier erhält ein Berechtigter zwar ein Forderungsrecht, dieses hat aber den (grundbuchlichen) Rang nach dem anderen Recht. Diese Lösung kommt insbesondere bei der Absicherung Dritter in Betracht, die dem Veräußerer zu dessen Lebzeiten *„nicht in die Quere kommen"* sollen.

   Vorteil und Nachteil der Gleichranglösung ist ein faktischer Einigungszwang zwischen den Veräußerern im Falle der Rückforderung. Erfolgt dies nicht, setzt sich der Veräußerer/Berechtigte mit dem längeren Atem (wegen seiner bestehenbleibenden Vormerkung) gegen den zuerst fordernden Veräußerer durch.

   Bei der Nachranglösung ist der nachrangige Berechtigte von dem Verhalten des vorrangig Berechtigten abhängig.

Hinweis

Sofern nur ein Erwerber, aber mehrere Veräußerer existieren, wird in letzter Zeit eine ältere Entscheidung des BGH wieder aufgegriffen.[4] Hiernach soll es nicht möglich sein mehrere Vormerkungen – gerichtet auf Verschaffung eines Miteigentumsanteils – (auch für verschiedene Berechtigte) an einem einheitlichen Grundstück eingetragen werden können.

Die Entscheidung ist tatsächlich eine Fehlentscheidung. Sollte sie von dem Grundbuchamt ins Feld geführt werden, könnte nötigenfalls auch eine Vormerkung zur Gesamtberechtigung (§ 428 BGB) in das Grundbuch eingetragen werden.

c) **Gesamtberechtigungslösung**: Jeder Veräußerer veräußert seinen Miteigentumsanteil und alle Veräußerer haben **einen** Anspruch als Gesamtberechtigte i.S.d. § 428 BGB (und der Längstlebende ggf. allein), der im Ausgangspunkt nur gemeinschaftlich geltend gemacht werden kann.

Vorteil der Gesamtberechtigungslösung sind die überschaubaren Vollzugskosten. Ein erheblicher Nachteil ist, dass das Innenverhältnis zwischen den Berechtigten (im Zweifel schuldrechtlich) sauber ausgeregelt werden muss und nicht alle Vereinbarungen zwischen den Berechtigten sog. Außenwirkung entfalten, also dem jeweiligen Erwerber/Eigentümer entgegengehalten werden können. Aus Sicht der Verfasser hat die Abtretungslösung den größten Charme, da sie flexibel und sicher zugleich ist.

7 *Hinweis*

Das Thema Mehrberechtigung stellt sich ausdrücklich nicht nur bei Rückforderungsrechten, sondern auch bei Nutzungsrechten und dergleichen. Das Klarlegen der Leistungsbeziehungen bzw. Zuwendungsbeziehungen einerseits sowie die Bedingung bzw. Befristung andererseits können gerade steuerrechtlich von essenzieller Bedeutung sein.

8 Nach den §§ 4, 6 BewG ist der Zeitpunkt der Bewertung eines Rechts im Ergebnis der Zeitpunkt des Wirksamwerdens des Rechts.

9 Nach dem sog. 5. Nießbrauchserlass[5] ist es mit Blick auf Abschreibungen von Erwerbskosten eines Wirtschaftsguts maßgeblich, ob ein entsprechend

4 BGH v. 15.11.2012 – V ZB 99/12, NJW 2013, 934.

5 BMF-Schreiben v. 30.9.2013, IV C 1 – S 2253/07/10004, BStBl 2013 I S. 1184.

eingeräumtes Nießbrauchsrecht einen sog. **Vorbehaltsnießbrauch** oder einen **Zuwendungsnießbrauch** darstellt.

Letztlich sind die Zuwendungsbeziehungen auch mit Blick auf die Kostentransparenz von Bedeutung und erleichtern eine nachvollziehbare Kostenberechnung im Sinne des Mandanten.

Kosten 10

Kostenrechtlich ergeben sich hier sowohl mit Blick auf die Grundbuchkosten als auch mit Blick auf die Kosten der Urkunde mitunter Unterschiede. So sind etwa die Kosten zweier Nutzungsrechte (seien sie im Gleichrang zueinander oder in einem Über- bzw. Unterordnungsverhältnis) nicht identisch mit den Kosten nur eines Rechts zur Gesamtberechtigung nach § 428 BGB.

III. Löschungsfähigkeit der Rechte

Der besonders weitsichtige Gestalter wird ferner an die Löschung der Rechte nach dem Tod des Berechtigten sowie daran denken, dass vorbehaltene Rechte einer späteren Kreditaufnahme bzw. deren Besicherung im Wege stehen können. 11

§ 23 GBO ist insbesondere nicht auf Vormerkungen o.Ä. anzuwenden, sodass ein Vermerk *„löschbar bei Todesnachweis"* schon nicht eintragungsfähig ist und selbst im Falle dessen fehlerhafter Eintragung keine Wirkung entfaltet.

Hintergrund 12

Grundsätzlich ist zur Löschung grundbuchlicher Rechte die Bewilligung durch den eingetragenen Berechtigten notwendig (§ 19 GBO).

§ 22 Abs. 1 GBO normiert eine **Ausnahme** hiervon: Die Löschung kann gleichwohl erfolgen, wenn die Unrichtigkeit des Grundbuchs nachgewiesen ist, sodass insbesondere bei auf Lebenszeit beschränkten Rechten der Nachweis der Unrichtigkeit leicht durch (gesiegelte) Sterbeurkunde oder bspw. Erbscheinausfertigung als öffentliche Urkunde geführt werden kann. Als **Rückausnahme** ordnet § 23 Abs. 1 GBO an, dass bei auf die Lebenszeit beschränkten Rechten eine Löschung aufgrund Unrichtigkeitsnachweis (Sterbeurkunde) nicht erfolgen darf, falls Rückstände von Leistungen möglich sind und die Löschung vor dem Ablauf eines Jahres nach dem Tod des Berechtigten erfolgen soll oder wenn der Rechtsnachfolger der Löschung bei dem Grundbuchamt widersprochen hat.

13 **Rückforderungsansprüche** sind keine „originär" auf die Lebenszeit beschränkten Rechte. Auch bedingte Ansprüche sind wie (Geld-)Forderungen grundsätzlich vererblich. Die Praxis behilft sich mit Vollmachtlösungen, um die den Anspruch sichernde Vormerkung zu beseitigen. Nach hier vertretener Auffassung ist die gezielte Nutzung von Bedingungen (vgl. § 158 BGB) bzw. Befristungen (vgl. § 163 BGB) bedeutend eleganter. Bedingt wird hier insbesondere nicht (nur) der Anspruch (dessen Existenz oder Nichtexistenz kann dem Grundbuchamt ehedem nicht in öffentlicher Urkunde nachgewiesen werden). Bedingt ist vielmehr die dingliche Sicherung selbst.

Beispiel

Die Vormerkung wird auf den Ablauf eines Jahres nach dem Tod des Berechtigten (und zwar unabhängig von der Existenz des gesicherten Rückforderungsanspruchs) befristet.

14 Der Eintritt dieser Bedingung ist durch einen Blick in den Kalender nachzuweisen, führt aber auch dazu, dass selbst bei einem ausgeübten Rückforderungsverlangen die dingliche Sicherung erlischt, auch wenn der sicherungsfähige Anspruch noch besteht. Hierauf ist sinnvollerweise in der Urkunde hinzuweisen. Es empfiehlt sich insbesondere, dem oder den Berechtigten durch Einräumung einer weiteren Karenzfrist (hier wird in der Regel ein Jahr vorgeschlagen) die Möglichkeit zuzugestehen, den (gutgläubigen) Wegerwerb zu verhindern.

15 Die nach § 874 BGB relevante Unterscheidung nach befristeter/bedingter oder unbefristeter/unbedingter dinglicher Sicherung ist kostenrechtlich irrelevant. Anderes gilt für den Inhalt der Forderung bzw. des Rechts.

IV. Unterscheidung nach Forderungs- bzw. Rechtsinhalt

16 Die dinglichen Rechte sind im BGB erschöpfend geregelt (sog. **numerus clausus der dinglichen Rechte**); man kann sie nach ihrem Inhalt in Nutzungsrechte, Erwerbsrechte und Sicherungs- bzw. Verwertungsrechte unterscheiden.

Im Rahmen von Überlassungsverträgen sind insbesondere beschränkt persönliche Dienstbarkeiten (Wohn- bzw. Wohnungsrecht, §§ 1090 ff., 1093 BGB) und Nießbrauch (§§ 1030 ff. BGB) relevant, mit denen die Nutzung des übertragenen Grundbesitzes durch den Veräußerer im Verhältnis zum jeweiligen Eigentümer geregelt wird. Ebenfalls relevant ist die Absicherung von Rückforderungsrechten durch die Eintragung einer Vormerkung nach § 883 BGB. Bei den Sicherungs- und Verwertungsrechten kommt im Rahmen von Übertragungen die Absicherung einer wiederkehrenden Leistung des Erwerbers an den Veräußerer durch die Eintragung einer Reallast (als Rentenrecht oder als Wart- und Pflegerecht, §§ 1105 ff. BGB) in Betracht.

> *Hinweis*
>
> **Nutzungsrechte** sind demnach Mitbenutzungsrechte, Wohn- bzw. Wohnungsrechte sowie das Nießbrauchsrecht; auch Miteigentümervereinbarungen nach § 1010 BGB lassen sich funktional hier einordnen.
>
> **Erwerbsrechte** sind bspw. Ankauf-, Vorkauf- und Rückforderungsrechte.
>
> Das klassische Sicherungsmittel zur Sicherung eines Anspruchs ist insbesondere die Vormerkung. Die vorbenannten Erwerbsrechte werden oft durch Vormerkungen oder mit Vormerkungswirkung versehene Grundbucheintragungen (vgl. §§ 1094, 1098 BGB für das Vorkaufsrecht) „gesichert".
>
> **Verwertungsrechte** gewähren das Recht, ein Grundstück oder einen Gegenstand zum Zwecke der Gläubigerbefriedigung zu verwerten; sie dienen praktisch meist dazu, eine Geldforderung o.Ä. abzusichern bzw. durchsetzen zu können. Hierunter fallen bspw. Hypotheken, Grundschulden, Reallasten etc.

B. Rückforderungsrechte

I. Freies Rückforderungsrecht

Freie Rückforderungsrechte sollten mit Bedacht gewählt werden. Ihre Verwendung kommt in der Regel primär aus schenkungsteuerlichen Gründen in Betracht. Ihre Verwendung birgt eine Reihe von Nachteilen: 17

- Der Erwerber ist der Willkür des Veräußerers ausgesetzt.
- Das freie Rückforderungsrecht ist als solches pfändbar und unterliegt daher dem Vollstreckungszugriff Dritter.

18 Der Bundesfinanzhof[6] geht bislang davon aus, dass von der Ausführung der Schenkung auch trotz freier Rückforderbarkeit auszugehen ist; die Schenkung i.S.d. § 9 Abs. 1 Nr. 2 ErbStG entfällt vielmehr erst mit der Ausübung des Rechts und der Herausgabe des Zuwendungsgegenstandes.

Werden Unternehmensbeteiligungen (oder wesentliche Betriebsmittel) unter Rückforderungsvorbehalt übertragen, steht dies unter Umständen dem Erwerb einer Mitunternehmerstellung im steuerlichen Sinne entgegen.

19 Technisch wird zwischen **Rückforderungsvorbehalten** und **Widerrufsvorbehalten** unterschieden. Während bei vertraglich vorgesehenen Rückforderungsrechten der Anspruchsinhalt und ggf. dessen Verknüpfung näher ausgestaltet werden, ist dies bei klassischen Widerrufsvorbehalten nicht der Fall.

20 Bei einfachen bzw. klassischen Widerrufsvorbehalten beschränkt sich die Vereinbarung im Kern darauf, für definierte Fälle ein Widerrufsrecht vorzusehen. Mit Ausübung des Widerrufsrechts treten hier nicht die vorher vertraglich definierten Folgen ein, sondern die gesetzlichen Regelungen über den Widerruf – mithin bereicherungsrechtliche Regelungen.

21 In der Konsequenz führt bei **minderjährigen Beschenkten** die Aufnahme eines Rückforderungsrechts oder die Abweichung von den gesetzlichen Regelungen über den Widerruf (Bereicherungsrecht) wegen der damit verbundenen Haftungserweiterung[7] dazu, dass es ggf. an der rechtlichen Vorteilhaftigkeit der Zuwendung i.S.d. § 107 BGB fehlt. Dies macht im Ergebnis die Bestellung eines Pflegers und ggf. die betreuungsgerichtliche Genehmigung erforderlich, die – je nach Ausgestaltung des Rückforderungsrechts – auch versagt werden kann. Auch das Widerrufsrecht ist als Gestaltungsrecht von Gläubigern **pfändbar**.

Sowohl mit der Vereinbarung eines freien Rückforderungsrechts als auch mit der Geltendmachung des Widerrufs geht kein Automatismus einher. Die Rechte müssen ausgeübt bzw. geltend gemacht werden. Erst mit dieser Ausübung entsteht der Rückforderungsanspruch, der dann in der Regel auch vererblich ist.

6 Vgl. BFH NJW 1990, 1750.
7 Vgl. BGH NJW 2005, 415.

1. Standard (ein Veräußerer/ein Erwerber)

▼ 22

Muster 4.1: Freies Rückforderungsrecht – ein Berechtigter

a) Der Veräußerer („Berechtigter“) behält sich das Recht vor, auf Kosten des Erwerbers den von ihm übertragenen Vertragsgegenstand/Grundbesitz zurückfordern zu können (Rückforderungsrecht). Eines Rückforderungsgrundes bedarf es nicht. 4.1

[*Ggf. aufzunehmen:*] Das Rückforderungsrecht ist jedoch befristet bis zum Ablauf des ____; ist es bis zu diesem Zeitpunkt nicht ausgeübt, erlischt es ersatzlos.

b) Es steht im Belieben des Veräußerers, ob er die Übertragung des Grundbesitzes/Vertragsgegenstandes auf sich oder – mit beliebigen Miteigentumsquoten – auf einen Dritten verlangt. Der Anspruch ist nur abtretbar und vererblich, wenn er vom Berechtigten persönlich in notariell beglaubigter oder beurkundeter Form geltend gemacht ist.

c) Die Rückforderungserklärung bedarf der Beglaubigung.

d) Die Rückübertragung hat unentgeltlich auf Kosten des Erwerbers zu erfolgen. Dem Erwerber sind nur wertsteigernde Aufwendungen bis zu der bei Rückübertragung bestehenden objektiven Werterhöhung zu ersetzen. Eine Ersatzpflicht scheidet aus, wenn die Aufwendungen ohne schriftliche Zustimmung des Berechtigten erfolgt sind. Nutzungen und Zinsen sind bis zur Geltendmachung des Rückforderungsrechtes nicht zu erstatten. Grundpfandrechte und Verbindlichkeiten hat der Veräußerer nur insoweit zu übernehmen, als sie gegenwärtig bestehen oder Verbindlichkeiten sichern, zu deren Erfüllung der Berechtigte verpflichtet ist. Im Übrigen gelten die gesetzlichen Regelungen über den Rücktritt.

e) Der Rückübertragungsanspruch steht nur dem Veräußerer als Berechtigtem höchstpersönlich zu, er ist also, solange er nicht wie vorbezeichnet geltend gemacht wurde, vorbehaltlich der Bestimmungen gemäß vorstehend lit. b), nicht vererblich und nicht veräußerlich. Ist er bei Ableben des Berechtigten noch nicht ausgeübt, so erlischt er.

Kosten und Steuern der Rückabwicklung trägt der heutige Erwerber.

f) Zur Sicherung des bedingten Anspruchs auf Rückforderung bewilligen und beantragen die Beteiligten zugunsten des Berechtigten und zu Lasten des übertragenen Vertragsgegenstandes die Eintragung einer Auflassungsvormerkung in das Grundbuch.

Die Vormerkung erlischt unabhängig von der Existenz des gesicherten Anspruchs ein Jahr nach dem Tod des Berechtigten, was im Grundbuch als Befristung zu vermerken ist.
[*Ggf. aufzunehmen:*] Die Vormerkung erlischt weiterhin mit Ablauf des , was im Grundbuch als Befristung zu vermerken ist.

Der Notar hat darauf hingewiesen, dass mit vorstehender Gestaltung die dingliche Sicherung auch dann entfällt, wenn der Anspruch besteht und das Rückforderungsrecht ausgeübt wurde.

[*Ggf. aufzunehmen:*] Die Auflassungsvormerkung soll den Rang nach dem (z.B. Wohnungsrecht) erhalten.

▲

23 *Kostenrechtliche Hinweise zu vorstehendem Muster*

Kostenrechtlich ist das Rückforderungsrecht als **Pflicht** (Leistung) des Erwerbers einzuordnen. Zur Bewertung ist § 51 Abs. 1 S. 2 GNotKG einschlägig. Danach ist grundsätzlich der halbe Wert des Übertragungsgegenstandes maßgeblich.

In den meisten Fällen bleibt die Summe der Leistungen des Erwerbers hinter dem Wert des Grundstücks zurück. Die einzige regelmäßige Ausnahme ist die Übertragung eines landwirtschaftlichen Betriebes mit Hofstelle. Ist das Recht bedingt, kann der Wert höher oder niedriger angesetzt werden; § 51 Abs. 3 GNotKG. Die Ausgestaltung des Rechts sowie die Bedingungen und Regelungen bezüglich der Ausübung sind als Inhalt des Rechts mit abgegolten; § 86 Abs. 1 GNotKG.

Die Vormerkung ist als dingliche Sicherung des schuldrechtlichen Anspruchs derselbe Gegenstand; § 109 Abs. 1 GNotKG. Die Bedingungen der Löschung sind als Inhalt des Rechts mit abgegolten; § 86 Abs. 1 GNotKG.

2. Mehrere Veräußerer

24 ▼

4.2 **Muster 4.2: Freies Rückforderungsrecht – mehrere Veräußerer/Berechtigte – Abtretungslösung**

a) Der Veräußerer – bei mehreren Veräußerern jeder für sich („Berechtigter") – behält sich das Recht vor, auf Kosten des Erwerbers den von ihm übertragenen Miteigentumsanteil/Grundbesitz zurückfordern zu können (Rückforderungsrecht). Eines Rückforderungsgrundes bedarf es nicht.

[*Ggf. aufzunehmen*:] Das Rückforderungsrecht ist jedoch befristet bis zum Ablauf des ; ist es bis zu diesem Zeitpunkt nicht ausgeübt, erlischt es ersatzlos.

b) Das Rückforderungsrecht kann von jedem Veräußerer isoliert geltend gemacht werden. Es steht jedoch im Belieben des betreffenden Veräußerers, ob er die Übertragung des Grundbesitzes auf sich oder – mit beliebigen Miteigentumsquoten – auf einen Dritten verlangt.

Die Veräußerer treten hiermit wechselseitig und aufschiebend bedingt auf den eigenen Tod ihren jeweiligen Rückübertragungsanspruch im Voraus auf den jeweils anderen Veräußerer ab. Im Übrigen ist der Anspruch nur abtretbar und vererblich, wenn er vom jeweiligen Berechtigten persönlich in notariell beurkundeter Form geltend gemacht ist. Klargestellt wird, dass der Berechtigte zu seinen Lebzeiten über seinen Anspruch frei verfügen kann.

c) Die Rückforderungserklärung bedarf der Beglaubigung.

d) Die Rückübertragung hat unentgeltlich auf Kosten des Erwerbers zu erfolgen. Dem Erwerber sind nur wertsteigernde Aufwendungen bis zu der bei Rückübertragung bestehenden objektiven Werterhöhung zu ersetzen. Eine Ersatzpflicht scheidet aus, wenn die Aufwendungen ohne schriftliche Zustimmung des Veräußerers erfolgt sind. Nutzungen und Zinsen sind bis zur Geltendmachung des Rückforderungsrechtes nicht zu erstatten. Grundpfandrechte und Verbindlichkeiten hat der Veräußerer nur insoweit zu übernehmen, als sie gegenwärtig bestehen oder Verbindlichkeiten sichern, zu deren Erfüllung der Veräußerer verpflichtet ist. Im Übrigen gelten die gesetzlichen Regelungen über den Rücktritt.

e) Der Rückübertragungsanspruch steht nur dem Veräußerer höchstpersönlich zu, er ist also, solange er nicht wie vorbezeichnet geltend gemacht wurde, vorbehaltlich der Bestimmungen gemäß vorstehend lit. b), nicht vererblich und nicht veräußerlich. Ist er bei Ableben des längerlebenden Berechtigten noch nicht ausgeübt, so erlischt er.

Kosten und Steuern der Rückabwicklung trägt der heutige Erwerber.

f) Zur Sicherung des jeweiligen bedingten Anspruchs auf Rückforderung bewilligen und beantragen die Beteiligten zugunsten des Berechtigten und zu Lasten des jeweils übertragenen Vertragsgegenstandes/Miteigentumsanteils die Eintragung je einer Auflassungsvormerkung in das Grundbuch.

Die (jeweilige) Vormerkung erlischt unabhängig von der Existenz des gesicherten Anspruchs ein Jahr nach dem Tod des längerlebenden Berechtigten, was im Grundbuch als Befristung zu vermerken ist.

[*Ggf. aufzunehmen*:] Die Vormerkung erlischt weiterhin mit Ablauf des   , was im Grundbuch als Befristung zu vermerken ist.

Der Notar hat darauf hingewiesen, dass mit vorstehender Gestaltung die dingliche Sicherung auch dann entfällt, wenn der Anspruch besteht und das Rückforderungsrecht ausgeübt wurde.

[*Ggf. aufzunehmen*:] Die (jeweilige) Auflassungsvormerkung soll den Rang nach dem   (z.B. Wohnungsrecht) erhalten.

▲

25 *Kostenrechtliche Hinweise zu dem Muster*

Kostenrechtlich ist das Rückforderungsrecht als Pflicht (Leistung) des Erwerbers einzuordnen. Zur Bewertung ist § 51 Abs. 1 S. 2 GNotKG einschlägig: Danach ist grundsätzlich der **halbe Wert des Übertragungsgegenstandes** maßgeblich. Da dies aber zu unbilligen Ergebnissen führen kann (etwa, wenn nachrangige Rechte Dritten zugewandt werden oder Rechte mehrfach bedingt sind), kann der Wert im Einzelfall höher oder niedriger angesetzt werden; § 51 Abs. 3 GNotKG. Ein **Abschlag** auf bis zu 10–30% des Wertes des Übertragungsgegenstandes erscheint dann vertretbar, wenn die kostenrechtliche Summe der Rückforderungsrechte den Wert des hierauf bezogenen Gegenstandes übersteigt. Die Ausgestaltung des Rechts sowie die Bedingungen und Regelungen bezüglich der Ausübung sind als Inhalt des Rechts mit abgegolten; § 86 Abs. 1 GNotKG. In Muster 4.2 werden zwei Rückforderungsrechte eingeräumt, eins für jeden Miteigentumsanteil. Die obigen Ausführungen gelten für jede der beiden Übertragungen gesondert.

Die weiter enthaltende gegenseitige Abtretung der Rechte zwischen den Berechtigten (Übergebern) stellt ein neues Vertragsverhältnis dar. Es handelt sich um einen **Austauschvertrag**, womit nur das höherwertige Recht den Geschäftswert bildet; § 97 Abs. 3 GNotKG. Darauf ist zu achten, wenn die übertragenen Miteigentumsanteile **nicht gleichteilig** sind (z.B. $^1/_4$ und $^3/_4$).

Es stellt sich die Frage, ob beide Verträge **gegenstandsverschieden** sind, oder ob von diesem Grundsatz eine Ausnahme gem. § 109 Abs. 1

GNotKG vorliegt; § 86 Abs. 2 GNotKG. Es ist zu prüfen, ob zwischen beiden Verträgen ein **Abhängigkeitsverhältnis** im Sinne der Ausnahme der Vorschrift besteht. Zwar ist die Abtretung des Rückforderungsrechtes erst möglich, wenn die Übertragungen stattgefunden haben, und die Rechte begründet wurden. Insoweit besteht ein Zusammenhang. Allerdings ist weiter erforderlich, dass zwischen beiden Rechtsverhältnissen ein Abhängigkeitsverhältnis besteht, indem das eine Rechtsverhältnis **unmittelbar** der Erfüllung, Sicherung oder sonstigen Durchführung des anderen dient. Ein solches Abhängigkeitsverhältnis besteht vorliegend nicht. Beide Verträge sind zueinander gegenstandsverschieden. Da sie jeweils eine 2,0 Gebühr nach Nr. 21100 KV GNotKG auslösen, ist die Gebühr nur einmal aus der Summe beider Werte (Übertragung, höherer Wert der abgetretenen Rechte) zu erheben; § 35 Abs. 1 GNotKG.

Dies wirkt sich auch auf den **Geschäftswert** von Vollzugs- und Betreuungsgebühr aus, wenn entsprechende Tätigkeiten auftragsgemäß ausgeführt werden; §§ 112, 113 Abs. 1 GNotKG.

Die Vormerkung ist als dingliche Sicherung des schuldrechtlichen Anspruchs derselbe Gegenstand; § 109 Abs. 1 GNotKG. Die Bedingungen der Löschung sind als Inhalt des Rechts mit abgegolten; § 86 Abs. 1 GNotKG.

3. Absicherung von Ehegatten/Dritten

▼ 26

Muster 4.3: Freies Rückforderungsrecht – ein Veräußerer, der seinen Ehegatten/einen Dritten absichern will – Abtretungslösung 4.3

a) Der Veräußerer („Berechtigter") behält sich das Recht vor, auf Kosten des Erwerbers („Verpflichteter") den von ihm übertragenen Miteigentumsanteil/Vertragsgegenstand zurückfordern zu können (Rückforderungsrecht). Eines Rückforderungsgrundes bedarf es nicht.
[*Ggf. aufzunehmen*:] Das Rückforderungsrecht ist jedoch befristet bis zum Ablauf des   ; ist es bis zu diesem Zeitpunkt nicht ausgeübt, erlischt es ersatzlos.

b) Es steht im Belieben des Berechtigten, ob er die Übertragung des Grundbesitzes auf sich oder – mit beliebigen Miteigentumsquoten – auf einen Dritten verlangt.
Der Veräußerer tritt hiermit und aufschiebend bedingt auf den eigenen Tod seinen Rückübertragungsanspruch im Voraus an den miterschiene-

nen Ehegatten, den Beteiligten zu , ab. Im Übrigen ist der Anspruch nur abtretbar und vererblich, wenn er vom Berechtigten als Forderungsinhaber persönlich in notariell beurkundeter Form geltend gemacht ist. Die Zuwendung erfolgt unentgeltlich als ehebedingte Zuwendung zwischen dem Veräußerer und dem Ehegatten. Klargestellt wird, dass der Veräußerer als Berechtigter zu seinen Lebzeiten über seinen Anspruch frei verfügen kann.

c) Die Rückforderungserklärung bedarf der Beglaubigung.

d) Die Rückübertragung hat unentgeltlich auf Kosten des Verpflichteten zu erfolgen. Dem Verpflichteten sind nur wertsteigernde Aufwendungen bis zu der bei Rückübertragung bestehenden objektiven Werterhöhung zu ersetzen. Eine Ersatzpflicht scheidet aus, wenn die Aufwendungen ohne schriftliche Zustimmung des jeweiligen Berechtigten (solange der Veräußerer lebt, genügt die Zustimmung des Veräußerers) erfolgt sind. Nutzungen und Zinsen sind bis zur Geltendmachung des Rückforderungsrechts nicht zu erstatten. Grundpfandrechte und Verbindlichkeiten hat der Berechtigte nur insoweit zu übernehmen, als sie gegenwärtig bestehen oder Verbindlichkeiten sichern, zu deren Erfüllung der Veräußerer verpflichtet ist. Im Übrigen gelten die gesetzlichen Regelungen über den Rücktritt.

e) Der Rückübertragungsanspruch steht nur dem Berechtigten höchstpersönlich zu, er ist also, solange er nicht wie vorbezeichnet geltend gemacht wurde, vorbehaltlich der Bestimmungen gemäß vorstehend lit. b), nicht vererblich und nicht veräußerlich. Ist er bei Ableben des längerlebenden Berechtigten noch nicht ausgeübt, so erlischt er.
Kosten und Steuern der Rückabwicklung trägt der heutige Erwerber.

f) Zur Sicherung des bedingten Anspruchs auf Rückforderung bewilligen und beantragen die Beteiligten zugunsten des Veräußerers und zu Lasten des übertragenen Vertragsgegenstandes/Miteigentumsanteils die Eintragung einer Auflassungsvormerkung in das Grundbuch.
Die Vormerkung erlischt unabhängig von der Existenz des gesicherten Anspruchs ein Jahr nach dem Tod des längerlebenden Berechtigten, was im Grundbuch als Befristung zu vermerken ist.
[*Ggf. aufzunehmen*:] Die Vormerkung erlischt weiterhin mit Ablauf des , was im Grundbuch als Befristung zu vermerken ist.

Der Notar hat darauf hingewiesen, dass mit vorstehender Gestaltung die dingliche Sicherung auch dann entfällt, wenn der Anspruch besteht und das Rückforderungsrecht ausgeübt wurde.

[*Ggf. aufzunehmen*:] Die Auflassungsvormerkung soll den Rang nach dem ______ (z.B. Wohnungsrecht) erhalten.

▲

Kostenrechtliche Hinweise zu vorstehendem Muster 27

Die kostenrechtlichen Anmerkungen unter Rdn 25 sind grundsätzlich auf dieses Muster anwendbar: Soweit es das Verhältnis zwischen Veräußerer und Erwerber betrifft, wird das Verhältnis „Leistung und Gegenleistung" betrachtet. Soweit der Veräußerer dem Ehegatten oder Dritten das Recht zuwendet, handelt es sich um ein eigenes Rechtsverhältnis, für dessen Bewertung (der Höhe nach) jedoch die vorstehenden Grundsätze gelten.

4. § 428 BGB

▼ 28

Muster 4.4: Freies Rückforderungsrecht – in Gesamtberechtigung nach § 428 BGB 4.4

a) Der Erwerber („Verpflichteter") – bei mehreren jeder der Erwerber – und seine Gesamtrechtsnachfolger im Eigentum sind gegenüber dem Veräußerer („Berechtigter") (sofern es sich um mehrere Personen handelt, als Gesamtberechtigte gem. § 428 BGB) verpflichtet, den Vertragsgegenstand zurückzuübertragen, wenn der Berechtigte dies verlangt (Rückforderungsrecht).
Eines Rückforderungsgrundes bedarf es nicht.
[*Ggf. aufzunehmen*:] Das Rückforderungsrecht ist jedoch befristet bis zum Ablauf des ______; ist es bis zu diesem Zeitpunkt nicht ausgeübt, erlischt es ersatzlos.

b) Es steht im Belieben des Berechtigten, ob er die Übertragung des Grundbesitzes auf sich oder – mit beliebigen Miteigentumsquoten – auf einen Dritten verlangt. Klarstellend wird angeordnet: Das Rückforderungsrecht kann zu Lebzeiten beider Berechtigten nur von allen gemeinsam ausgeübt werden.

c) Die Rückforderungserklärung bedarf der Beglaubigung.

d) Die Rückübertragung hat unentgeltlich auf Kosten des Verpflichteten zu erfolgen. Dem Verpflichteten sind nur wertsteigernde Aufwendungen bis zu der bei Rückübertragung bestehenden objektiven Werterhöhung zu ersetzen. Eine Ersatzpflicht scheidet aus, wenn die Aufwendungen ohne schriftliche Zustimmung des jeweiligen Berechtigten erfolgt sind. Nutzungen und Zinsen sind bis zur Geltendmachung des Rückforderungsrechtes nicht zu erstatten. Grundpfandrechte und Verbindlichkeiten hat der Berechtigte nur insoweit zu übernehmen, als sie gegenwärtig bestehen oder Verbindlichkeiten sichern, zu deren Erfüllung der Veräußerer verpflichtet ist. Im Übrigen gelten die gesetzlichen Regelungen über den Rücktritt.

e) Der Rückübertragungsanspruch steht nur dem Berechtigten höchstpersönlich zu, er ist also, solange er nicht wie vorbezeichnet geltend gemacht wurde, nicht vererblich und nicht veräußerlich. Ist er bei Ableben des längerlebenden Berechtigten noch nicht ausgeübt, so erlischt er. Kosten und Steuern der Rückabwicklung trägt der heutige Erwerber.

f) Zur Sicherung des bedingten Anspruchs auf Rückforderung bewilligen und beantragen die Beteiligten zugunsten des Berechtigten – sofern es sich um mehrere Personen handelt, als Gesamtberechtigte gem. § 428 BGB – und zu Lasten des übertragenen Vertragsgegenstandes/Miteigentumsanteils die Eintragung einer Auflassungsvormerkung in das Grundbuch.
Die Vormerkung erlischt unabhängig von der Existenz des gesicherten Anspruchs ein Jahr nach dem Tod des längerlebenden Berechtigten, was im Grundbuch als Befristung zu vermerken ist.

[*Ggf. aufzunehmen*:] Die Vormerkung erlischt weiterhin mit Ablauf des   , was im Grundbuch als Befristung zu vermerken ist.

Der Notar hat darauf hingewiesen, dass mit vorstehender Gestaltung die dingliche Sicherung auch dann entfällt, wenn der Anspruch besteht und das Rückforderungsrecht ausgeübt wurde.

[*Ggf. aufzunehmen*:] Die Auflassungsvormerkung soll den Rang nach dem   (z.B. Wohnungsrecht) erhalten.

▲

29 *Kostenrechtliche Hinweise zu vorstehendem Muster*

Kostenrechtlich ist das Rückforderungsrecht als Pflicht (Leistung) des Erwerbers einzuordnen. Zur Bewertung ist § 51 Abs. 1 S. 2 GNotKG einschlägig: Danach ist grundsätzlich der halbe Wert des Übertragungsgegenstandes maßgeblich. Soweit dies zu unbilligen Ergebnissen führen kann, mag der Wert im Einzelfall höher oder niedriger angesetzt werden; § 51 Abs. 3 GNotKG. Ein Abschlag auf bis zu 10–30% des Wertes des

Übertragungsgegenstandes ist vertretbar. Die Ausgestaltung des Rechts sowie die Bedingungen und Regelungen bezüglich der Ausübung sind als Inhalt des Rechts mit abgegolten; § 86 Abs. 1 GNotKG. Als Gesamtrecht handelt es sich um nur ein Recht. Die Anzahl der Ausübungsberechtigten ist dabei unbeachtlich. Der Anspruch kann mangels abweichender – (schuldrechtlicher) Vereinbarungen – nur durch alle zu diesem Zeitpunkt lebenden Berechtigten geltend gemacht werden.

Die Vormerkung ist als dingliche Sicherung des schuldrechtlichen Anspruchs derselbe Gegenstand; § 109 Abs. 1 GNotKG. Die Bedingungen der Löschung sind als Inhalt des Rechts mit abgegolten; § 86 Abs. 1 GNotKG.

Die Zuwendung des Anspruchs an den Dritten ist ebenfalls mit dem Berechtigungsverhältnis § 428 BGB denkbar; in diesem Fall ist das Zuwendungsverhältnis zu bewerten.

II. Enumeratives Rückforderungsrecht

Möchte der Veräußerer Risiken, die die Übertragung von Grundbesitz zu Lebzeiten mit sich bringt, absichern, so bietet sich die Vereinbarung eines enumerativen Rückforderungsrechtes an. 30

Im Gesetz bereits geregelt sind insbesondere die Rückforderung wegen Verarmung des Schenkers in § 528 BGB und der Widerruf der Schenkung wegen groben Undanks des Beschenkten nach § 530 BGB. Dagegen bedarf es einer vertraglichen Regelung für die Fälle, dass der Erwerber den Grundbesitz ohne Zustimmung des Veräußerers veräußert oder belastet, dass der Erwerber vor dem Veräußerer verstirbt und die Erbfolge nach dem Erwerber dem Veräußerer missfällt oder Dritte Zugriff auf den Grundbesitz erhalten (z.B. Insolvenz des Erwerbers, Zwangsversteigerung durch einen Gläubiger des Erwerbers). 31

Mitunter findet man auch die Besicherung der gesetzlichen Rückforderungsrechte durch Vormerkung. Das erscheint aus Sicht der Autoren eher unglücklich und will jedenfalls wohl überlegt sein, da etwa das Rückforderungsrecht wegen Verarmung des Schenkers eher ein Motiv ist, früh zu übertragen (Stichwort: Sozialträgerflucht als Übertragungsmotiv).

Besichert werden können aber auch andere Rückforderungstatbestände, z.B. Drogensucht, die nachhaltige Verletzung bzw. Vereitelung vorbehaltener Rechte (z.B. Wohnungsrecht).

32 Mit der Vereinbarung eines enumerativen Rückforderungsrechts geht kein Automatismus einher, sondern das Rückforderungsrecht ist bei Eintritt eines vereinbarten Rückforderungsgrundes auch form- und fristgerecht auszuüben. Erst mit dieser Ausübung entsteht mit entsprechender Vereinbarung der Rückforderungsanspruch, der dann in der Regel auch vererblich ist.

1. Standardmuster (ein Veräußerer/ein Erwerber)

33 ▼

Muster 4.5: Enumeratives Rückforderungsrecht – ein Berechtigter

4.5

a) Der Veräußerer („Berechtigter") behält sich das Recht vor, auf Kosten des Erwerbers den von ihm übertragenen Vertragsgegenstand/Grundbesitz zurückfordern zu können, wenn

- der Erwerber vor dem Berechtigten des Rückforderungsrechts verstirbt oder
- der Erwerber geschäftsunfähig wird oder
- der Erwerber den Vertragsgegenstand ganz oder teilweise ohne seine schriftliche Einwilligung (bzw. seines gesetzlichen Vertreters oder Bevollmächtigten) belastet, veräußert oder sonst das Eigentum daran verliert oder
- die Zwangsvollstreckung oder Zwangsverwaltung in den Vertragsgegenstand eingeleitet wird, sofern die Maßnahme nicht binnen zwei Monaten aufgehoben wird, oder
- das Insolvenzverfahren über das Vermögen des Erwerbers eröffnet oder mangels Masse abgelehnt wird oder
- der Antrag gestellt wird, dass der Erwerber ein Vermögensverzeichnis abzugeben und dessen Richtigkeit an Eides Statt zu versichern hat, und der Antrag nicht innerhalb von zwei Monaten zurückgenommen wird oder
- der Erwerber von seinem (auch künftigen) Ehegatten/Lebenspartner i.S.d. § 1567 BGB getrennt lebt, es sei denn, durch vertragliche Vereinbarung ist sichergestellt, dass der Vertragsgegenstand im Rahmen des Zugewinnausgleiches nicht berücksichtigt wird, sondern allenfalls tatsächlich getätigte Investitionen oder Tilgungsleistungen zu erstatten sind.

b) Es steht im Belieben des Veräußerers, ob er die Übertragung des Grundbesitzes/Vertragsgegenstandes auf sich oder – mit beliebigen Miteigentumsquoten – auf einen Dritten verlangt.

Der Anspruch ist nur abtretbar und vererblich, wenn er vom jeweiligen Berechtigten persönlich in notariell beglaubigter Form geltend gemacht ist.

c) Die Rückforderungserklärung bedarf der Beglaubigung.

Für den Fall der Rückforderung des Vertragsgegenstandes bei Vorversterben des Erwerbers erhält der Berechtigte hiermit unter Befreiung von den Beschränkungen des § 181 BGB und unwiderruflich auf den Tod des Erwerbers Vollmacht zur Abgabe und zum Empfang von allen Erklärungen, die zur Rückübertragung des Eigentums erforderlich oder sachdienlich sind.

d) Die Rückübertragung hat unentgeltlich auf Kosten des Erwerbers zu erfolgen. Dem Erwerber sind nur wertsteigernde Aufwendungen bis zu der bei Rückübertragung bestehenden objektiven Werterhöhung zu ersetzen. Eine Ersatzpflicht scheidet aus, wenn die Aufwendungen ohne schriftliche Zustimmung des Berechtigten erfolgt sind. Nutzungen und Zinsen sind bis zur Geltendmachung des Rückforderungsrechtes nicht zu erstatten. Grundpfandrechte und Verbindlichkeiten hat der Veräußerer nur insoweit zu übernehmen, als sie gegenwärtig bestehen oder Verbindlichkeiten sichern, zu deren Erfüllung der Berechtigte verpflichtet ist. Im Übrigen gelten die gesetzlichen Regelungen über den Rücktritt.

e) Der Rückübertragungsanspruch steht nur dem Veräußerer als Berechtigtem höchstpersönlich zu, er ist also, solange er nicht wie vorbezeichnet geltend gemacht wurde, vorbehaltlich der Bestimmungen gemäß vorstehend lit. b), nicht vererblich und nicht veräußerlich. Ist er bei Ableben des Berechtigten noch nicht ausgeübt, so erlischt er.

Kosten und Steuern der Rückabwicklung trägt der heutige Erwerber.

f) Zur Sicherung des jeweiligen bedingten Anspruchs auf Rückforderung bewilligen und beantragen die Beteiligten zugunsten des Berechtigten und zu Lasten des übertragenen Vertragsgegenstandes die Eintragung einer Auflassungsvormerkung in das Grundbuch.

Die Vormerkung erlischt unabhängig von der Existenz des gesicherten Anspruchs ein Jahr nach dem Tod des Berechtigten, was im Grundbuch als Befristung zu vermerken ist.

Der Notar hat darauf hingewiesen, dass mit vorstehender Gestaltung die dingliche Sicherung auch dann entfällt, wenn der Anspruch besteht und das Rückforderungsrecht ausgeübt wurde.

[*Ggf. aufzunehmen*:] Die Auflassungsvormerkung soll den Rang nach dem ___ (z.B. Wohnungsrecht) erhalten.

▲

34 *Kostenrechtliche Hinweise zu vorstehendem Muster*

Es wird ein Rückforderungsrecht begründet. Der Schwerpunkt dieser Regelung liegt dabei in der Pflicht zur Rückübertragung, nicht in der Beschränkung der Verfügung über das Grundstück. Unter a) werden die Voraussetzungen für die Ausübung des Rückübertragungsrechts aufgezählt. Sie stellen keineswegs eigene oder gar mehrere Rechte dar, auch wenn einzelne dieser Bedingungen, wenn sie allein Inhalt einer Regelung sind, besonderen Bestimmungen des GNotKG unterliegen. Der Wert dieser Erklärung richtet sich nach § 51 Abs. 1 GNotKG. Er geht auf der Erwerberseite in den Vergleich der Leistungen nach § 97 Abs. 3 GNotKG ein. Da der volle Wert in der Summe der Leistungen regelmäßig zu unbilligen Ergebnissen führt, erscheint ein Teilwert von 10–30 % angemessen; § 51 Abs. 3 GNotKG.

Alle zur Grundbucheintragung erforderlichen Erklärungen dienen der Sicherung und sind derselbe Gegenstand; § 109 Abs. 1 GNotKG.

2. Mehrere Veräußerer

35 ▼

4.6 **Muster 4.6: Enumeratives Rückforderungsrecht – mehrere Berechtigte/Veräußerer**

a) Der Veräußerer („Berechtigter“) – bei mehreren Veräußerern jeder für sich – behält sich das Recht vor, auf Kosten des Erwerbers den von ihm übertragenen Miteigentumsanteil zurückfordern zu können, wenn

- der Erwerber vor dem Berechtigten des Rückforderungsrechts verstirbt oder
- der Erwerber geschäftsunfähig wird oder
- der Erwerber den Vertragsgegenstand ganz oder teilweise ohne seine schriftliche Einwilligung (bzw. seines gesetzlichen Vertreters oder Be-

vollmächtigten) belastet, veräußert oder sonst das Eigentum daran verliert oder

- die Zwangsvollstreckung oder Zwangsverwaltung in den Vertragsgegenstand eingeleitet wird, sofern die Maßnahme nicht binnen zwei Monaten aufgehoben wird, oder
- das Insolvenzverfahren über das Vermögen des Erwerbers eröffnet oder mangels Masse abgelehnt wird oder
- der Antrag gestellt wird, dass der Erwerber ein Vermögensverzeichnis abzugeben und dessen Richtigkeit an Eides Statt zu versichern hat, und der Antrag nicht innerhalb von zwei Monaten zurückgenommen wird oder
- der Erwerber von seinem (auch künftigen) Ehegatten/Lebenspartner i.S.d. § 1567 BGB getrennt lebt, es sei denn, durch vertragliche Vereinbarung ist sichergestellt, dass der Vertragsgegenstand im Rahmen des Zugewinnausgleiches nicht berücksichtigt wird, sondern allenfalls tatsächlich getätigte Investitionen oder Tilgungsleistungen zu erstatten sind.

b) Das Rückforderungsrecht kann von jedem Veräußerer isoliert geltend gemacht werden. Es steht jedoch im Belieben des betreffenden Veräußerers, ob er die Übertragung des Grundbesitzes auf sich oder – mit beliebigen Miteigentumsquoten – auf einen Dritten verlangt.

Die Veräußerer treten hiermit wechselseitig und aufschiebend bedingt auf den eigenen Tod ihren jeweiligen Rückübertragungsanspruch im Voraus auf den jeweils anderen Veräußerer ab. Im Übrigen ist der Anspruch nur abtretbar und vererblich, wenn er vom jeweiligen Berechtigten persönlich in notariell beglaubigter Form geltend gemacht ist.

c) Die Rückforderungserklärung bedarf der Beglaubigung.

Für den Fall der Rückforderung des Vertragsgegenstandes bei Vorversterben des Erwerbers erhält jeder Veräußerer je einzeln hiermit unter Befreiung von den Beschränkungen des § 181 BGB und unwiderruflich auf den Tod des Erwerbers Vollmacht zur Abgabe und zum Empfang von allen Erklärungen, die zur Rückübertragung des Eigentums erforderlich oder sachdienlich sind.

d) Die Rückübertragung hat unentgeltlich auf Kosten des Erwerbers zu erfolgen. Dem Erwerber sind nur wertsteigernde Aufwendungen bis zu der bei Rückübertragung bestehenden objektiven Werterhöhung zu ersetzen. Eine Ersatzpflicht scheidet aus, wenn die Aufwendungen ohne schriftliche Zustimmung des Veräußerers erfolgt sind. Nutzungen und

Zinsen sind bis zur Geltendmachung des Rückforderungsrechtes nicht zu erstatten. Grundpfandrechte und Verbindlichkeiten hat der Veräußerer nur insoweit zu übernehmen, als sie gegenwärtig bestehen oder Verbindlichkeiten sichern, zu deren Erfüllung der Veräußerer verpflichtet ist. Im Übrigen gelten die gesetzlichen Regelungen über den Rücktritt.

e) Der Rückübertragungsanspruch steht nur dem Veräußerer höchstpersönlich zu, er ist also, solange er nicht wie vorbezeichnet geltend gemacht wurde, vorbehaltlich der Bestimmungen gemäß vorstehend lit. b), nicht vererblich und nicht veräußerlich. Ist er bei Ableben des längerlebenden Berechtigten noch nicht ausgeübt, so erlischt er.
Kosten und Steuern der Rückabwicklung trägt der heutige Erwerber.

f) Zur Sicherung des jeweiligen bedingten Anspruchs auf Rückforderung bewilligen und beantragen die Beteiligten zugunsten des Berechtigten und zu Lasten des jeweils übertragenen Vertragsgegenstandes/Miteigentumsanteils die Eintragung je einer Auflassungsvormerkung in das Grundbuch.
Die (jeweilige) Vormerkung erlischt unabhängig von der Existenz des gesicherten Anspruchs ein Jahr nach dem Tod des längerlebenden Berechtigten, was im Grundbuch als Befristung zu vermerken ist.

Der Notar hat darauf hingewiesen, dass mit vorstehender Gestaltung die dingliche Sicherung auch dann entfällt, wenn der Anspruch besteht und das Rückforderungsrecht ausgeübt wurde.

[*Ggf. aufzunehmen*:] Die (jeweilige) Auflassungsvormerkung soll den Rang nach dem   (z.B. Wohnungsrecht) erhalten.

▲

36 *Kostenrechtliche Hinweise zu vorstehendem Muster*

Hinsichtlich der Bewertung der Rückforderungsrechte wird auf die Ausführungen unter Rdn 34 verwiesen.

In diesem Muster werden die Rechte zwischen den Berechtigten gegenseitig abgetreten. Es handelt sich dabei um einen Austauschvertrag, womit beide Leistungen zu vergleichen sind und nur der höhere Wert maßgeblich ist; § 97 Abs. 1 GNotKG. Vorliegend sind die Rechte gleichwertig.

Die Abtretung ist zur Übertragung gegenstandsverschieden, denn es besteht kein Abhängigkeitsverhältnis i.S.v. § 109 Abs. 1 GNotKG. Die jeweils zu erhebende 2,0-Gebühr nach Nr. 21100 KV GNotKG wird nur einmal aus der Summe der beiden Geschäftswerte erhoben; § 35 Abs. 1 GNotKG.

Für ggf. zu erhebende Vollzugs- bzw. Betreuungsgebühren ist jeweils der Gesamtwert der Urkunde maßgeblich; §§ 112, 113 Abs. 1 GNotKG.

3. Absicherung von Ehegatten/Dritten

▼ 37

Muster 4.7: Enumeratives Rückforderungsrecht – mehrere Berechtigte, Abtretungslösung 4.7

a) Der Veräußerer („Berechtigter") behält sich das Recht vor, auf Kosten des Erwerbers („Verpflichteter") den von ihm übertragenen Miteigentumsanteil/Vertragsgegenstand zurückfordern zu können, wenn

- der Verpflichtete vor dem Berechtigten des Rückforderungsrechts verstirbt oder
- der Verpflichtete geschäftsunfähig wird oder
- der Verpflichtete den Vertragsgegenstand ganz oder teilweise ohne seine schriftliche Einwilligung (bzw. seines gesetzlichen Vertreters oder Bevollmächtigten) belastet, veräußert oder sonst das Eigentum daran verliert oder
- die Zwangsvollstreckung oder Zwangsverwaltung in den Vertragsgegenstand eingeleitet wird, sofern die Maßnahme nicht binnen zwei Monaten aufgehoben wird, oder
- das Insolvenzverfahren über das Vermögen des Verpflichteten eröffnet oder mangels Masse abgelehnt wird oder
- der Antrag gestellt wird, dass der Verpflichtete ein Vermögensverzeichnis abzugeben und dessen Richtigkeit an Eides Statt zu versichern hat, und der Antrag nicht innerhalb von zwei Monaten zurückgenommen wird oder
- der Verpflichtete von seinem (auch künftigen) Ehegatten/Lebenspartner i.S.d. § 1567 BGB getrennt lebt, es sei denn, durch vertragliche Vereinbarung ist sichergestellt, dass der Vertragsgegenstand im Rahmen des Zugewinnausgleiches nicht berücksichtigt wird, sondern allenfalls tatsächlich getätigte Investitionen oder Tilgungsleistungen zu erstatten sind.

b) Es steht im Belieben des Berechtigten, ob er die Übertragung des Grundbesitzes auf sich oder – mit beliebigen Miteigentumsquoten – auf einen Dritten verlangt.

Der Veräußerer tritt hiermit und aufschiebend bedingt auf den eigenen Tod seinen Rückübertragungsanspruch im Voraus auf den miterschienenen und dies annehmenden Ehegatten, den Beteiligten zu , ab. Im Übrigen ist der Anspruch nur abtretbar und vererblich, wenn er vom Berechtigten als Forderungsinhaber persönlich in notariell beglaubigter Form geltend gemacht ist. Die Zuwendung erfolgt unentgeltlich als ehebedingte Zuwendung zwischen dem Veräußerer und dem Ehegatten.

c) Die Rückforderungserklärung bedarf der Beglaubigung.

Für den Fall der Rückforderung des Vertragsgegenstandes bei Vorversterben des Erwerbers erhält der jeweilige Berechtigte, der Veräußerer und der Ehegatte je einzeln, hiermit unter Befreiung von den Beschränkungen des § 181 BGB und unwiderruflich auf den Tod des Erwerbers als Verpflichteten Vollmacht zur Abgabe und zum Empfang von allen Erklärungen, die zur Rückübertragung des Eigentums erforderlich oder sachdienlich sind.

d) Die Rückübertragung hat unentgeltlich auf Kosten des Verpflichteten zu erfolgen. Dem Verpflichteten sind nur wertsteigernde Aufwendungen bis zu der bei Rückübertragung bestehenden objektiven Werterhöhung zu ersetzen. Eine Ersatzpflicht scheidet aus, wenn die Aufwendungen ohne schriftliche Zustimmung des jeweiligen Berechtigten (solange der Veräußerer lebt, genügt die Zustimmung des Veräußerers) erfolgt sind. Nutzungen und Zinsen sind bis zur Geltendmachung des Rückforderungsrechtes nicht zu erstatten. Grundpfandrechte und Verbindlichkeiten hat der Berechtigte nur insoweit zu übernehmen, als sie gegenwärtig bestehen oder Verbindlichkeiten sichern, zu deren Erfüllung der Veräußerer verpflichtet ist. Im Übrigen gelten die gesetzlichen Regelungen über den Rücktritt.

e) Der Rückübertragungsanspruch steht nur dem Berechtigten höchstpersönlich zu, er ist also, solange er nicht wie vorbezeichnet geltend gemacht wurde, vorbehaltlich der Bestimmungen gemäß vorstehend lit. b), nicht vererblich und nicht veräußerlich. Ist er bei Ableben des längerlebenden Berechtigten noch nicht ausgeübt, so erlischt er.

Kosten und Steuern der Rückabwicklung trägt der heutige Erwerber.

f) Zur Sicherung des bedingten Anspruchs auf Rückforderung bewilligen und beantragen die Beteiligten zugunsten des Veräußerers und zu Lasten des übertragenen Vertragsgegenstandes/Miteigentumsanteils die Eintragung einer Auflassungsvormerkung in das Grundbuch.

Die Vormerkung erlischt unabhängig von der Existenz des gesicherten Anspruchs ein Jahr nach dem Tod des längerlebenden Berechtigten, was im Grundbuch als Befristung zu vermerken ist.

Der Notar hat darauf hingewiesen, dass mit vorstehender Gestaltung die dingliche Sicherung auch dann entfällt, wenn der Anspruch besteht und das Rückforderungsrecht ausgeübt wurde.

[*Ggf. aufzunehmen*:] Die Auflassungsvormerkung soll den Rang nach dem (z.B. Wohnungsrecht) erhalten.

▲

Kostenrechtliche Hinweise zu vorstehendem Muster 38

Auf die Bewertung des Rückübertragungsanspruchs sind die Ausführungen unter Rdn 34 anwendbar.

Die Abtretung des Rückforderungsrechtes an den Ehepartner des Berechtigten ist ein weiterer Vertrag. Da er keinen Austausch von Leistungen zum Gegenstand hat, ist als Geschäftswert der Wert des abgetretenen Rechts maßgeblich; § 97 Abs. 1 GNotKG. Sein Wert bestimmt sich nach § 51 Abs. 1 GNotKG.

Nun stellt sich die Frage, ob beide Verträge gegenstandsverschieden sind oder ob von diesem Grundsatz eine Ausnahme gem. § 109 Abs. 1 vorliegt; § 86 Abs. 2 GNotKG.

Es ist zu prüfen, ob zwischen beiden Verträgen ein Abhängigkeitsverhältnis im Sinne der Ausnahme Vorschrift besteht. Zwar ist die Abtretung des Rückforderungsrechtes erst möglich, wenn die Übertragungen stattgefunden haben, und die Rechte begründet wurden. Insoweit besteht ein Zusammenhang. Allerdings ist es weiter erforderlich, dass zwischen beiden Rechtsverhältnissen ein Abhängigkeitsverhältnis besteht, indem das eine Rechtsverhältnis unmittelbar der Erfüllung, Sicherung oder sonstigen Durchführung des anderen dient. Ein solches Abhängigkeitsverhältnis besteht vorliegend nicht. Beide Verträge sind zueinander gegenstandsverschieden. Da sie jeweils eine 2,0 Gebühr nach Nr. 21100 KV GNotKG auslösen ist die Gebühr nur einmal aus der Summe beider Werte (a) Übertragung, b) Wert des abgetretenen Rechts) zu erheben; § 35 Abs. 1 GNotKG.

39 Soll der zu begünstigende Dritte nur ein nachrangiges Recht erhalten, kann als „kurze Lösung" im Kern hinter die Bestellung des Rechts für den Veräußerer der nachfolgende Absatz „angefügt" werden.

▼

Muster 4.8: Enumeratives Rückforderungsrecht – mehrere Berechtigte – Ergänzung: mehrere selbstständige Rechte (Ranglösung)

[…]

Der Veräußerer behält sich zudem für seinen Ehegatten, , ebenfalls das Recht gemäß vorstehenden Absätzen vor, auf Kosten des Erwerbers den von Veräußerer übertragenen Miteigentumsanteil/Vertragsgegenstand zurückfordern zu können, wenn einer der vorstehend vereinbarten Gründe eintritt.

Das Rückforderungsrecht steht unter der aufschiebenden Bedingung, dass der Veräußerer vor seinem Ehegatten, , verstirbt; es steht weiter unter der auflösenden Befristung des Todes des Ehegatten.

Zur Sicherung des bedingten Anspruchs auf Rückforderung bewilligen und beantragen die Beteiligten zugunsten und zu Lasten des übertragenen Vertragsgegenstandes/Miteigentumsanteils die Eintragung einer Auflassungsvormerkung im Rang nach der Auflassungsvormerkung für den Veräußerer im Grundbuch.

[*Ggf.*]: Klargestellt wird, dass die Zuwendung vorstehenden Rückforderungsrechts von dem Veräußerer an den Ehegatten erfolgt und keine Zuwendung des Erwerbers ist, dem gegenüber es sich um einen Vorbehalt handelt.

[*Ggf. Ergänzung der Befristung der Vormerkung*].

▲

40 *Kostenrechtliche Hinweise zu vorstehendem Muster*

Kostenrechtlich ergibt sich hier die Besonderheit, dass sich der Veräußerer gegenüber dem Erwerber mehrere Rechte vorbehält: eines für sich und eines für den Ehegatten/Dritten. Die Zuwendung an den Ehegatten bzw. Dritten ist als eigenes Rechtsverhältnis zu bewerten. Zu dessen Bewertung gelten die allgemeinen vorgenannten Grundsätze.

4. Mehrere Veräußerer als Gesamtberechtigte nach § 428 BGB

▼ 41

Muster 4.9: Rückforderungsrecht (Gesamtberechtigung gem. § 428 BGB) 4.9

a) Der Erwerber („Verpflichteter") – bei mehreren jeder der Erwerber – und seine Gesamtrechtsnachfolger im Eigentum sind gegenüber dem Veräußerer („Berechtigter") (sofern es sich um mehrere Personen handelt, als Gesamtberechtigte gem. § 428 BGB) verpflichtet, den Vertragsgegenstand zurückzuübertragen, wenn ein Rückforderungsgrund eintritt.
Ein Rückforderungsgrund tritt jeweils ein, wenn

- der Verpflichtete vor dem Berechtigten des Rückforderungsrechts verstirbt oder
- der Verpflichtete geschäftsunfähig wird oder
- der Verpflichtete den Vertragsgegenstand ganz oder teilweise ohne seine schriftliche Einwilligung (bzw. seines gesetzlichen Vertreters oder Bevollmächtigten) belastet, veräußert oder sonst das Eigentum daran verliert oder
- die Zwangsvollstreckung oder Zwangsverwaltung in den Vertragsgegenstand eingeleitet wird, sofern die Maßnahme nicht binnen zwei Monaten aufgehoben wird, oder
- das Insolvenzverfahren über das Vermögen des Verpflichteten eröffnet oder mangels Masse abgelehnt wird oder
- der Antrag gestellt wird, dass der Verpflichtete ein Vermögensverzeichnis abzugeben und dessen Richtigkeit an Eides Statt zu versichern hat, und der Antrag nicht innerhalb von zwei Monaten zurückgenommen wird oder
- der Verpflichtete von seinem (auch künftigen) Ehegatten/Lebenspartner i.S.d. § 1567 BGB getrennt lebt, es sei denn, durch vertragliche Vereinbarung ist sichergestellt, dass der Vertragsgegenstand im Rahmen des Zugewinnausgleiches nicht berücksichtigt wird, sondern allenfalls tatsächlich getätigte Investitionen oder Tilgungsleistungen zu erstatten sind.

Bei mehreren Eigentümern/Verpflichteten genügt der Eintritt bei einem von ihnen.

b) Es steht im Belieben des Berechtigten, ob er die Übertragung des Grundbesitzes auf sich oder – mit beliebigen Miteigentumsquoten – auf einen Dritten verlangt. Klarstellend wird angeordnet: Das Rückforderungsrecht kann zu Lebzeiten beider Berechtigten nur von allen gemeinsam ausgeübt werden.

c) Die Rückforderungserklärung bedarf der Beglaubigung.

Für den Fall der Rückforderung des Vertragsgegenstandes bei Vorversterben des Erwerbers erhält der jeweilige Berechtigte, der Veräußerer und der Ehegatte je einzeln, hiermit unter Befreiung von den Beschränkungen des § 181 BGB und unwiderruflich auf den Tod des Erwerbers als Verpflichteten Vollmacht zur Abgabe und zum Empfang von allen Erklärungen, die zur Rückübertragung des Eigentums erforderlich oder sachdienlich sind.

d) Die Rückübertragung hat unentgeltlich auf Kosten des Verpflichteten zu erfolgen. Dem Verpflichteten sind nur wertsteigernde Aufwendungen bis zu der bei Rückübertragung bestehenden objektiven Werterhöhung zu ersetzen. Eine Ersatzpflicht scheidet aus, wenn die Aufwendungen ohne schriftliche Zustimmung des jeweiligen Berechtigten erfolgt sind. Nutzungen und Zinsen sind bis zur Geltendmachung des Rückforderungsrechtes nicht zu erstatten. Grundpfandrechte und Verbindlichkeiten hat der Berechtigte nur insoweit zu übernehmen, als sie gegenwärtig bestehen oder Verbindlichkeiten sichern, zu deren Erfüllung der Veräußerer verpflichtet ist. Im Übrigen gelten die gesetzlichen Regelungen über den Rücktritt.

[*Ggf. als Klarstellung:*] Klarstellend wird festgelegt: Macht zu Lebzeiten beider Berechtigter nur einer das Rückforderungsrecht geltend oder ist der andere Berechtigte verstorben, ist nur an den verbleibenden Veräußerer aufzulassen, der auch die Verpflichtungen allein übernimmt. Andernfalls ist an beide zu je hälftigem Miteigentum unter gesamtschuldnerischer Übernahme der Verpflichtungen aufzulassen. Kein Berechtigter kann mit Wirkung für die übrigen Berechtigten über den Anspruch allein verfügen.

e) Der Rückübertragungsanspruch steht nur dem Berechtigten höchstpersönlich zu, er ist also, solange er nicht wie vorbezeichnet geltend gemacht wurde, nicht vererblich und nicht veräußerlich. Ist er bei Ableben des längerlebenden Berechtigten noch nicht ausgeübt, so erlischt er.

Kosten und Steuern der Rückabwicklung trägt der heutige Erwerber.

f) Zur Sicherung des bedingten Anspruchs auf Rückforderung bewilligen und beantragen die Beteiligten zugunsten des Berechtigten – sofern es sich um mehrere Personen handelt, als Gesamtberechtigte gem. § 428 BGB – und zu Lasten des übertragenen Vertragsgegenstandes/Miteigentumsanteils die Eintragung einer Auflassungsvormerkung in das Grundbuch.

Die Vormerkung erlischt unabhängig von der Existenz des gesicherten Anspruchs ein Jahr nach dem Tod des längerlebenden Berechtigten, was im Grundbuch als Befristung zu vermerken ist.

Der Notar hat darauf hingewiesen, dass mit vorstehender Gestaltung die dingliche Sicherung auch dann entfällt, wenn der Anspruch besteht und das Rückforderungsrecht ausgeübt wurde.

[*Ggf. aufzunehmen:*] Die Auflassungsvormerkung soll den Rang nach dem (z.B. Wohnungsrecht) erhalten.

▲

Kostenrechtliche Hinweise zu vorstehendem Muster 42

Die Ausführungen unter Rdn 29 und Rdn 34 gelten entsprechend.

5. Rückforderungsrecht wegen des Anfalls von Steuern

▼ 43

Muster 4.10: Rückforderungsrecht (wegen Anfalls von Schenkungsteuer) 4.10

Jeder Erwerber und seine Rechtsnachfolger sind verpflichtet, den Vertragsgegenstand/Grundbesitz an den Veräußerer (oder einen von ihm benannten Dritten) – ganz oder mit beliebigen Miteigentumsquoten – zu übertragen, wenn einer der nachfolgenden Tatbestände eintritt. Ein Rückforderungstatbestand tritt ein, wenn

- das zuständige Finanzamt wegen der zu dieser Urkunde vereinbarten Zuwendung Schenkungsteuer in Höhe von mehr als EUR festsetzt und/oder
- das zuständige Finanzamt den Vertragsgegenstand zu dieser Urkunde mit einem Betrag in Höhe von EUR oder mehr bewertet.

Das (Rück-)Forderungsrecht ist binnen acht Monaten nach Kenntnis des Forderungstatbestands (*ggf. in beglaubigter/beurkundeter Form*) auszuüben.

Das bedingte Rückforderungsrecht

- ist nicht vererblich und nicht übertragbar,
- kann nicht durch einen gesetzlichen Vertreter oder Sachwalter ausgeübt werden, der mit Wirkung für fremde Vermögen Erklärungen abzugeben berechtigt ist.

Klargestellt wird:

- Weder Erwerber noch Veräußerer sind zur Einlegung von Rechtsmitteln verpflichtet.
- Das (Rück-)Forderungsrecht entsteht bei Personenmehrheiten auf Veräußerer- oder Erwerberseite auch dann, wenn ein (Rück-)Forderungsgrund nur in einer Person vorliegt und/oder in dem Verhältnis einzelner Beteiligten zueinander gegeben ist.

Nach Belehrung des Notars über mit dem Fehlen dinglicher Sicherungen verbundene Gefahren (insbesondere von Zwischenverfügungen, fehlender Werthaltigkeit/Durchsetzbarkeit etwaiger Ersatzansprüche) wurde trotz Belehrung auf die Eintragung einer (Rück-)Auflassungsvormerkung verzichtet.

▲

44 *Kostenrechtliche Hinweise zu vorstehendem Muster*

Auf dieses Muster sind die kostenrechtlichen Anmerkungen unter Rdn 25 anwendbar. Im Regelfall ist von dem halben Wert des Vertragsgegenstandes auszugehen.

C. Nutzungsrechte

45 Nutzungsrechte sind als Dienstbarkeit oder Nießbrauch im BGB geregelt. Maßgebend ist, ob dem Veräußerer gestattet werden soll, den übertragenen Grundbesitz in allen oder nur in einzelnen Beziehungen nutzen zu dürfen.

Auch hier gilt: Die gesetzlichen Nutzungsrechte sind enumerativ und in ihrem Inhalt definiert. Wünschen die Beteiligten z.B. eine spezielle Kostentragung, ist diese ggf. nicht eigentlicher Inhalt des dinglichen Rechts, sondern es bedarf einer – schuldrechtlichen – Vereinbarung hierüber. Sinnvollerweise sollten solche Vereinbarungen im Text z.B. durch die Einleitung „*Vertraglich ist vereinbart (mit der Pflicht zur Weitergabe an etwaige Rechtsnachfolger)*“ kenntlich gemacht werden.

Bei komplexen schuldrechtlichen Nebenabreden (z.B. Leistungspflichten, die als solche nicht durch Nutzungsrecht begründet werden, oder Aufgabepflichten dergleichen) bietet sich im Einzelfall eine Besicherung durch eine Rückforderungsrecht an.

I. Wohnungsrecht, § 1093 BGB

Das Recht, das auf dem Grundbesitz stehende Gebäude zum Wohnen zu nutzen, kann dem Veräußerer entweder als Wohnungsrecht nach § 1093 BGB oder als Wohn- und Mitbenutzungsrecht nach §§ 1090 ff. BGB eingeräumt werden. Entscheidend ist, ob der Berechtigte das Gebäude unter Ausschluss des Eigentümers (dann Wohnungsrecht) oder nur zusammen mit dem Eigentümer (dann Wohnrecht) zum Wohnen nutzen soll. Sollen nur eine Garage oder Büroräume durch den Veräußerer weiter genutzt werden, so steht das Wohnungsrecht nach § 1093 BGB nicht zur Verfügung, es bleibt nur die Vereinbarung einer Dienstbarkeit nach § 1090 BGB. 46

Belastungsgegenstand ist (anders als beim Nießbrauch) stets nur das ganze Grundstück im Rechtssinne, nicht nur ein ideeller Miteigentumsanteil. Mehrere Grundstücke können nur dann mit dem Wohnungsrecht belastet werden, wenn auf jedem Grundstück das Wohnen möglich ist. Eine denkbare Lösung für den Fall der Belastung mehrerer Flurstücke ist die Vereinigung gem. § 890 Abs. 1 BGB i.V.m. § 5 GBO, sodass die Flurstücke wegen der Buchung unter einer laufenden Nummer im Bestandsverzeichnis als ein Grundstück im Rechtssinne gefasst werden. 47

Nach § 1093 BGB erhält der Berechtigte das Recht, die im Vertrag benannten Räumlichkeiten unter Ausschluss des Eigentümers als Wohnung zu nutzen. Die Mitbenutzung von gemeinschaftlichen Anlagen und Einrichtungen ist Inhalt des Rechts, kann aber abbedungen werden. Das Wohnungsrecht kann auch auf den unbebauten Teil des Grundstücks erstreckt werden, sofern das Wohnen der Hauptzweck bleibt, um dem Berechtigten die Benutzung des Gartens zu ermöglichen. 48

Dem Berechtigten steht das Recht zu, seine Familie und ggf. Hauspersonal mit in die Räumlichkeiten aufzunehmen; eine abweichende Vereinbarung ist zulässig (z.B. indem der zulässige Personenkreis festgelegt wird). Dagegen ist eine Übertragung des Rechts an Dritte nicht möglich, die Überlassung der Ausübung kann, soweit dies vertraglich durch den Eigentümer gestattet ist, an Dritte überlassen werden. Zu bedenken ist hier aber, dass 49

Rechte aus der Überlassung der Ausübung zusammen mit dem Wohnungsrecht enden (z.B. mit dem Tod des Berechtigten).

50 Im Übrigen gelten gem. §§ 1093 Abs. 1 S. 2, 1090 Abs. 2 BGB die Regelungen des Nießbrauchrechts: Der Wohnungsberechtigte hat selbst für die übliche Erhaltung seiner Wohnräume zu sorgen (§ 1041 BGB); der Eigentümer hat die Kosten des Grundstücks (z.B. Grundsteuer) zu tragen. Eine abweichende Vereinbarung ist insoweit nicht zulässig.

51 Das Wohnungsrecht erlischt, wenn es rechtsgeschäftlich nach § 875 BGB aufgehoben wird, wenn entsprechende Bedingungen/Befristungen eintreten oder wenn der Berechtigte verstirbt. Die Löschung im Grundbuch kann im letzten Fall durch die Vorlage der Sterbeurkunde erfolgen. § 23 GBO ist nur zu beachten, wenn Rückstände des Eigentümers möglich sind, dies trifft insbesondere dann zu, wenn der Eigentümer die Unterhaltspflicht anstelle des Berechtigten zu tragen hat.

52 *Kosten*

Das Wohnungsrecht ist eine wiederkehrende Leistung. Dieses Recht wird regelmäßig zeitlich befristet eingeräumt. Der Geschäftswert bestimmt stimmt sich nach der Laufzeit; § 52 GNotKG.

1. Ein Veräußerer, der nur sich selbst absichert

53 ▼

Muster 4.11: Wohnungsrecht – ein Veräußerer, der nur sich selbst absichert

4.11 Der Veräußerer, in diesem Abschnitt auch **„die berechtigte Person"** genannt, erhält folgendes Recht an dem in Abschnitt   näher bezeichneten Grundbesitz:

- Der berechtigten Person wird hiermit das Wohnungsrecht (gem. § 1093 BGB) eingeräumt, unter Ausschluss des jeweiligen Eigentümers, alle Räume im   geschoss zu Wohnzwecken zu benutzen sowie alle zum gemeinschaftlichen Gebrauch der Hausbewohner bestimmten Anlagen und Einrichtungen mitzubenutzen, insbesondere den Keller, den Speicher und den Garten sowie die sonstige unbebaute Grundstücksfläche. Von dem Recht ausdrücklich ausgenommen und zur exklusiven Nutzung des Eigentümers verbleiben folgende Räume und Flächen: .

- Vorsorglich schuldrechtlich/vertraglich wird vereinbart: Der jeweilige Eigentümer ist verpflichtet, den Grundbesitz in bewohnbarem Zustand zu erhalten einschließlich der Pflicht zur Wiederherstellung im Falle der Zerstörung. Die Kosten für den eigenen Verbrauch (Strom, Wasser, Gas, Heizbrennstoffe), für Schönheitsreparaturen in den eigenen Räumen sowie anteilige Kosten für Müllabfuhr trägt die berechtigte Person selbst. Der jeweilige Eigentümer hat dagegen die Gebühren für Straßenreinigung und Schornsteinfeger, die für den gesamten Grundbesitz anfallenden Versicherungen, die Grundsteuer, die sonstigen Hauskosten sowie den gesamten Erhaltungs- und Wiederherstellungsaufwand zu tragen.
- Von dem Recht ist auch umfasst, Familienangehörige sowie die zur standesgemäßen Bedienung und Pflege erforderlichen Personen in die Wohnung mit aufzunehmen. Die Überlassung des Wohnungsrechtes an Dritte, insbesondere die Vermietung, ist jedoch nicht gestattet.
- Das Recht erlischt mit dem Tod der berechtigten Person.
- [*Ggf. Ergänzung:*] Das Recht steht zusätzlich unter der auflösenden Bedingung der Errichtung einer notariellen Eigenurkunde, mit welcher ein deutscher Notar feststellt, dass ihm die Bestätigung eines in Deutschland zugelassenen Arztes vorgelegt wurde, wonach sich die berechtigte Person länger als drei Monate in einer Pflegeeinrichtung oder einem Heim dauerhaft aufhält und nicht mehr selbstständig in der Wohnung wird leben können. Die inhaltliche Richtigkeit dieser ärztlichen Bestätigung haben weder Notar noch Grundbuchamt zu prüfen.
- Die Eintragung eines Wohnungs- und Mitbenutzungsrechtes in das Grundbuch zulasten des Grundbesitzes, des Grundstücks und eines Mitbenutzungsrechts zulasten des Grundstücks und zugunsten der berechtigten Person wird hiermit bewilligt und beantragt mit dem Vermerk, dass zur Löschung der Nachweis des Todes der berechtigten Person [*ggf. Ergänzung bzw. der Nachweis der auflösenden Bedingung*] genügt.
- Der Jahreswert des Rechtes beträgt ______ EUR.
- Schuldrechtlich gilt: Das Recht wird unentgeltlich ausgeübt. Sollte die berechtigte Person aus Gründen, die der jeweilige Eigentümer nicht zu vertreten hat, das Wohnungs- und Mitbenutzungsrecht nicht ausüben, so ist keine Entschädigung in Geld zu leisten.

54 *Kostenrechtliche Hinweise zu vorstehendem Muster*

Das Wohnungsrecht ist hier – im Verhältnis zum Erwerber – Bestandteil der Gegenleistung. Es ist beim Vergleich der Leistungen (§ 97 Abs. 3 GNotKG) auf Seiten des Erwerbers zu berücksichtigen. Ein Wohnungsrecht ist i.S.d. Gesetzes eine wiederkehrende Leistung. Sein Wert richtet sich nach der Laufzeit des Rechts; § 52 Abs. 2 GNotKG. Hier ist es auf die Lebenszeit des Berechtigten beschränkt, womit der Wert nach Altersstufen begrenzt ist; § 52 Abs. 3 GNotKG.

Der Jahreswert des Rechts wird nach dieser Vorschrift kapitalisiert. Ausgangspunkt ist der Jahreswert. Insofern die Beteiligten diesen nicht einschätzen können, kann auf den Durchschnittsmiete als Anhaltspunkt zurückgegriffen werden; § 36 Abs. 1 GNotKG.[8] Eine Anpassung der gesetzlichen Inhalte des Wohnungsrechts führen nicht zu einer weiteren Erklärung; § 86 Abs. 1 GNotKG. Die zur Grundbucheintragung erforderlichen Erklärungen dienen der Sicherung und haben denselben Gegenstand; § 109 Abs. 1 GNotKG.

2. Ein Veräußerer, der seinen Ehegatten bedenkt

55 ▼

4.12 **Muster 4.12: Wohnungsrecht – ein Veräußerer, der seinen Ehegatten mit absichert**

a) Der Veräußerer sowie der miterschienene Ehegatte, der Erschienenen zu   , in diesem Abschnitt auch je **„die berechtigte Person"** genannt, erhält folgendes Recht an dem in Abschnitt   näher bezeichneten Grundbesitz:

Der berechtigten Person wird hiermit das Wohnungsrecht (gem. § 1093 BGB) eingeräumt, unter Ausschluss des jeweiligen Eigentümers, alle Räume im   geschoss zu Wohnzwecken zu benutzen sowie alle zum gemeinschaftlichen Gebrauch der Hausbewohner bestimmten Anlagen und Einrichtungen mitzubenutzen, insbesondere den Keller, den Speicher und den Garten sowie die sonstige unbebaute Grundstücksfläche. Von dem Recht ausdrücklich ausgenommen und zur exklusiven

8 Bei fehlender Mitwirkung muss der Wert nach § 95 GNotKG geschätzt werden, mit der Folge, dass der Notar nicht verpflichtet ist, seine Kostenberechnung aufgrund nachfolgend vorgelegter Werte zu korrigieren.

Nutzung des Eigentümers verbleiben folgende Räume und Flächen: .

Bei mehreren berechtigten Personen erhält jede ein eigenes Recht in vollem Umfang und im gleichen Rang.

Vorsorglich schuldrechtlich/vertraglich wird vereinbart: Der jeweilige Eigentümer ist verpflichtet, den Grundbesitz in bewohnbarem Zustand zu erhalten einschließlich der Pflicht zur Wiederherstellung im Falle der Zerstörung. Die Kosten für den eigenen Verbrauch (Strom, Wasser, Gas, Heizbrennstoffe), für Schönheitsreparaturen in den eigenen Räumen sowie anteilige Kosten für Müllabfuhr trägt die berechtigte Person selbst. Der jeweilige Eigentümer hat dagegen die Gebühren für Straßenreinigung und Schornsteinfeger, die für den gesamten Grundbesitz anfallenden Versicherungen, die Grundsteuer, die sonstigen Hauskosten sowie den gesamten Erhaltungs- und Wiederherstellungsaufwand zu tragen.

Von dem Recht ist auch umfasst, Familienangehörige sowie die zur standesgemäßen Bedienung und Pflege erforderlichen Personen in die Wohnung mit aufzunehmen. Die Überlassung des Wohnungsrechtes an Dritte, insbesondere die Vermietung, ist jedoch nicht gestattet.

Das Recht erlischt mit dem Tod der berechtigten Person.

[*Ggf. Ergänzung:*] Das Recht steht zusätzlich unter der auflösenden Bedingung der Errichtung einer notariellen Eigenurkunde, mit welcher ein deutscher Notar feststellt, dass ihm die Bestätigung eines in Deutschland zugelassenen Arztes vorgelegt wurde, wonach sich die berechtigte Person länger als drei Monate in einer Pflegeeinrichtung oder einem Heim dauerhaft aufhält und nicht mehr selbstständig in der Wohnung wird leben können. Die inhaltliche Richtigkeit dieser ärztlichen Bestätigung haben weder Notar noch Grundbuchamt zu prüfen.

Die Eintragung eines Wohnungs- und Mitbenutzungsrechtes in das Grundbuch zulasten des Grundbesitzes, des Grundstücks und eines Mitbenutzungsrechts zulasten des Grundstücks und zugunsten der berechtigten Person, bei mehreren jeweils im gleichen Rang, wird hiermit bewilligt und beantragt mit dem Vermerk, dass zur Löschung der Nachweis des Todes der berechtigten Person [*ggf. Ergänzung bzw. der Nachweis der auflösenden Bedingung*] genügt.

Der Jahreswert des Rechtes beträgt jeweils EUR.

[*Hinweis: Auf nachstehenden Satz kann verzichtet werden, wenn die berechtigten Personen an der Urkunde mitwirken, also im Rubrum oder Beglaubigungsvermerk das Geburtsdatum vermerkt ist.*]

Die berechtigten Personen sind Jahre bzw. Jahre alt.
Schuldrechtlich gilt: Das Recht wird unentgeltlich ausgeübt. Sollte die berechtigte Person aus Gründen, die der jeweilige Eigentümer nicht zu vertreten hat, das Wohnungs- und Mitbenutzungsrecht nicht ausüben, so ist keine Entschädigung in Geld zu leisten.

b) Klargestellt wird, dass die Zuwendung des Wohnungsrechts an den miterschienenen Ehegatten keine Zuwendung des Erwerbers an diesen ist, sondern es sich um eine schenkweise Zuwendung des Veräußerers an den dies annehmenden Ehegatten handelt.

▲

3. Zwei Veräußerer, die sich Wohnungsrechte vorbehalten

56 ▼

4.13 **Muster 4.13: Wohnungsrecht – zwei Veräußerer, die sich beide bzw. wechselseitig absichern**

a) Der Veräußerer, beide Veräußerer (mithin die Beteiligten zu 1 und zu 2), in diesem Abschnitt auch jeweils „**die berechtigte Person**" genannt, erhält folgendes Recht an dem in Abschnitt näher bezeichneten Grundbesitz:
Der berechtigten Person wird hiermit das Wohnungsrecht (gem. § 1093 BGB) eingeräumt, unter Ausschluss des jeweiligen Eigentümers alle Räume im geschoss zu Wohnzwecken zu benutzen sowie alle zum gemeinschaftlichen Gebrauch der Hausbewohner bestimmten Anlagen und Einrichtungen mitzubenutzen, insbesondere den Keller, den Speicher und den Garten sowie die sonstige unbebaute Grundstücksfläche. Von dem Recht ausdrücklich ausgenommen und zur exklusiven Nutzung des Eigentümers verbleiben folgende Räume und Flächen: .
Bei mehreren berechtigten Personen erhält jede ein eigenes Recht in vollem Umfang und im gleichen Rang.
Vorsorglich schuldrechtlich/vertraglich wird vereinbart: Der jeweilige Eigentümer ist verpflichtet, den Grundbesitz in bewohnbarem Zustand zu erhalten einschließlich der Pflicht zur Wiederherstellung im Falle der Zerstörung. Die Kosten für den eigenen Verbrauch (Strom, Wasser, Gas, Heizbrennstoffe), für Schönheitsreparaturen in den eigenen Räumen sowie anteilige Kosten für Müllabfuhr trägt die berechtigte Person selbst. Der jeweilige Eigentümer hat dagegen die Gebühren für Straßenreinigung und Schornsteinfeger, die für den gesamten Grundbesitz anfallenden

Versicherungen, die Grundsteuer, die sonstigen Hauskosten sowie den gesamten Erhaltungs- und Wiederherstellungsaufwand zu tragen.

Von dem Recht ist auch umfasst, Familienangehörige sowie die zur standesgemäßen Bedienung und Pflege erforderlichen Personen in die Wohnung mit aufzunehmen. Die Überlassung des Wohnungsrechtes an Dritte, insbesondere die Vermietung, ist jedoch nicht gestattet.

Das Recht erlischt mit dem Tod der berechtigten Person.

[*Ggf. Ergänzung:*] Das Recht steht zusätzlich unter der auflösenden Bedingung der Errichtung einer notariellen Eigenurkunde, mit welcher ein deutscher Notar feststellt, dass ihm die Bestätigung eines in Deutschland zugelassenen Arztes vorgelegt wurde, wonach sich die berechtigte Person länger als drei Monate in einer Pflegeeinrichtung oder einem Heim dauerhaft aufhält und nicht mehr selbstständig in der Wohnung wird leben können. Die inhaltliche Richtigkeit dieser ärztlichen Bestätigung haben weder Notar noch Grundbuchamt zu prüfen.

Die Eintragung eines Wohnungs- und Mitbenutzungsrechtes in das Grundbuch zulasten des Grundbesitzes, des Grundstücks und eines Mitbenutzungsrechts zulasten des Grundstücks und zugunsten der berechtigten Person, bei mehreren jeweils im gleichen Rang, wird hiermit bewilligt und beantragt mit dem Vermerk, dass zur Löschung der Nachweis des Todes der berechtigten Person [*ggf. Ergänzung bzw. der Nachweis der auflösenden Bedingung*] genügt.

Der Jahreswert des Rechtes beträgt jeweils ______ EUR.

[*Hinweis: Auf nachstehenden Satz kann verzichtet werden, wenn die berechtigten Personen an der Urkunde mitwirken, also im Rubrum oder Beglaubigungsvermerk das Geburtsdatum vermerkt ist.*].

Die berechtigten Personen sind ______ Jahre bzw. ______ Jahre alt.

Schuldrechtlich gilt: Das Recht wird unentgeltlich ausgeübt. Sollte die berechtigte Person aus Gründen, die der jeweilige Eigentümer nicht zu vertreten hat, das Wohnungs- und Mitbenutzungsrecht nicht ausüben, so ist keine Entschädigung in Geld zu leisten.

b) Höchst vorsorglich wird klargestellt, dass die Zuwendung des Wohnungsrechts an den miterschienenen Ehegatten keine Zuwendung des Erwerbers an diesen ist, sondern es sich um eine schenkweise Zuwendung des Veräußerers an den dies annehmenden Ehegatten handelt.

▲

57 *Kostenrechtliche Hinweise zu vorstehendem Muster*

Wohnrecht

Zur Bestimmung des Geschäftswertes des Wohnrechts wird auf die Ausführungen unter Rdn 54 verwiesen. Hier werden im Verhältnis zum Erwerber zwei Wohnungsrechte begründet, die in diesem Verhältnis wieder als „Leistung und Gegenleistung“ zu betrachten sind. Die Zuwendung des Rechts an den Ehegatten stellt jedoch ein eigenes Rechtsverhältnis dar. Sie dient nicht der Sicherung, Erfüllung oder sonstigen Durchführung des Übertragungsvertrages, womit kein Abhängigkeitsverhältnis i.S.v. § 109 Abs. 1 GNotKG besteht. Beide Verträge sind verschiedene Beurkundungsgengenstände; § 86 Abs. 2. Die 2,0 Gebühr nach Nr. 21100 KV GNotKG wird aus der Summe der Werte erhoben; § 35 Abs. 1 GNotKG.

Achtung: Bei einem entsprechenden Altersunterschied zwischen Veräußerer und Ehegatten/Dritten können diese einen verschiedenen kostenrechtlichen Wert haben; § 52 Abs. 3 GNotKG. Die gegenseitige Zuwendung stellt einen Austauschvertrag dar. Den Geschäftswert bildet die höhere der ausgetauschten Leistungen.

Sind auftragsgemäß Vollzug- bzw. Betreuungstätigkeiten auszuführen, richtet sich deren Geschäftswert ebenfalls nach der Summe der Geschäftswerte; §§ 112, 113 Abs. 1 GNotKG.

Wohnungsrechte

Hinsichtlich des Geschäftswertes von Wohnungsrechten wird auf die Ausführungen unter Rdn 54 und hinsichtlich der Gegenstandsverschiedenheit auf obige Ausführungen verwiesen.

Vorliegend handelt es sich um zwei Rechte: Bei einem entsprechenden Altersunterschied können sie einen verschiedenen kostenrechtlichen Wert haben; § 52 Abs. 3 GNotKG. Die gegenseitige Zuwendung stellt einen Austauschvertrag dar. Den Geschäftswert bildet die höhere der ausgetauschten Leistungen.

Obwohl nur beide Veräußerer an der Begründung des Wohnungsrechts mitwirken müssen (und sich insoweit etwas zuwenden), ist das Verhältnis der Veräußerer untereinander nicht zu berücksichtigen.

Sind auftragsgemäß Vollzug- bzw. Betreuungstätigkeiten auszuführen, richtet sich deren Geschäftswert ebenfalls nach der Summe der Geschäftswerte; §§ 112, 113 Abs. 1 GNotKG.

4. Wohnungsrecht nach § 428 BGB (Muster)

▼ 58

Muster 4.14: Wohnungsrecht – zwei Veräußerer mit einem Wohnungsrecht in Gesamtberechtigung gem. § 428 BGB 4.14

a) Die Veräußerer, beide Veräußerer – mithin die Beteiligten zu 1 und zu 2 – (nachfolgend auch **„die berechtigte Person“**), behalten sich als Gesamtberechtigte gem. § 428 BGB und für den Längstlebenden allein ein unbeschränktes ausschließliches Wohnungsrecht gem. § 1093 BGB an dem in Abschnitt näher bezeichneten Grundbesitz vor:

Der berechtigten Person wird hiermit das Wohnungsrecht (gem. § 1093 BGB) eingeräumt, unter Ausschluss des jeweiligen Eigentümers alle Räume im geschoss zu Wohnzwecken zu benutzen sowie alle zum gemeinschaftlichen Gebrauch der Hausbewohner bestimmten Anlagen und Einrichtungen mitzubenutzen, insbesondere den Keller, den Speicher und den Garten sowie die sonstige unbebaute Grundstücksfläche.

Von dem Recht ausdrücklich ausgenommen und zur exklusiven Nutzung des Eigentümers verbleiben folgende Räume und Flächen: .

Bei mehreren berechtigten Personen erhält jede ein eigenes Recht in vollem Umfang und im gleichen Rang.

Vorsorglich schuldrechtlich/vertraglich wird vereinbart: Der jeweilige Eigentümer ist verpflichtet, den Grundbesitz in bewohnbarem Zustand zu erhalten, einschließlich der Pflicht zur Wiederherstellung im Falle der Zerstörung. Die Kosten für den eigenen Verbrauch (Strom, Wasser, Gas, Heizbrennstoffe), für Schönheitsreparaturen in den eigenen Räumen sowie anteilige Kosten für Müllabfuhr trägt die berechtigte Person selbst. Der jeweilige Eigentümer hat dagegen die Gebühren für Straßenreinigung und Schornsteinfeger, die für den gesamten Grundbesitz anfallenden Versicherungen, die Grundsteuer, die sonstigen Hauskosten sowie den gesamten Erhaltungs- und Wiederherstellungsaufwand zu tragen.

Von dem Recht ist auch umfasst, Familienangehörige sowie die zur standesgemäßen Bedienung und Pflege erforderlichen Personen in die Wohnung mit aufzunehmen. Die Überlassung des Wohnungsrechtes an Dritte, insbesondere die Vermietung, ist jedoch nicht gestattet.

Das Recht erlischt mit dem Tod der berechtigten Person.

Im Hinblick darauf, dass die den Berechtigten als Gesamtberechtigte nach § 428 BGB eingeräumten Rechte der Versorgung und Absicherung beider dienen, wird zur Regelung des Anspruchsverhältnisses vereinbart:

- Kein Berechtigter ist befugt, zulasten des anderen über diese Rechte zu verfügen.
- Nach dem Tod des einen stehen die Rechte dem anderen ungeschmälert zu.
- Leistung allein an einen Berechtigten hat keine Erfüllungswirkung gegenüber dem anderen.

[*Ggf. Ergänzung:*] Das Recht steht zusätzlich unter der auflösenden Bedingung der Errichtung einer notariellen Eigenurkunde, mit welcher ein deutscher Notar feststellt, dass ihm die Bestätigung eines in Deutschland zugelassenen Arztes vorgelegt wurde, wonach sich die berechtigte Person länger als drei Monate in einer Pflegeeinrichtung oder einem Heim dauerhaft aufhält und nicht mehr selbstständig in der Wohnung wird leben können. Die inhaltliche Richtigkeit dieser ärztlichen Bestätigung haben weder Notar noch Grundbuchamt zu prüfen.

Die Eintragung eines Wohnungs- und Mitbenutzungsrechtes in das Grundbuch zulasten des Grundbesitzes, des Grundstücks und eines Mitbenutzungsrechts zulasten des Grundstücks und zugunsten der berechtigten Person, bei mehreren als Gesamtberechtigte gem. § 428 BGB, wird hiermit bewilligt und beantragt mit dem Vermerk, dass zur Löschung der Nachweis des Todes der berechtigten Person [*ggf. Ergänzung bzw. der Nachweis der auflösenden Bedingung*] genügt.

Der Jahreswert des Rechtes beträgt jeweils EUR.

[*Hinweis: Auf nachstehenden Satz kann verzichtet werden, wenn die berechtigten Personen an der Urkunde mitwirken, also im Rubrum oder Beglaubigungsvermerk das Geburtsdatum vermerkt ist*].

Die berechtigten Personen sind Jahre bzw. Jahre alt.

Schuldrechtlich gilt: Das Recht wird unentgeltlich ausgeübt. Sollte die berechtigte Person aus Gründen, die der jeweilige Eigentümer nicht zu vertreten hat, das Wohnungs- und Mitbenutzungsrecht nicht ausüben, so ist keine Entschädigung in Geld zu leisten.

b) Klargestellt wird, dass die Zuwendung des Wohnungsrechts an den miterschienenen Ehegatten keine Zuwendung des Erwerbers an diesen ist, sondern es sich um eine schenkweise Zuwendung des Veräußerers an den dies annehmenden Ehegatten handelt.

▲

Kostenrechtliche Hinweise zu vorstehendem Muster 59

Das als Gesamtrecht ausgestaltete Wohnungsrecht ist hier Bestandteil der Leistung des Erwerbers. Es handelt sich um keine eigenständige Erklärung. Eine gesonderte Bewertung scheidet aus.

Die zur dinglichen Sicherung erforderlichen Grundbucherklärungen sind nach § 109 Abs. 1 GNotKG derselbe Beurkundungsgegenstand. Da bereits der Vertrag den höchstmöglichen Gebührensatz auslöst und der Geschäftswert des Wohnungsrechts als Geschäftswert der Grundbucherklärungen den des Vertrages hier nicht übersteigen kann, lösen sie keine eigene Gebühr aus.

Auch hier gilt: Obwohl nur beide Veräußerer an der Begründung des Wohnungsrechts mitwirken müssen (und sich insoweit etwas zuwenden), ist das Verhältnis der Veräußerer untereinander nicht zu berücksichtigen.

Anders liegt der Fall, wenn ein Dritter als Gesamtberechtigter in das Recht einbezogen wird. Auch hier ist die Zuwendung (die Einbeziehung in das Recht) ein eigener Gegenstand, der nicht von § 109 Abs. 1 GNotKG erfasst wird.

II. Wohnrecht nach §§ 1090–1092 BGB

Es gelten die Ausführungen zum Wohnungsrecht. Beim Wohnrecht erhält der Berechtigte das Recht zum Wohnen nicht unter Ausschluss des Eigentümers, sondern nur zusammen mit dem Eigentümer (s. Rdn 46, 48). 60

1. Ein Veräußerer, der seinen Ehegatten bedenkt

▼ 61

Muster 4.15: Wohnrecht – ein Veräußerer, der seinen Ehegatten bedenkt 4.15

a) Der Veräußerer sowie der miterschienene Ehegatte, der Erschienenen zu ______, in diesem Abschnitt auch je „**die berechtigte Person**" oder „**der Berechtigte**" genannt, erhält folgendes Recht an dem in Abschnitt ______ näher bezeichneten Grundbesitz:

Der berechtigten Person wird hiermit das Wohnrecht (§ 1090–1092 BGB) eingeräumt, neben dem Eigentümer alle Räume im -geschoss zu Wohnzwecken zu benutzen.

- Die berechtigte Person darf außerdem den Hausgarten, die Nebenräume, wie Keller und Dachboden, sowie alle sonstigen dem gemeinsamen Gebrauch dienende Einrichtungen und Anlagen mitbenutzen. Von dem Recht ausdrücklich ausgenommen und zur exklusiven Nutzung des Eigentümers verbleiben folgende Räume und Flächen: .

  Bei mehreren berechtigten Personen erhält jede ein eigenes Recht in vollem Umfang und im gleichen Rang.

  Die Überlassung des Wohnrechtes an Dritte, insbesondere die Vermietung, ist jedoch nicht gestattet.

  Das Recht erlischt mit dem Tod der berechtigten Person.

  [*Ggf. Ergänzung:*] Das Recht steht zusätzlich unter der auflösenden Bedingung der Errichtung einer notariellen Eigenurkunde, mit welcher ein deutscher Notar feststellt, dass ihm die Bestätigung eines in Deutschland zugelassenen Arztes vorgelegt wurde, wonach sich die berechtigte Person länger als drei Monate in einer Pflegeeinrichtung oder einem Heim dauerhaft aufhält und nicht mehr selbstständig in der Wohnung wird leben können. Die inhaltliche Richtigkeit dieser ärztlichen Bestätigung haben weder Notar noch Grundbuchamt zu prüfen.

  Die Eintragung eines Wohn- und Mitbenutzungsrechtes in das Grundbuch zulasten des Grundbesitzes, des Grundstücks und eines Mitbenutzungsrechts zulasten des Grundstücks und zugunsten der berechtigten Person, bei mehreren jeweils im gleichen Rang, wird hiermit bewilligt und beantragt mit dem Vermerk, dass zur Löschung der Nachweis des Todes der berechtigten Person [*ggf. Ergänzung bzw. der Nachweis der auflösenden Bedingung*] genügt.

  Der Jahreswert des Rechtes beträgt jeweils EUR.

  Schuldrechtlich gilt: Das Recht wird unentgeltlich ausgeübt. Sollte die berechtigte Person aus Gründen, die der jeweilige Eigentümer nicht zu vertreten hat, das Wohn- und Mitbenutzungsrecht nicht ausüben, so ist keine Entschädigung in Geld zu leisten.

b) Klargestellt wird, dass die Zuwendung des Wohnrechts an den miterschienenen Ehegatten keine Zuwendung des Erwerbers an diesen ist, sondern es sich um eine schenkweise Zuwendung des Veräußerers an den dies annehmenden Ehegatten handelt.

▲

Kostenrechtliche Hinweise zu vorstehendem Muster 62

Die Ausführungen unter Rdn 57 sind auf diesen Sachverhalt anwendbar. Auch hier ist die Zuwendung des Wohnungsrechts an den Ehegatten als eigenes Rechtsverhältnis zu bewerten.

2. Zwei Veräußerer, die sich Wohnrechte vorbehalten

▼ 63

Muster 4.16: Wohnrecht – zwei Veräußerer, die sich wechselseitig absichern 4.16

a) Der Veräußerer, beide Veräußerer – mithin die Beteiligten zu 1 und zu 2 –, in diesem Abschnitt auch je **„die berechtigte Person"** bzw. **„der Berechtigte"** genannt, erhält folgendes Recht an dem in Abschnitt näher bezeichneten Grundbesitz:

Der berechtigten Person wird hiermit das Wohnrecht (§ 1090–1092 BGB) eingeräumt, neben dem Eigentümer alle Räume im geschoss zu Wohnzwecken zu benutzen.

Die berechtigte Person darf außerdem den Hausgarten, die Nebenräume, wie Keller und Dachboden, sowie alle sonstigen dem gemeinsamen Gebrauch dienende Einrichtungen und Anlagen mitbenutzen.

Von dem Recht ausdrücklich ausgenommen und zur exklusiven Nutzung des Eigentümers verbleiben folgende Räume und Flächen: .

Die Überlassung des Wohnrechtes an Dritte, insbesondere die Vermietung, ist jedoch nicht gestattet.

Das Recht erlischt mit dem Tod der berechtigten Person.

[*Ggf. Ergänzung:*] Das Recht steht zusätzlich unter der auflösenden Bedingung der Errichtung einer notariellen Eigenurkunde, mit welcher ein deutscher Notar feststellt, dass ihm die Bestätigung eines in Deutschland zugelassenen Arztes vorgelegt wurde, wonach sich die berechtigte Person länger als drei Monate in einer Pflegeeinrichtung oder einem Heim dauerhaft aufhält und nicht mehr selbstständig in der Wohnung wird leben können. Die inhaltliche Richtigkeit dieser ärztlichen Bestätigung haben weder Notar noch Grundbuchamt zu prüfen.

Die Eintragung eines Wohn- und Mitbenutzungsrechtes in das Grundbuch zulasten des Grundbesitzes, des Grundstücks und eines Mitbenutzungsrechts zulasten des Grundstücks und zugunsten der berechtigten Person, bei mehreren jeweils im gleichen Rang, wird hiermit bewilligt und beantragt mit dem Vermerk, dass zur Löschung der Nachweis des

Todes der berechtigten Person [*ggf. Ergänzung bzw. der Nachweis der auflösenden Bedingung*] genügt.

Der Jahreswert des Rechtes beträgt jeweils EUR.

[*Hinweis: Auf nachstehenden Satz kann verzichtet werden, wenn die berechtigten Personen an der Urkunde mitwirken, also im Rubrum oder Beglaubigungsvermerk das Geburtsdatum vermerkt ist*].

Die berechtigten Personen sind Jahre bzw. Jahre alt.

Schuldrechtlich gilt: Das Recht wird unentgeltlich ausgeübt. Sollte die berechtigte Person aus Gründen, die der jeweilige Eigentümer nicht zu vertreten hat, das Wohn- und Mitbenutzungsrecht nicht ausüben, so ist keine Entschädigung in Geld zu leisten.

b) Höchst vorsorglich wird klargestellt, dass die Zuwendung des Wohnrechts an den miterschienenen Ehegatten keine Zuwendung des Erwerbers an diesen ist, sondern es sich wechselseitig um eine schenkweise Zuwendung des Veräußerers an den dies annehmenden Ehegatten handelt.

▲

64 *Kostenrechtliche Hinweise zu vorstehendem Muster*

Die Ausführungen unter Rdn 57 sind auf diesen Sachverhalt anwendbar.

3. Wohnrecht nach § 428 BGB

65 ▼

4.17 **Muster 4.17: Wohnrecht – zwei Veräußerer, die sich ein Wohnrecht als Gesamtberechtigte gem. § 428 BGB vorbehalten**

Die Veräußerer, beide Veräußerer – mithin die Beteiligten zu 1 und zu 2 – (nachfolgend auch „**die berechtigte Person**“ bzw. „**der Berechtigte**“), behalten sich als Gesamtberechtigte gem. § 428 BGB und für den Längstlebenden allein ein Wohnrecht folgendes Recht an dem in Abschnitt näher bezeichneten Grundbesitz vor:

- Der berechtigten Person wird hiermit das Wohnrecht (§ 1090–1092 BGB) eingeräumt, neben dem Eigentümer alle Räume im geschoss zu Wohnzwecken zu benutzen.
- Die berechtigte Person darf außerdem den Hausgarten, die Nebenräume, wie Keller und Dachboden, sowie alle sonstigen dem gemeinsamen Gebrauch dienende Einrichtungen und Anlagen mitbenutzen.
- Das Recht erlischt mit dem Tod der berechtigten Person.

[*Optionale Ergänzung, die anzuraten ist:*] Im Hinblick darauf, dass die den Berechtigten als Gesamtberechtigte nach § 428 BGB eingeräumten Rechte der Versorgung und Absicherung beider dienen, wird zur Regelung des Anspruchsverhältnisses vereinbart:

- Kein Berechtigter ist befugt, zulasten des anderen über diese Rechte zu verfügen.
- Nach dem Tod des einen stehen die Rechte dem anderen ungeschmälert zu.
- Leistung allein an einen Berechtigten hat keine Erfüllungswirkung gegenüber dem anderen.

Von dem Recht ausdrücklich ausgenommen und zur exklusiven Nutzung des Eigentümers verbleiben folgende Räume und Flächen: .

[*Ggf. Ergänzung:*] Das Recht steht zusätzlich unter der auflösenden Bedingung der Errichtung einer notariellen Eigenurkunde, mit welcher ein deutscher Notar feststellt, dass ihm die Bestätigung eines in Deutschland zugelassenen Arztes vorgelegt wurde, wonach sich die berechtigte Person länger als drei Monate in einer Pflegeeinrichtung oder einem Heim dauerhaft aufhält und nicht mehr selbstständig in der Wohnung wird leben können. Die inhaltliche Richtigkeit dieser ärztlichen Bestätigung haben weder Notar noch Grundbuchamt zu prüfen.

Die Eintragung eines Wohn- und Mitbenutzungsrechtes in das Grundbuch zulasten des Grundbesitzes, des Grundstücks und eines Mitbenutzungsrechts zulasten des Grundstücks und zugunsten der berechtigten Person, bei mehreren als gesamtberechtigte gem. § 428 BGB, wird hiermit bewilligt und beantragt mit dem Vermerk, dass zur Löschung der Nachweis des Todes der berechtigten Person [*ggf. Ergänzung bzw. der Nachweis der auflösenden Bedingung*] genügt.

Der Jahreswert des Rechtes beträgt jeweils EUR.

Schuldrechtlich gilt: Das Recht wird unentgeltlich ausgeübt. Sollte die berechtigte Person aus Gründen, die der jeweilige Eigentümer nicht zu vertreten hat, das Wohn- und Mitbenutzungsrecht nicht ausüben, so ist keine Entschädigung in Geld zu leisten.

▲

Kostenrechtliche Hinweise zu vorstehendem Muster 66

Die Ausführungen unter Rdn 59 sind auf diesen Sachverhalt anwendbar.

III. Nießbrauch

67 Nach § 1030 BGB ist der Nießbrauch die Belastung einer Sache zugunsten eines bestimmten Berechtigten in der Weise, dass dieser alle **Nutzungen** der Sache (vgl. §§ 99, 100 BGB) ziehen darf, ohne über die Substanz zu verfügen. Dem Nießbraucher gebühren alle Nutzungen der Sache (gem. § 100 BGB die Früchte einer Sache oder eines Rechts sowie die Vorteile, die der Gebrauch der Sache oder des Rechts gewährt).

68 Mit dem Nießbrauch kann neben einem Grundstück im Rechtssinne auch ein realer Grundstücksteil oder ein ideeller Miteigentumsanteil belastet werden.

69 Die §§ 1036 ff. BGB begründen ein **gesetzliches Begleitschuldverhältnis** zwischen dem Eigentümer und dem Nießbraucher. Von diesen Normen sind insbesondere abdingbar: §§ 1038, 1041 S. 2, 1045–1047, 1048, 1049, 1051 BGB. Dagegen zwingendes Recht sind v.a. §§ 1041 S. 1, 1061 BGB.

70 Der Nießbraucher hat das Recht, die Ausübung des Nießbrauchs **Dritten** zu überlassen, vgl. § 1059 BGB. Somit ist auch eine Vermietung oder Verpachtung durch den Nießbraucher zulässig, soweit die Überlassung des Nießbrauchs an Dritte nicht ausgeschlossen wurde.

71 Der Nießbrauch erlischt

- durch rechtsgeschäftliche Aufhebung nach § 875 BGB,
- durch den Eintritt von Bedingungen/Befristungen oder
- mit dem Tod des Berechtigten, § 1061 BGB.

Da beim Nießbrauch Rückstände möglich sind, ist zur Löschung innerhalb eines Jahres ab dem Tod des Berechtigten die Löschung aufgrund Sterbeurkunde nur möglich, wenn eine Vorlöschungsklausel im Grundbuch eingetragen wurde, § 23 GBO.

72 *Kosten*

Kostenrechtlich stellt der Nießbrauch eine wiederkehrende Leistung dar. Dieses Recht wird regelmäßig zeitlich befristet eingeräumt. Der Geschäftswert bestimmt stimmt sich nach der Laufzeit; § 52 GNotKG.

1. Einzelrecht

▼ 73

Muster 4.18: Nießbrauch – ein Veräußerer behält sich ein Nießbrauchsrecht vor 4.18

Der Veräußerer (der Erschienene zu) – nachstehend auch „der Berechtigte“ oder „der Nießbraucher“ genannt – erhält an dem gesamten übertragenen Vertragsobjekt/Vertragsgegenstand ein **Nießbrauchsrecht**.

Für das Nießbrauchsrecht sollen die gesetzlichen Bestimmungen des BGB gelten, jedoch mit der Abweichung, dass der Nießbraucher auch die außerordentlichen, als auf den Stammwert der Sache gelegt anzusehenden Lasten (einschließlich der Erschließungskosten) sowie die Tilgung bestehender Verbindlichkeiten trägt. Ebenso trägt der Nießbraucher auch Ausbesserungen und Erneuerungen, die über die gewöhnliche Unterhaltung der Sache hinausgehen. Dem Nießbraucher stehen keine Verwendungsersatzansprüche und Wegnahmerechte zu, während umgekehrt der Eigentümer keine Sicherheitsleistung (§ 1051 BGB) verlangen kann. Die gesamten Lasten und Kosten des vorbezeichneten Grundbesitzes sowie die Verkehrssicherungspflicht verbleiben also beim Nießbraucher.

Der Nießbraucher kann und darf jederzeit sein Recht durch Löschung im Grundbuch einseitig aufgeben.

Die Überlassung der Ausübung des Nießbrauches an einen anderen zur Ausübung (z.B. Übertragung der Vermieterstellung, § 1059 S. 2 BGB) ist ausgeschlossen.

Soweit Ansprüche aus diesem Nießbrauch der Verjährung unterliegen, beträgt die Frist 30 Jahre ab gesetzlichem Verjährungsbeginn.

Die Eintragung des **Nießbrauchsrechts** zugunsten des Berechtigten am Vertragsobjekt wird **bewilligt** und **beantragt** mit dem Vermerk, dass zur Löschung des Rechts der Nachweis des Todes des jeweiligen Berechtigten genügen soll, was hiermit vereinbart wird. Das Recht erhält nächstoffene Rangstelle.

Den Jahreswert des Rechtes geben die Beteiligten an mit ca. EUR.

▲

74 *Kostenrechtliche Hinweise zu vorstehendem Muster*

Der Nießbrauch ist hier Bestandteil der Gegenleistung. Er ist beim Vergleich der Leistungen (§ 97 Abs. 3 GNotKG) auf Seiten des Erwerbers zu berücksichtigen. Ein Nießbrauch ist im Sinne des Gesetzes eine wiederkehrende, Leistung. Sein Wert richtet sich nach der Laufzeit des Rechts; § 52 Abs. 2 GNotKG. Hier ist es auf die Lebenszeit des Berechtigten beschränkt, womit der Wert nach Altersstufen begrenzt ist; § 52 Abs. 3 GNotKG. Der Jahreswert des Rechts wird nach dieser Vorschrift kapitalisiert. Ausgangspunkt ist der Jahreswert. Insofern die Beteiligten diesen nicht einschätzen können und bringt auch die Betrachtung der Art der zu ziehenden Früchte keine brauchbaren Anhaltspunkte, wird er mit 5% des Grundstückswertes angenommen; § 52 Abs. 5 GNotKG. Eine Anpassung der gesetzlichen Inhalte des Nießbrauchs führen nicht zu einer weiteren Erklärung; § 86 Abs. 1 GNotKG. Die zur Grundbucheintragung erforderlichen Erklärungen dienen der Sicherung und haben denselben Gegenstand; § 109 Abs. 1 GNotKG.

2. Mehrere Rechte im Gleichrang

75 ▼

Muster 4.19: Nießbrauch – mehrere Nießbrauchsrechte im Gleichrang

4.19 **a)** Der Veräußerer (Erschienener zu) sowie der Ehegatte (Erschienener zu) – nachstehend auch „der Berechtigte“ oder „der Nießbraucher“ genannt – erhält an dem gesamten übertragenen Vertragsobjekt/Vertragsgegenstand **je** ein **Nießbrauchsrecht.**

Für das Nießbrauchsrecht sollen die gesetzlichen Bestimmungen des BGB gelten, jedoch mit der Abweichung, dass der Nießbraucher auch die außerordentlichen, als auf den Stammwert der Sache gelegt anzusehenden Lasten (einschließlich der Erschließungskosten) sowie die Tilgung bestehender Verbindlichkeiten trägt. Ebenso trägt der Nießbraucher auch Ausbesserungen und Erneuerungen, die über die gewöhnliche Unterhaltung der Sache hinausgehen. Dem Nießbraucher stehen keine Verwendungsersatzansprüche und Wegnahmerechte zu, während umgekehrt der Eigentümer keine Sicherheitsleistung (§ 1051 BGB) verlangen kann. Die gesamten Lasten und Kosten des vorbezeichneten Grundbesitzes sowie die Verkehrssicherungspflicht verbleiben also beim Nießbraucher.

Der Nießbraucher kann und darf jederzeit sein Recht durch Löschung im Grundbuch einseitig aufgeben.

Die Überlassung der Ausübung des Nießbrauches an einen anderen zur Ausübung (z.B. Übertragung der Vermieterstellung, § 1059 S. 2 BGB) ist ausgeschlossen.

Soweit Ansprüche aus diesem Nießbrauch der Verjährung unterliegen, beträgt die Frist 30 Jahre ab gesetzlichem Verjährungsbeginn.

Die Eintragung des **Nießbrauchsrechts** zugunsten des Berechtigten am Vertragsobjekt wird **bewilligt** und **beantragt** mit dem Vermerk, dass zur Löschung des Rechts der Nachweis des Todes des jeweiligen Berechtigten genügen soll, was hiermit vereinbart wird. Das Recht erhält nächstoffene Rangstelle. Bei **mehreren Berechtigen** erhält jede ein eigenes Recht in vollem Umfang und im **gleichen Rang**.

Den Jahreswert des Rechtes geben die Beteiligten je an mit ca. EUR.

b) Klarstellung

Klargestellt wird, dass die vorstehende Zuwendung des Nießbrauchsrechts an den Ehegatten (den Erschienenen zu von dem Veräußerer erfolgt und keine Zuwendung des Erwerbers an den Ehegatten darstellt. Die Zuwendung von dem Veräußerer auf an den Ehegatten erfolgt schenkweise und ohne jede Gegenleistung.

▲

Kostenrechtliche Hinweise zu vorstehendem Muster 76

Die Ausführungen unter Rdn 57 sind sinngemäß auf diesen Sachverhalt Anwendbar. Zur Wertbestimmung wird auf die entsprechenden Ausführungen unter Rdn 74 verwiesen.

Kostenrechtlich kommen Abschläge dann in Betracht, wenn mehrere Rechte in einem Vorrang- bzw. Nachrangverhältnis stehen.

IV. (Aufschiebend bedingtes) Nutzungsrecht für Ehegatten

Soll der zu begünstigende Dritte nur ein im Ergebnis hinter dem Recht des 77
Veräußerers zurücktretendes Recht erhalten, kann als „kurze Lösung" im Kern hinter die Bestellung des Rechts für den Veräußerer der nachfolgende Absatz „angefügt" werden.

▼

4.20 **Muster 4.20: Nießbrauch – (aufschiebend bedingtes) Nutzungsrecht für Ehegatten**

[*Hinweis: Dieses Muster ist hinter dem Nutzungsrecht für den Veräußerer einzufügen, s.* Rdn 73].

Weiterhin erhält der miterschienene Ehegatte, der Beteiligte zu , ein der vorstehenden Ziffer inhaltsgleiches Nutzungsrecht als „Berechtigter", jedoch mit folgenden Maßgaben:

- das Recht ist aufschiebend bedingt auf den Tod des Veräußerers;
- das Recht ist auflösend bedingt auf den Tod des miterschienenen Ehegatten;
- das Recht erhält den Rang nach den Rechten gemäß Ziff. zugunsten des Veräußerers.

Die Eintragung vorstehend näher bezeichneten aufschiebend und auflösend bedingten Nießbrauchsrechts zugunsten des Ehegatten wird bewilligt und beantragt.

▲

V. Mitbenutzungsrechte

78 Bei der Vereinbarung eines Nutzungsrechts kommt nur die dingliche Absicherung als **beschränkt persönliche Dienstbarkeit** nach §§ 1090 ff. BGB in Betracht. Um dem **Bestimmtheitserfordernis** zu genügen, reicht es nicht, die Nutzung oder Mitbenutzung eines Grundstücks zu vereinbaren. Die einzelnen Nutzungen sind im Vertrag anzugeben.

Nachfolgend soll beispielhaft nur das Recht eines Veräußerers angegeben werden. Die Ausgestaltungen bei mehreren Berechtigten (Gleichrang, Nachrang etc.) entsprechen in der Struktur denen beim Wohnungsrecht.

▼

Muster 4.21: Mitbenutzungsrecht (ein Veräußerer)

4.21 Der Veräußerer (nachfolgend auch „Berechtigter") erhält als (weitere) Gegenleistung ein lebenslanges Mitbenutzungsrecht an dem gesamten in Abschnitt bezeichneten Grundbesitz („Vertragsgegenstand"), und zwar mit folgendem Inhalt:

- Der Veräußerer ist berechtigt, den gesamten Grundbesitz, einschließlich aufstehenden Gebäuden, Bestandteilen, Anlagen und Zubehör neben dem Eigentümer als (z.B. Garten, Wohngrundstück etc.) mitzubenutzen.
- Der Berechtigte ist nicht verpflichtet, sich an Kosten des Grundstücks zu beteiligen, insbesondere nicht für Unterhaltung und Instandhaltung. Auch die Verkehrssicherungspflicht verbleibt allein bei dem jeweiligen Eigentümer des in Abschnitt näher bezeichneten Grundbesitzes.
- Soweit vorstehende Vereinbarungen nicht mit dinglicher Wirkung möglich sind, sollen sie lediglich schuldrechtlich gelten.
- Vorsorglich vereinbaren die Beteiligten, dass die vorstehende Vereinbarung auch schuldrechtlich gelten soll. Sollte das Eigentum an den betreffenden Grundstücken wechseln, ist dem Rechtsnachfolger eine entsprechende schuldrechtliche Verpflichtung (samt Weitergabeverpflichtung) aufzuerlegen.
- Zur Sicherung vorstehenden Mitbenutzungsrechts bewilligen und beantragen die Beteiligten die Eintragung des Mitbenutzungsrechts zugunsten des Berechtigten und zu Lasten des gesamten Vertragsgegenstandes in das Grundbuch. Zu vermerken ist, dass zur Löschung der Nachweis des Todes des Berechtigten genügt.

▲

VI. Leibrente

Ebenfalls kann in Übertragungsverträgen für den Veräußerer eine Leibren- 79
te nach §§ 759 ff. BGB vereinbart werden. Die dingliche Absicherung erfolgt als Reallast nach §§ 1105 ff. BGB, da sich der Erwerber zu einer wiederkehrenden Leistung an den Veräußerer verpflichtet.

Der Umfang der wiederkehrenden Leistungen muss im Hinblick auf die 80
Zwangsvollstreckung (aus dem Grundbuch, der Bewilligung ggf. zusammen mit anderen Faktoren) bestimmbar sein, d.h. die Geldleistung muss nicht bestimmt, sondern nur **bestimmbar** sein. Wichtig sind zum einen die wiederkehrende Erbringung einer Leistung und zum anderen der bestimmbare Leistungsumfang des Rechts, das nach Art, Höhe und Umfang nach bestimmbar und in Geld umwandelbar sein muss. Maßgeblich ist, dass die höchstmögliche Belastung des Grundstücks für jeden Dritten klar erkennbar ist.

Soll der Geldbetrag bei mehreren Berechtigten dem Längerlebenden allein zustehen, bietet sich klassisch die Ausgestaltung als Gesamtberechtigung an. Denkbar wäre aber ebenso eine Ausgestaltung mit isolierten Leibrentenversprechen und mehreren Reallasten im Gleichrang.

81 Die Reallast **erlischt**

- mit rechtsgeschäftlicher Aufhebung nach § 875 BGB,
- durch die Zahlung einer vereinbarten Ablösesumme durch den Eigentümer (vgl. Art. 63 BayAGBGB) oder
- durch den Tod des Berechtigten, sofern dies entsprechend bei Begründung des Rechts vereinbart wurde.

82 *Kosten*

Die Reallast sichert regelmäßig die Zahlung eines bestimmten Geldbetrages. Zur Feststellung des Wertes des Rechts ist dieser Geldbetrag nach den Bestimmungen des § 52 GNotKG zu kapitalisieren. Wertsichernde Preisklauseln bleiben dabei ebenso wie Verfallsklauseln unberücksichtigt.

83 ▼

4.22 **Muster 4.22: Leibrente (wertgesichert) mit Reallast – mehrere Veräußerer als Gesamtberechtigte gem. § 428 BGB**

Der Erwerber (Verpflichteter) verpflichtet sich, an den Veräußerer (Berechtigter) – bei mehreren als Gesamtberechtigte gem. § 428 BGB und dem Längerlebenden allein – vom Tage des Besitzüberganges/Stichtag an für die Lebensdauer des Berechtigten als dauernde Last als Versorgungsleistung i.S.d. § 10 Abs. 1 S. 1a EStG monatlich im Voraus zum 3. eines jeden Monats eine Rente in Höhe von … EUR (in Worten: … EUR) zu entrichten. Die Rente ist erstmals zum … zu zahlen; unabhängig vom Vollzug des heutigen Vertrages.

[*Ggf. aufzunehmen*:] Der Betrag vermindert sich nicht durch den Tod eines Berechtigten.

Die Ansprüche des Berechtigten sind höchstpersönlich und nicht vererblich.

Renten und sonstige Einkünfte beliebiger Art sind nicht auf die Zahlungspflicht des Erwerbers anzurechnen, können jedoch im Einzelfall nach §§ 323, 323a ZPO berücksichtigt werden.

Die Zahlung des vorstehend vereinbarten Betrages soll nicht wertbeständig sein.

[*Oder:*]

Der als Versorgungsleistung zu zahlende Betrag soll wertbeständig sein. Es wird daher folgende Wertsicherung vereinbart:

- Der Betrag erhöht oder vermindert sich in demselben prozentualen Verhältnis, in dem sich der vom statistischen Bundesamt in Wiesbaden für jeden Monat festgestellte und veröffentlichte Verbraucherpreisindex für die Bundesrepublik Deutschland auf der Basis 2015 = 100 gegenüber dem für den auf die heutige Beurkundung folgenden Monat festzustellenden Index erhöht oder vermindert.
- Eine Erhöhung oder Verminderung des jeweils zu zahlenden Betrags tritt jedoch erst dann ein, wenn die Indexveränderung zu einer Erhöhung oder Verminderung des jeweils zu zahlenden Betrages von mindestens 10 % führt.
- Die aufgrund der Wertsicherungsklausel erhöhte oder ermäßigte Versorgungsleistung ist erstmals für den Monat, für den eine Index-Änderung um mindestens 10 % festgestellt wird, zu entrichten, ohne dass es einer Aufforderung durch die begünstigte Vertragspartei bedarf.
- Diese Wertsicherung findet immer wieder erneute Anwendung, wenn sich der Lebenshaltungskostenindex um weitere 10 % (zehn von Hundert) nach oben oder unten verändert.
- Sollte der vorstehend vereinbarte Index nicht mehr festgestellt werden, ist ein entsprechender Index zu vereinbaren.

Bei dem dauernden Umzug einer und/oder beider Berechtigten oder des Letztlebenden in ein Pflege- und/oder Altersheim soll dieser Betrag sich um den Betrag vermindern, den der Übernehmer als Zuschuss für die Unterbringung gemäß Rechnungslegung des Trägers des Heimes zahlen muss. Der verbleibende Restbetrag steht dann den Berechtigten zu. Ein Aufenthalt in einem Krankenhaus, Alters- und/oder Pflegeheim oder dauerhafte Pflegebedürftigkeit begründen keinen Anspruch auf Erhöhung des heute vereinbarten Betrages.

Zur Sicherung und mit dem Inhalt der vorstehend vereinbarten wertgesicherten Leibrente bestellt der Erwerber (Verpflichteter) für den Veräußerer (Berechtigter) – bei mehreren Berechtigten als Gesamtberechtigte gem. § 428 BGB – an dem übertragenen Grundbesitz/Vertragsgegenstand eine auf seine Lebenszeit befristete Reallast in Höhe des vorstehend genannten Betrages.

Der Verpflichtete – mehrere als Gesamtschuldner – unterwirft sich wegen dinglichen und wegen persönlichen Ansprüchen aus der Reallast sowie wegen der persönlichen Verpflichtung auf Zahlung des als Versorgungsleistung zu entrichtenden Betrages – jeweils in Höhe des genannten Ausgangsbetrages – der sofortigen Zwangsvollstreckung in sein gesamtes Vermögen. Wegen derselben Ansprüche, soweit sie Erhöhungen des genannten Ausgangsbetrages aufgrund der vereinbarten Wertsicherungsklausel betreffen, unterwirft sich der Erwerber ebenfalls der sofortigen Zwangsvollstreckung aus dieser Urkunde in sein gesamtes Vermögen. Der Erwerber ist damit einverstanden, dass die Notarin jederzeit ohne weitere Nachweise eine vollstreckbare Ausfertigung dieser Urkunde erteilt.

Mehrere Verpflichtete haften als Gesamtschuldner.

Die Beteiligten **bewilligen** und **beantragen** die Eintragung dieser befristeten Reallast samt Wertsicherungsklausel für den Berechtigtem – bei mehreren als Gesamtberechtigte gem. § 428 BGB und dem Längerlebenden allein – in das Grundbuch mit dem Vermerk, dass zur Löschung der Nachweis des Todes des Berechtigten genügt, im Rang nach , im Übrigen an nächstoffener Rangstelle.

Schuldrechtlich wird vereinbart: Sofern durch eine Änderung der wirtschaftlichen Verhältnisse der standesgemäße Unterhalt des Zahlungspflichtigen oder des Berechtigten nicht mehr gewährleistet ist, kann sowohl der Übergeber als auch der Übernehmer eine Änderung in entsprechender Anwendung des § 323a ZPO verlangen. Eine Abänderung kann jedoch nicht aus dem Mehrbedarf hergeleitet werden, der sich infolge dauernder Pflegebedürftigkeit des Veräußerers oder aufgrund der Aufnahme in ein Alters- oder Pflegeheim ergibt.

Nach dem Tode eines der Berechtigten steht die Rente dem verbleibenden Berechtigten auf dessen Lebenszeit allein zu.

[*Ggf. Löschungserleichterung durch Befristung des dinglichen Rechts auf den Tod*].

▲

Kostenrechtliche Hinweise zu vorstehendem Muster 84

Das Recht ist hier Bestandteil der Erwerberleistung und findet so beim Vergleich der Leistungen nach § 97 Abs. 3 GNotKG Berücksichtigung. Die Grundbucherklärungen dienen der dinglichen Sicherung. Eine eigenständige Gebühr entsteht nicht.

VII. Wart- und Pflegeleistungen

Durch eine Reallast kann auch die Verpflichtung des Erwerbers, bestimmte wiederkehrende Leistungen für den Veräußerer zu erbringen, abgesichert werden, um die Altersversorgung des Veräußerers allumfassend – also neben Wohnungsrecht und Leibrente – sicherzustellen. 85

Kosten 86

Es handelt sich bei der Pflege um eine wiederkehrende Leistung. Haben die Beteiligten eine Vorstellung von dem gewollten oder vereinbarten Umfang der Pflegeleistungen, und drücken sie diesen in einem monatlichen oder jährlichen Betrag in Geld aus, so erfolgt dessen Kapitalisierung nach § 52 GNotKG. Fehlt eine solche Vorstellung, so ist der Jahreswert zu schätzen; § 36 Abs. 1 GNotKG. Orientierung kann die Höhe der staatlichen Leistung nach SGB XI bieten. Kommt die Pflegeleistung nicht sofort, sondern erst zu einem späteren Zeitpunkt um Tragen, ist es angezeigt, von dem kapitalisierten Wert einen Abschlag zu bilden, denn dann stimmt der heute angesetzte gesetzliche Vervielfacher möglicherweise nicht mehr.

Übernimmt der Erwerber die Pflege gegenüber mehreren Personen, so ist die Verpflichtung gegenüber jedem Veräußerer ggf. separat zu bewerten. Das ist sinnvollerweise bereits bei der Ausgestaltung zu berücksichtigen.

Denkbar ist – wie oben – auch der Vorbehalt einer Pflegeverpflichtung zugunsten eines Dritten (etwa des Ehegatten); auch hier wäre das Zuwendungsverhältnis separat zu betrachten.

87 ▼

Muster 4.23: Wart und Pflege für den Veräußerer und dessen Ehegatten

4.23

Der Erwerber (Verpflichteter) verpflichtet sich, den Veräußerer und dessen Ehegatten, den Beteiligten zu (Berechtigter), bei Krankheit und Gebrechen zu warten und zu pflegen sowie bei täglichen bzw. wiederkehrenden Verrichtungen zur Hand zu gehen und diesen zu unterstützen, insbesondere

- bei der Zubereitung der täglichen Mahlzeiten entsprechend den gesundheitlichen Bedürfnissen des Berechtigten,
- bei der Reinigung und Pflege der Kleidung und des Schuhwerks des Berechtigten,
- bei der Pflege, Reinigung und Instandhaltung der von dem Berechtigten genutzten Wohnräume,
- bei der Erledigung von Besorgungen, die der Berechtigte nicht selbst erledigen kann – etwa Einkäufe o.Ä.,
- bei Fahrten zum Arzt, zu Apotheken, Banken und Behörden sowie anderen Terminen außer Haus,
- bei der Verrichtung von Schreib- und Verwaltungsangelegenheiten, wie etwa der Erfüllung steuerlicher oder sozialrechtlicher Pflichten sowie sonstiger Korrespondenz mit Dritten.

Die vorstehende Verpflichtung ist nur im Rahmen des Zumutbaren unter Berücksichtigung der Erwerbstätigkeit des Verpflichteten und mit einem maximalen (gesamten) Zeitaufwand von täglich, wöchentlich, monatlich Minuten.

Die Pflicht zur Erbringung vorstehender Wart- und Pflegeleistungen ruht für den Zeitraum der Unmöglichkeit oder Unzumutbarkeit für den Verpflichteten. Die Erfüllung der Wart- und Pflegeverpflichtung gilt als unmöglich, wenn der behandelnde Hausarzt des Berechtigten eine Pflege schriftlich für erforderlich erklärt, die entweder

- außer Haus erforderlich ist oder
- einen täglichen Zeitaufwand von Minuten überschreitet oder
- medizinische Kenntnisse voraussetzt.

Stellt der Hausarzt des Veräußerers als Schiedsgutachter gem. § 317 BGB fest, dass der Berechtigte dauerhaft in einem Pflegeheim gepflegt werden muss, erlischt die Verpflichtung. Weder im Fall des Ruhens noch beim Erlöschen der Pflegeverpflichtung ist ein Ersatz geschuldet.

Ein etwaiges Pflegegeld steht dem Berechtigten zu.

Den monatlichen/jährlichen Wert der vorstehenden Verpflichtungen schätzen die Beteiligten auf EUR.

[*Ggf. aufzunehmen*:] Eine dingliche Sicherung vorstehender Pflichten bzw. Rechte wurde von den Beteiligten nicht gewünscht.

[*Oder*:] Zur Sicherung der Rechte des Berechtigten wird die Eintragung einer Reallast mit dem Vermerk, dass zur Löschung der Nachweis des Todes des Berechtigten genügt, bewilligt und beantragt.

[*Ggf. aufzunehmen*:] Das Recht steht (zusätzlich) unter der auflösenden Bedingung der Errichtung einer notariellen Eigenurkunde, mit welcher ein deutscher Notar feststellt, dass ihm die Bestätigung eines in Deutschland zugelassenen Arztes vorgelegt wurde, wonach sich die berechtigte Person/der Berechtigte länger als sechs Monate in einer Pflegeeinrichtung oder einem Heim dauerhaft aufhält und nicht mehr selbstständig in der Wohnung wird leben können. Die inhaltliche Richtigkeit dieser ärztlichen Bestätigung haben weder Notar noch Grundbuchamt zu prüfen.

[*Ggf. aufzunehmen*:] Der Notar hat darauf hingewiesen, dass die dingliche Sicherung ggf. auch dann entfällt, wenn der gesicherte Anspruch besteht oder Rückstände hierauf bestehen mögen.

▲

VIII. Leibgeding

Der Begriff des Leibgedings (oder auch Altenteil) ist im Gesetz nicht defi- 88
niert, wird aber an verschiedenen Stellen verwendet (z.B. Art. 96 EGBGB, Art. 7 ff. BayAGBGB, § 49 GBO, § 9 EGZVG, § 850b Abs. 1 Nr. 3 ZPO). Mit dem Leibgeding ist ein Inbegriff von mehreren Nutzungen und Leistungen gemeint, die der langfristigen Versorgung des Berechtigten dienen.

Das Leibgeding ist kein eigenständiges dingliches Recht, sondern fasst „nur" die vereinbarten Rechte des Veräußerers in einem Recht zusammen. Als dingliche Rechte kommen nur **höchstpersönliche Rechte** für das Leibgeding in Betracht (Nießbrauch, Wohnungsrecht, Rentenrecht, Wart- und

Pflege-Recht usw.). In Bayern gilt bei Grundstücksübertragungen zusätzlich Art. 7–23 BayAGBGB.

89 Die einzelnen dinglichen Rechte, die das Leibgeding beinhalten soll, werden durch Vertrag vereinbart. Die Eintragung im Grundbuch erfolgt hier durch die Zusammenfassung als Leibgeding und nicht durch die Eintragung der einzelnen Rechte im Grundbuch. Die Eintragungsbewilligung (§ 19 GBO) muss – wie bei allen Rechten – deutlich erkennen lassen, aus welchen Einzelrechten sich das Altenteil zusammensetzt, was jeweils Belastungsgegenstand sein soll und wem das Recht zustehen soll. Darüber hinaus ist der Wunsch nach zusammengefasster Eintragung „als Leibgeding" zu verlautbaren. Da bei mehreren Berechtigten beim Leibgeding kein Gemeinschaftsverhältnis anzugeben ist (Ausnahme von § 47 GBO), ist aus der Grundbucheintragung nicht unmittelbar ersichtlich, wem welches Recht im Einzelnen zusteht. Denkbar sind bspw. sogar ein Wohnungsrecht für X am Flurstück 1, ein Nießbrauch für Y am Flurstück 2 und eine Reallast für X und Y am Flurstück 3, die „einheitlich" als Sammelbuchung unter dem Stichwort „Leibgeding" eingetragen werden können. Letztendlich ist die Eintragung eines Leibgedings die Eintragung von mehreren Rechten unter pauschaler Zusammenfassung unter der Sammelbezeichnung „Leibgeding".

90 Das Leibgeding ist weder für den Rechtsverkehr noch für den Notar ein Vergnügen, da man ohne präzises Studium der Eintragungsbewilligung keine sichere Auskunft über den Inhalt und Wirkungsweise des Rechts treffen kann. Diese unglückliche und rein historisch begründete Ausnahme von § 47 GBO ist ein Fall für den „Giftschrank".

91 *Kosten*

Folgerichtig ergibt sich der Wert aus der Summe der darunter gefassten Einzelrechte.

92 ▼

Muster 4.24: Leibgeding

4.24 Die Eintragung der vorstehenden Rechte in das Grundbuch unter der zusammenfassenden Bezeichnung als Leibgeding wird bewilligt und beantragt mit dem Vermerk, dass zur Löschung der Nachweis des Todes des jeweiligen Berechtigten genügt.

Das Leibgeding erhält Rang vor/nach , im Übrigen an nächstoffener Rangstelle.

▲

IX. Zahlung, Abgeltung und Ratenzahlung

93 Soweit der Veräußerer nicht die Vereinbarung eines Rentenrechts, also die monatliche Zahlung einer Leibrente, wünscht, kommt auch die Vereinbarung eines bestimmten Geldbetrags vom Erwerber an den Veräußerer in Betracht. Soweit hier die Zahlung in Raten erfolgten soll, stellt sich wiederum die Frage, ob die Ratenzahlung dinglich gesichert werden soll.

94 Sehr häufig wünscht der Veräußerer eine Gleichbehandlung seiner Kinder: Erhält also ein Kind die Immobilie, so sollen die weiteren Kinder nicht leer ausgehen und sollen eine entsprechende Ausgleichszahlung erhalten. Um Irritationen des Finanzamts von vornherein zu vermeiden, ist dies nicht als direkter Zahlungsanspruch unter Geschwistern zu regeln, sondern über den Umweg des Veräußerers. Im Gegenzug erklären die weichenden Geschwister im Hinblick auf Pflichtteils- und Pflichtteilsergänzungsansprüche ihren Verzicht auf einen möglichen Anspruch aufgrund der Grundstücksübertragung.

95 *Kosten*

Dieser „Umweg" führt zu einem neuen Vertragsverhältnis, dem Pflichtteilsverzichtsvertrag. Da beide Verträge zwar miteinander korrespondieren, zwischen ihnen aber kein Abhängigkeitsverhältnis i.S.v. § 109 Abs. 1 GNotKG besteht, denn keiner dient der Sicherung, Erfüllung oder sonstigen Durchführung des anderen, haben sie verschiedene Beurkundungsgegenstände; § 86 Abs. 2 GNotKG. In der Folge wird die Zahlungsverpflichtung als Erwerberleistung betrachtet. Der Betrag kann aber auch eine Gegenleistung für den Pflichtteilsverzicht sein. Es kommt auf den Einzelfall und die konkrete synallagmatische Verpflichtung an. Für diesen Vertrag ist der Vergleich der Leistungen nach § 97 Abs. 3 GNotKG (Wert des Pflichtteils und des Abfindungsbetrages) gesondert vorzunehmen.

Da beide Verträge die 2,0 Gebühr nach Nr. 21100 KV GNotKG auslösen, wird diese Gebühr aus der Summe der Werte erhoben; § 35 Abs. 1 GNotKG. Dies wirkt sich auch auf die Geschäftswerte von Vollzugs- und

Betreuungsgebühr aus, wenn entsprechende Tätigkeiten auftragsgemäß entfaltet werden; §§ 112, 113 Abs. 1 GNotKG.

1. Zahlung an Veräußerer

96 ▼

Muster 4.25: Zahlungsverpflichtung

4.25 Der Erwerber zahlt an den Veräußerer einen Betrag in Höhe von EUR (in Worten: EUR).

Dieser Betrag ist wie folgt fällig:

- ein (Teil-)Betrag in Höhe von EUR (in Worten: EUR) binnen zehn Tagen nach Vorliegen folgender Voraussetzungen:
  - Eintragung der Auflassungsvormerkung für den Erwerber im Grundbuch, und zwar mit Rang nur nach den in dieser Urkunde aufgeführten Belastungen sowie Belastungen, an denen der Erwerber mitgewirkt hat;
  - (z.B. Löschung voreingetragener Belastungen).

Der Notar wird beauftragt, die Vertragsteile vom Vorliegen der Fälligkeitsvoraussetzung zu benachrichtigen. Die Frist beginnt mit der Mitteilung des Notars, wenn der Erwerber nicht zuvor anderweitig Kenntnis erlangt hat. Der Erwerber kommt ohne weitere Mahnung in Verzug, wenn er nicht innerhalb der Frist die vorbenannte Leistung vollständig erbringt.

Der Notar wird beauftragt, die Vertragsteile vom Vorliegen dieser Fälligkeitsvoraussetzung zu benachrichtigen.

Der Restbetrag ist fällig und spätestens zahlbar bis zum Ablauf des , nicht jedoch vor Vorliegen vorstehender Fälligkeitsvoraussetzung/en.

Bei Fälligkeit hat der Erwerber den jeweiligen Betrag an den Veräußerer auf folgendes Konto zu überweisen:

- IBAN: ,
- BIC: ,
- Bank: .

Der Erwerber unterwirft sich wegen dieser Zahlungsverpflichtung der sofortigen Zwangsvollstreckung aus dieser Urkunde sein gesamtes Vermögen. Um dem Bestimmtheitserfordernis des Zwangsvollstreckungsverfahrens zu genügen, gelten Zinsen in Höhe von 5 %-Punkten über dem jeweiligen Basiszinssatz als ab dem Datum der Erteilung der vollstreckbaren Ausfertigung als geschuldet. Der Notar hat darauf hingewiesen, dass sich der Basiszinssatz zum 1.1. und 1.7. eines jeden Jahres verändern kann.

[*Ggf. aufzunehmen, wenn die Zahlungsziele überlang bzw. atypisch lang sind*:] Auf eine mögliche Ertragssteuerlast des Veräußerers durch Abzinsung etwa zinslos gestundeter Forderungen seitens des Finanzamtes hat der Notar hingewiesen.

▲

2. Abgeltung bereits erbrachter Leistungen des Erwerbers

Denkbar ist auch die Abgeltung erbrachter Leistungen. Das können Investitionen sein, aber auch Zahlungen, Tilgungsleistungen etc. 97

Im Kern gibt es auch hier in der Struktur zwei Ausgestaltungen:

a) Man könnte annehmen, dass eine Abgeltungsvereinbarung (und ggf. unwirksame Grundstücksübertragungsverpflichtung) in der Vergangenheit erfolgt ist (dann wären in der Sache Ansprüche nach Bereicherungsrecht auszugleichen). Dies ist in der Regel nicht gewollt und nicht bedacht, da sich die Beteiligten regelmäßig keine Gedanken machen, sondern nur von einem späteren Ausgleich (mit unbestimmtem Inhalt) ausgehen. Dies sei hier nur der Vollständigkeit halber belehrt.

b) Das nachfolgende Muster nimmt an, dass in der Vergangenheit Investitionen oder Leistungen erfolgt sind, die zunächst darlehensweise (nämlich mit Blick auf eine spätere „wirtschaftliche“ Rückführung) erfolgt sind und nunmehr ausgeglichen werden.
In diese Kategorie fallen etwa auch (steuergünstige) Gestaltungen, wonach ein vormals nicht geltend gemachter Pflichtteilsanspruch (etwa nach dem erstversterbenden Elternteil) nun durch Übertragung einer Immobilie abgegolten (und der Rest überschießend geschenkt) werden soll.

▼

Muster 4.26: Abgeltung erbrachter Leistungen

Die Übertragung des Vertragsgegenstandes erfolgt als Gegenleistung dafür, dass der Erwerber in der Vergangenheit in erheblichem Maße Sanierungs- und Renovierungsmaßnahmen am Wohnhaus auf seine alleinigen Kosten durchführen lassen bzw. auch selbst mit durchgeführt hat; u.a.: ______. 4.26

Die im Einzelnen durchgeführten Leistungen sind in der von den Erschienenen übergebenen Auflistung ersichtlich. Diese Auflistung wird als Anlage zu Protokoll genommen und ist den Erschienenen insgesamt vorgelesen worden.

[*Anmerkung: Die Anlage enthält dann idealerweise mind. folgende Spalten: a) Leistungszeitraum, b) Wertansatz in EUR, c) Investitionsgegenstand/Aufwand.*]

Es bestand bei Ausführung dieser Arbeiten und es besteht heute Einigkeit darüber, dass dem Erwerber wegen der vorbezeichneten erbrachten Leistungen ein Zahlungsanspruch in Höhe von EUR (in Worten: EUR) gegenüber dem Veräußerer zusteht, der hiermit von dem Veräußerer) ausdrücklich anerkannt wird und der mit der Übertragung des Vertragsgegenstandes abgegolten und erledigt ist. Vorsorglich verzichtet der Erwerber – unter der aufschiebenden Bedingung der vertragsgerechten Eigentumsumschreibung – gegenüber dem dies annehmenden Veräußerer auf etwaige Ansprüche wegen vorbenannter Investitionen und Leistungen.

▲

98 *Kostenrechtliche Hinweise zu vorstehendem Muster*

Die hier vereinbarte Zahlung ist Gegenleistung des Erwerbers. Sie stellt keine eigenständige Erklärung dar. Der Wert findet Berücksichtigung über den Vergleich der Leistungen nach § 97 Abs. 3 GNotKG.

3. Zahlung an weichende Geschwister mit Pflichtteilsverzicht

99 Ausgleichszahlungen an Geschwister erfolgen aus technischen Gründen nicht als Verpflichtung der Geschwister untereinander. In der Struktur zahlt der Erwerber einen Teilbetrag X (z.B. 50) an den Veräußerer als Gegenleistung für die Übertragung der Immobilie im Wert von Y (z.B. 100). Der Veräußerer wendet dann diesen Abfindungsanspruch auf Zahlung des Teilbetrages X an das weichende Geschwisterkind zu, sodass im Beispielsfall beide Geschwister eine Nettozuwendung im Wert von Z (im Beispiel 50) erhalten haben. Die Zahlung kann dann direkt unter Geschwistern erfolgen. Eine Schenkung erfolgt technisch dann nur jeweils im Verhältnis zwischen Veräußerer und Erwerber bzw. Veräußerer und weichendem Geschwisterkind.

100 Der Pflichtteilsverzicht wird häufig nicht vollständig erklärt, sondern **gegenständlich beschränkt**. Das Gesetz kennt einen solchen nicht ausdrücklich.

Dogmatisch wird es sich meist um einen Verzicht auf Pflichtteils- bzw. Pflichtteilsergänzungsansprüche in Höhe eines Geldbetrages handeln.

Diese Unterscheidung hat praktische Auswirkungen, da hieran nicht zuletzt Kostenfolgen geknüpft sind, z.B. wenn etwa eine Art Gegenleistung oder eine weitere Schenkung (an den Verzichtenden) hier angeknüpft ist.

Der Erklärungsinhalt derartiger Verzichte ist nicht darauf gerichtet, auf ei- 101
nen Pflichtteilsergänzungsanspruch in Höhe von (...) EUR zu verzichten (weil das die absolute Sicherheit hinsichtlich des Werts der Schenkung/freigebigen Zuwendung voraussetzt). Der Erklärungsinhalt wird regelmäßig darauf gerichtet sein, auf einen Pflichtteilsergänzungsanspruch zu verzichten, soweit er die Schenkung bzw. Zuwendung oder „Herausgabe" des betreffenden Gegenstandes betrifft bzw. hieraus resultiert.

Will man nur **konkrete** Pflichtteilsergänzungsansprüche erfassen, setzt die 102
voraus, dass Vorschenkungen an den Verzichtenden (außerhalb der Urkunde) und/oder ggf. auch spätere geplante Schenkungen an den Verzichtenden erfasst werden. Der Verzicht wäre aus Gründen der Klarheit anders zu formulieren.

▼

Muster 4.27: Ausgleichszahlungen an Geschwister mit Pflichtteilsverzicht des Geschwisterkindes samt Pflichtteilsverzicht des Erwerbers 4.27

a) Der Erwerber verpflichtet sich gegenüber dem Veräußerer/Erblasser, als weitere Gegenleistung einen **Abfindungsbetrag** (Gleichstellungsgeld) in Höhe von EUR (in Worten: EUR), zu entrichten.

Dieser Betrag ist wie folgt fällig: binnen zwanzig Tagen nach Vorliegen folgender Voraussetzungen:

- Eintragung der Auflassungsvormerkung für den Erwerber im Grundbuch, und zwar mit Rang nur nach den in Ziffer dieser Urkunde aufgeführten Belastungen sowie Belastungen, an denen der Erwerber mitgewirkt hat;
- der Notar hat dem Erwerber vorliegende Umstände postalisch mitgeteilt (maßgeblich ist die Aufgabe zur Post); der Zahlungsempfänger erhält hiervon eine Abschrift.

Der Erwerber unterwirft sich wegen dieser Zahlungsverpflichtung samt Verzugszinsen gem. § 288 Abs. 1 BGB hieraus ab dem Datum der Erteilung der vollstreckbaren Ausfertigung der Zwangsvollstreckung aus dieser Urkunde in sein Vermögen mit der Maßgabe, dass vollstreckbare

Ausfertigung nach Fälligkeit auf Antrag dem Gläubiger ohne weitere Nachweise erteilt werden kann.

b) Der Veräußerer tritt hiermit an den dies annehmenden Verzichtenden, Herrn/Frau , den Anspruch auf Erbringung des Gleichstellungsgeldes mit sofortiger Wirkung ab, ohne jedoch für dessen Erfüllung einzustehen. Die Abfindung ist zu leisten auf folgendes Konto des Verzichtenden

- IBAN: ,
- BIC: ,
- Bank: .

[*Ggf. Ergänzung:*] Die Zuwendung erfolgt unter Anrechnung auf etwaige Pflichtteilsansprüche oder Pflichtteilsergänzungsansprüche.

[*Ggf. aufzunehmen: Hinweise zum Pflichtteilsverzicht*].

c) Der Verzichtende verzichtet hiermit für sich und seine Abkömmlinge gegenüber dem Veräußerer auf sein Pflichtteilsrecht am Nachlass des Veräußerers in der Weise, dass der heutige Vertragsgegenstand gemäß gegenwärtiger Urkunde bei der Berechnung seines Pflichtteilsanspruchs als nicht zum Vermögen oder Nachlass des Veräußerers gehörend angesehen und aus der Berechnungsgrundlage für den Pflichtteilsanspruch, die Ausgleichspflicht (§ 2316 BGB), den Pflichtteilsrestanspruch und den Pflichtteilsergänzungsanspruch ausgeschieden wird.

Der Veräußerer nimmt diesen gegenständlich beschränkten Pflichtteilsverzicht entgegen und an. Er kann nur unter Mitwirkung des Erwerbers wieder aufgehoben werden (Vereinbarung gem. § 328 BGB).

Die Vertragsparteien wurden darauf hingewiesen, dass der gegenständlich beschränkte Pflichtteilsverzicht die gesetzliche Erbfolge und den Pflichtteil am Restvermögen des Veräußerers unberührt lässt.

d) Der Erwerber verzichtet hiermit (jeweils) für sich und seine Abkömmlinge gegenüber dem Veräußerer auf sein Pflichtteilsrecht am Nachlass des Veräußerers in der Weise, dass die vorbezeichnete Zuwendung/das vorbezeichnete Gleichstellungsgeld in Höhe von EUR [i.W. Euro] bei der Berechnung seines Pflichtteilsanspruchs als nicht zum Vermögen oder Nachlass des Veräußerers gehörend angesehen und aus der Berechnungsgrundlage für den Pflichtteilsanspruch, die Ausgleichspflicht (§ 2316 BGB), den Pflichtteilsrestanspruch und den Pflichtteilsergänzungsanspruch ausgeschieden wird.

Der Veräußerer nimmt diesen gegenständlich beschränkten Pflichtteilsverzicht entgegen und an. Er kann nur unter Mitwirkung des jeweils begünstigten Geschwisterkindes wieder aufgehoben werden (Vereinbarung gem. § 328 BGB).

e) Klarstellend vereinbaren die Beteiligten: Der Verzicht entfällt, wenn der Veräußerer gegenüber dem Erwerber gesetzliche oder vertraglich vorbehaltene Rückforderungsrechte geltend macht.

▲

Kostenrechtliche Hinweise zu vorstehendem Muster 103

Die Ausführungen unter Rdn 95 sind auf diesen Sachverhalt anwendbar.

4. Zahlung an Veräußerer mit Ratenzahlung ohne dingliche Sicherung

▼ 104

Muster 4.28: Ratenzahlung – Abfindungsbetrag an Veräußerer

a) Der Erwerber verpflichtet sich gegenüber dem Veräußerer/Erblasser, als weitere Gegenleistung einen **Abfindungsbetrag** (Gleichstellungsgeld oder Kaufpreis) in Höhe von ______ EUR (in Worten: ______ EUR), zu entrichten. 4.28

Dieser Betrag ist fällig und zahlbar vierzehn Tage nach Vorliegen folgender Voraussetzungen:

- Eintragung der Auflassungsvormerkung für den Erwerber im Grundbuch, und zwar mit Rang nur nach den in Ziffer ______ dieser Urkunde aufgeführten Belastungen sowie Belastungen, an denen der Erwerber mitgewirkt hat
- der Notar hat dem Erwerber vorliegende Umstände postalisch mitgeteilt (maßgeblich ist die Aufgabe zur Post); der Zahlungsempfänger erhält hiervon eine Abschrift.
- (...)

Der Abfindungsbetrag selbst ist in monatlichen Raten, beginnend mit dem Monatsersten nach Vorliegen vorstehender Voraussetzungen, in monatlichen Raten von je ______ EUR (in Worten: ______ EUR) bis zum Dritten Werktag eines jeden Monats im Voraus für den laufenden Monat auf folgendes Konto des Veräußerers zu überweisen:

- IBAN: ______,
- BIC: ______,
- Bank: ______.

Maßgeblich ist der Zeitpunkt des Eingangs auf dem Konto des Veräußerers.

b) Weiterhin sind Zinsen geschuldet in Höhe von Prozentpunkten über dem jeweiligen Basiszinssatz, mindestens aber Prozent per annum. Die Zinsen sind mit der ersten Monatsrate für das abgelaufene Kalenderjahr zu zahlen.

Dem Veräußerer ist bekannt, dass trotz des Verzichts auf eine Verzinsung der Gegenleistung ertragsteuerliche Einkünfte aus Kapitalvermögen entstehen können. Eine vorzeitige vollständige oder teilweise Tilgung ist dem Erwerber zu jeder Zeit gestattet; Vorfälligkeitsentschädigungen sind in diesem Fall nicht geschuldet.

[*Oder*:]

Der Abfindungsbetrag ist – unbeschadet etwaig anfallender Verzugszinsen – nicht zu verzinsen.

Dem Veräußerer ist bekannt, dass trotz des Verzichts auf eine Verzinsung der Gegenleistung ertragsteuerliche Einkünfte aus Kapitalvermögen entstehen können.

c) Wenn eine Rate nicht zu den vorstehend vereinbarten Fälligkeitsterminen auf dem genannten Konto des Veräußerers gutgeschrieben ist, kommt der Erwerber auch ohne Mahnung in Verzug. Auf die Verzugsfolgen wies der Notar die Beteiligten hin, insbesondere darauf, dass der Verzugszinssatz für das Jahr 5 %-Punkte über dem Basiszinssatz nach § 247 BGB beträgt und sich zum 1.1. und 1.7. eines jeden Jahres verändern kann.

d) Der Erwerber – mehrere als Gesamtschuldner – unterwirft sich wegen der Verpflichtung zur Zahlung der Abfindung in Höhe von (in Worten: EUR) sowie insbesondere jeder einzelnen Rate und etwaiger Verzugszinsen der sofortigen Zwangsvollstreckung aus dieser Urkunde in sein gesamtes Vermögen. Dem Veräußerer kann jederzeit ohne Nachweis der das Entstehen oder die Fälligkeit der Abfindung bzw. der Verzugszinsen begründenden Tatsachen vollstreckbare Ausfertigung dieser Urkunde erteilt werden, jedoch nicht vor dem Vorliegen der vorstehenden Grundvoraussetzungen der Fälligkeit. Um dem Bestimmtheitserfordernis des Vollstreckungsverfahrens zu genügen, gelten Verzugszinsen aus dem gesamten Abfindungsbetrag als ab dem Datum der Erteilung der vollstreckbaren Ausfertigung als geschuldet.

e) Der Veräußerer kann unbeschadet des Bestehens etwaiger gesetzlicher Rücktrittsrechte, die unberührt bleiben sollen, von dem Erwerber die

Zahlung der gesamten offenen Abfindung einschließlich sämtlicher etwaig aufgelaufener Verzugszinsen verlangen, wenn

- der Erwerber für zwei aufeinanderfolgende Monate mit der Entrichtung der Raten in Verzug ist oder in einem Zeitraum, der sich über mehr als zwei Monate erstreckt, mit Forderungen in Höhe eines Betrages in Verzug ist, der die Summe zweiter monatlicher Raten erreicht, oder
- [*ggf. aufzunehmen:*] der Erwerber das vertragsgegenständliche Grundstück oder Teile desselben ohne Zustimmung des Veräußerers veräußert oder
- [*ggf. aufzunehmen:*] die Zwangsversteigerung oder die Zwangsverwaltung des vertragsgegenständlichen Grundstücks oder von Teilen desselben eingeleitet wird oder
- das Insolvenzverfahren über das Vermögen eines der Erwerber eröffnet wird oder
- der Antrag gestellt wird, dass einer der Erwerber ein Vermögensverzeichnis abzugeben und dessen Richtigkeit an Eides Statt zu versichern hat, und der Antrag nicht innerhalb von zwei Monaten zurückgenommen wird oder
- dem Veräußerer nach Eigentumsumschreibung auf Verlangen nicht unverzüglich nachgewiesen wird, dass das auf dem vertragsgegenständlichen Grundstück befindliche Gebäude im gleichen Umfang wie derzeit (Versicherungspolice bei der Nr.) sachversichert ist.

[*Ggf. aufzunehmen*:] Aus denselben vorgenannten Gründen gilt ein Rücktrittsrecht als vertraglich vereinbart. Der Rücktritt ist gegenüber dem Erwerber per Einschreiben mit Rückschein zu erklären; der Notar erhält eine Kopie des Rücktrittsschreibens. Tritt der Veräußerer aus einem vorstehend genannten Grund zurück, hat der Erwerber die Kosten der Rückabwicklung einschließlich etwaig erforderlicher Grundbucheintragungen zu tragen.

Im Fall des Rücktritts aus einem der vorgenannten Gründe hat der Veräußerer dem Erwerber Zug um Zug gegen vollständige und besenreine Räumung des Vertragsgegenstandes sowie Rückübereignung, d.h. Rückgabe und Rückauflassung, die von dem Erwerber getragenen Erschließungskosten zu ersetzen. Von jeder bis zur Ausübung des Rücktrittsrechtes gezahlten Monatsrate verbleiben EUR als Nutzungsentgelt beim Veräußerer. Der Restbetrag von jeder gezahlten Kaufpreismonatsrate in Höhe von EUR sowie sämtliche etwaigen Sondertilgungszahlungen sind dem Erwerber unverzüglich und unverzinst zurückzuerstatten. Der Erwerber hat im Rücktrittsfall keinen Anspruch auf Erstattung der für Modernisierungs- und Umbauarbeiten getätigten Aufwendungen. Ist der Vertragsgegenstand zum Zeitpunkt des Vertragsrücktritts nicht in einem Zustand, der dem derzeitigen zumindest entspricht oder diesem gegenüber besser ist, schuldet der Erwerber die Kosten, die anfallen, um den Vertragsgegenstand in einen solchen Zustand zu versetzen. Im Übrigen gelten die gesetzlichen Bestimmungen über den Rücktritt.

f) Auf eine dingliche Sicherung – etwa durch Einräumung einer Sicherungshypothek oder Auflassungsvormerkung – wurde entgegen dem Rat des Notars allseits verzichtet.

[*Oder*:] Zur Absicherung der oben in beschriebenen Veräußererrechte räumt der Erwerber dem Veräußerer folgende im Grundbuch einzutragende Sicherheiten ein:

aa) Zur Sicherung des aufschiebend bedingten Anspruchs des Veräußerers auf Rückübereignung bewilligt der Erwerber und beantragen beide Vertragsteile die Eintragung einer Rückübereignungsvormerkung an erster Rangstelle in das Grundbuch. Der Veräußerer ist verpflichtet, unverzüglich nach vollständiger Zahlung des Kaufpreises/des Gleichstellungsgeldes und sämtlicher etwaig aufgelaufener Verzugszinsen die Löschung der Rückübereignungsvormerkung zu bewilligen. Die Kosten für Eintragung und Löschung dieser Vormerkung trägt der Erwerber.

bb) Darüber hinaus bestellt der Erwerber für den Veräußerer zur Sicherung des Gleichstellungsgeldes bzw. entsprechender Restansprüche eine nur mit Zustimmung des Erwerbers abtretbare Grundschuld ohne Brief in Höhe von EUR (in Worten: EUR) nebst % Jahreszinsen ab heute, die nachträglich jeweils am 31.12. eines jeden Jahres fällig sind, sowie einer einmaligen, sofort fälligen Nebenleistung in Höhe von % und unterwirft diesen Grundbesitz in Ansehung der Grundschuld samt Zinsen und einmaliger Nebenleistung der sofortigen Zwangsvollstreckung in der Weise, dass die Zwangsvollstreckung gegen den jeweiligen Eigentümer zulässig ist (§ 800 ZPO).

Der Erwerber bewilligt und beide Vertragsteile beantragen, die Grundschuld mit den Zinsen, Nebenleistungen und der Vollstreckungsunterwerfung gem. § 800 ZPO unmittelbar hinter der vorstehend bewilligten Rückübereignungsvormerkung in das Grundbuch einzutragen. Der Veräußerer ist verpflichtet, unverzüglich nach vollständiger Zahlung des Gleichstellungsgeldes und sämtlicher etwaig aufgelaufener Verzugszinsen die Löschung der Grundschuld zu bewilligen. Die Kosten für Eintragung und Löschung dieser Sicherungsgrundschuld trägt der Erwerber. Der Notar wies den Veräußerer darauf hin, dass das Grundschuldkapital erst nach vorheriger Kündigung fällig ist, das Recht zur Kündigung sowohl dem Veräußerer als auch dem Erwerber zusteht und die Kündigungsfrist zwingend sechs Monate beträgt.

cc) Die Beteiligten bestimmen gem. § 16 Abs. 2 GBO, dass die Eintragung des Eigentumswechsels nicht ohne die Eintragung der Rückübereignungsvormerkung und der Sicherungsgrundschuld erfolgen darf.

dd) Der Veräußerer als Gläubiger wird an einer Abtretung der vorstehend bewilligten Grundschuld an etwaige Finanzierungsgläubiger des Erwerbers mitwirken sowie die Löschung der in lit. aa) eingeräumten Rückübereignungsvormerkung bewilligen, sofern sichergestellt ist, dass die durch die Grundschuld zu sichernden Darlehen der Tilgung der Kaufpreisrestschuld dienen. [Anmerkung: Aus diesem Grund sind Zinsen und Nebenleistungen der Grundschuld denen eines Grundpfandrechts bei Fremdfinanzierung vergleichbar gestaltet.]

▲

Kostenrechtliche Hinweise zu vorstehendem Muster 105

Der Abfindungsbetrag ist Bestandteil der Leistung des Erwerbers, denn es liegt kein Darlehensvertrag über den Abgeltungsbetrag vor. Die Ratenzahlung ist hier keine eigenständige Erklärung. Sie beschreibt lediglich die Zahlungsweise. Die vereinbarten Zinsen finden keine Berücksichtigung in der Erwerberleistung, denn sie sind nicht Gegenstand einer eigenen Vereinbarung, sondern Folgen der Stundung. Sofern eine grundbuchliche Sicherung erfolgen soll, dienen die notwendigen Eintragungserklärungen der Sicherung und sind derselbe Beurkundungsgenstand i.S.v. § 109 Abs. 1 GNotKG.

X. Schuldübernahme etc.: Freistellung im Innen- und/oder Außenverhältnis

106 Ist der übertragene Grundbesitz mit Grundschulden belastet, stellt sich stets die Frage, was mit diesen Grundschulden passieren soll. Wenn diese nicht gelöscht werden können, kommt neben der Schuldübernahme (unter Entlassung des Veräußerers aus der persönlichen Haftung) die bloße Erfüllungsübernahme in Betracht, wenn die Beteiligten erklären, dass der Gläubiger die Haftungsentlassung der Veräußerer nicht erklären wird. Haftet bereits der Erwerber allein für die der Grundschuld zugrundeliegende Darlehensverbindlichkeiten, so bedarf es keiner weiteren Regelung in der Urkunde.

1. Schuldübernahme durch Erwerber

107 ▼

4.29 **Muster 4.29: Schuldübernahme – Freistellungspflicht im Innen- und Außenverhältnis**

Die an dem Vertragsgegenstand Abteilung III des Grundbuches unter der laufenden Nummer eingetragene/n Belastung/en sowie die diesen zugrundeliegenden Darlehensverbindlichkeiten werden von dem Erwerber als persönliche und dingliche Schuld allein übernommen, sodass der Veräußerer von allen benannten Verbindlichkeiten im Außenverhältnis befreit ist.

Der Erwerber verpflichtet sich dafür zu sorgen, dass der Veräußerer künftig im Außenverhältnis nicht mehr für die vorgenannten Verbindlichkeiten haftet und aus dem abstrakten Schuldversprechen, das anlässlich der Grundpfandrechtsbestellung abgegeben wurde, künftig nicht mehr in Anspruch genommen wird. Dem Erwerber steht es frei, auf welche Weise er die Freistellung und Schuldhaftentlassung im Außenverhältnis bewirkt, etwa indem er eine befreiende Schuldübernahme vereinbart oder die Verbindlichkeiten tilgt o.Ä.

Hierbei handelt es sich um eine wesentliche Pflicht des Erwerbers, deren Erfüllung der Erwerber dem Veräußerer innerhalb von drei Monaten ab heute durch Bestätigung der Gläubiger nachzuweisen hat. Die Bestätigung darf an die Bedingung geknüpft sein, dass der Erwerber im Grundbuch als Eigentümer eingetragen wird.

Der Erwerber – mehrere als Gesamtschuldner – übernimmt für die Zahlung eines Betrages in Höhe der Grundschuld, der einmaligen Nebenleistung und der Zinsen von Beginn an die persönliche Haftung. Der Erwerber unterwirft sich gegenüber dem Gläubiger wegen dieser Zahlungsverpflichtung der sofortigen Zwangsvollstreckung aus dieser Urkunde in sein gesamtes Vermögen.

[*Ggf. aufzunehmen*:] Soweit die Freistellung im Außenverhältnis und Herbeiführung der Schuldhaftentlassung aus den benannten Verbindlichkeiten nicht möglich ist, hat der Erwerber den Veräußerer insoweit im Innenverhältnis freizustellen. Er hat weiter im Abstand von acht Monaten die Herbeiführung der Schuldhaftentlassung im Außenverhältnis zu versuchen und dies dem Veräußerer unaufgefordert nachzuweisen.

[*Ggf. aufzunehmen*:] Die Vorlage der heutigen Urkunde zur Eigentumsumschreibung auf den Erwerber soll unabhängig von der Erfüllung dieser Freistellungsverpflichtung erfolgen.

▲

Kostenrechtliche Hinweise zu vorstehendem Muster 108

Die Schuldübernahme gegenüber dem Veräußerer, gleich, ob im Außen- oder Innenverhaltnis, ist als Leistung des Erwerbers beim Vergleich nach § 97 Abs. 3 GNotKG zu berücksichtigen. Damit sind alle Erklärungen gegenüber dem Veräußerer abgegolten.

Anders verhält es sich bei den Erklärungen gegenüber dem Gläubiger. Diese flankieren zwar die Grundstücksübertragung, begründen aber zugleich ein neues Rechtsverhältnis. Sie sind ein verschiedener Beurkundungsgegenstand. Zu erheben ist eine 1,0 Gebühr nach Nr. 21200 KV GNotKG. Der Geschäftswert richtet sich nach dem Schuldbetrag, den der Erwerber anerkannt hat und wegen dem er sich der Zwangsvollstreckung unterwirft. Aufgrund der unterschiedlichen Gebührensätze ist der Vergleich nach § 94 Abs. 1 GNotKG erforderlich (höchster Gebührensatz aus der Summe der Werte oder getrennte Gebühren). Die für den Kostenschuldner günstigere Variante ist maßgeblich.

Sollten Vollzugs- oder Betreuungsgebühren erhoben werden, so ist als Geschäftswert die Summe der Geschäftswerte maßgeblich. Dabei kommt es nicht darauf an, ob für alle gegenstandsverschiedenen Beurkundungsgegenstände entsprechende Tätigkeiten erforderlich sind und ausgeführt werden.

2. Darlehen wurde von Anfang durch Erwerber gezahlt

109 ▼

Muster 4.30: Klarstellung, dass das Darlehen allein vom Erwerber gezahlt wurde

Die Übertragung des Vertragsgegenstands erfolgt im Hinblick darauf, dass der Erwerber in der Vergangenheit die der in Abteilung III unter der laufenden Nummer eingetragene Belastung zugrundeliegenden Darlehensverbindlichkeiten im Wesentlichen allein zurückgeführt hat und dies auch in der Zukunft tun wird.

Die Herbeiführung einer Schuldhaftentlassung des Veräußerers aus etwa bestehenden Darlehensverbindlichkeiten ist nach Angabe nicht erforderlich, da der Veräußerer nicht Darlehensnehmer ist. Entsprechendes gilt wegen der persönlichen Haftungsübernahme im Hinblick auf die vorbenannte Grundschuldbestellungsurkunde.

▲

110 *Kostenrechtliche Hinweise zu vorstehendem Muster*

Diese Erklärung führt nicht zu einer Rechtsänderung. Sie ist kostenrechtlich nicht relevant.

3. Erfüllungsübernahme

111 ▼

Muster 4.31: Erfüllungsübernahme (Freistellung im Innenverhältnis)

Nach übereinstimmender Angabe der Beteiligten valutieren die der eingetragenen Grundschuld zugrundliegenden Darlehensverbindlichkeiten nur noch in Höhe von EUR (i.W. EUR), wofür die Erschienenen gemeinschaftlich verpflichtet sind.

Der Erwerber verpflichtet sich, den Veräußerer im Wege der Erfüllungsübernahme von den vorstehend bezeichneten Darlehensverbindlichkeiten gegenüber der Darlehensgläubigerin mit Wirkung ab heute freizustellen, insbesondere die monatlichen Annuitäten in Höhe von jeweils EUR vertragsgerecht an die Gläubigerin zu zahlen.

Der Erwerber übernimmt die vorstehend genannten Belastungen in Abteilung III, als dingliche Haftung, nicht jedoch die alleinige persönliche Haftung. Dem Veräußerer ist bekannt, dass er im Verhältnis zur Grundschuldgläubigerin weiterhin persönlich haftet, soweit er bereits zuvor die Haftung übernommen hat. Eine Überprüfung und eine Ablösung der Verbindlichkeiten sind ausdrücklich derzeit nicht gewünscht.

Alle an den Grundpfandrechten bestehenden Eigentümerrechte werden hiermit mit Wirkung ab Eigentumsumschreibung auf den neuen Eigentümer übertragen. Entsprechende Grundbucheintragungen werden bewilligt.

Die Zweckbestimmungserklärung der eingetragenen Grundschuld soll dahingehend eingeschränkt werden, dass das Grundpfandrecht künftig nur für Darlehensverbindlichkeiten des Erwerbers valutiert werden darf.

Trotz des Hinweises des Notars auf die Bestimmungen der §§ 414 ff. BGB erklären die Vertragsteile, dass der Notar die Zustimmung zur Einschränkung zur Zweckerklärung nicht einholen soll. Die heutigen Vereinbarungen stehen nicht unter der aufschiebenden Bedingung der Erteilung der vorstehenden Zustimmung des Gläubigers. Die Beteiligten werden sich selbst mit dem Gläubiger in Verbindung setzen, um die entsprechenden Erklärungen zu erwirken.

Auch soll die Beantragung der Eigentumsumschreibung nicht von der Vorlage der vorstehenden Erklärungen, wie von dem Notar angeregt, abhängig sein.

Der Notar hat die Beteiligten über die Möglichkeit einer Präzisierung der von dem Erwerber zu übernehmenden laufenden Zahlungen und die Möglichkeit einer Sicherung der Freistellungsansprüche durch Errichtung eines Schuldanerkenntnisses mit Zwangsvollstreckungsunterwerfung des Erwerbers zugunsten des Veräußerers belehrt; hiervon wollen die Beteiligten trotz Belehrung keinen Gebrauch machen.

▲

Kostenrechtliche Hinweise zu vorstehendem Muster 112

Kosten: Die Ausführungen unter Rdn 108 sind auf diesen Sachverhalt anzuwenden.

§ 5 Nachträgliche Änderung des Vertrages

Ulf Schönenberg-Wessel

Der Notar hat nach § 17 Abs. 1 BeurkG die Aufgabe den wirklichen **Willen** der Parteien zu erforschen, den Sachverhalt aufzuklären, die Beteiligten über die rechtliche Tragweite des Geschäfts zu belehren und ihre Erklärungen klar und unzweideutig in der Urkunde wiederzugeben. Dies schließt jedoch nicht aus, dass die Beteiligten zeitlich nach der Beurkundung die vertraglichen Vereinbarungen noch einmal verändern. Dies passiert häufig auch unausgesprochen in Fällen, in denen für die ursprünglich gewollte und beurkundete freigiebige Schenkung später eine **Gegenleistung** vereinbart wird. Hat der Beschenkte eine Immobilie geschenkt bekommen und hat der Schenker später Unterstützungs- bzw. Pflegebedarf, so trifft man häufig Situationen an, in denen der Beschenkte die Unterstützung und Pflege übernimmt, weil er die Immobilie geschenkt bekommen hat. Durch dieses später hinzutretenden **Abhängigkeitsverhältnis** zwischen Immobilienübertragung und Wart sowie Pflege kann sich der Rechtsgrund des Zuwendungsvertrages verändern. 1

Eine **nachträgliche Vereinbarung** einer Gegenleistung für eine ursprüngliche Schenkung ist zulässig.[1] Ein vollentgeltliches Geschäft liegt jedoch nur dann vor, wenn zwischen Leistung und Gegenleistung kein auffallendes, grobes Missverhältnis besteht.[2] 2

Die nachträgliche Vereinbarung über die Entgeltlichkeit ist Ausfluss der **Vertragsfreiheit** der Beteiligten.[3] Danach ist auch eine Vertragsänderung zulässig, durch die für eine bereits vollzogene Übertragung von Vermögenswerten ein anderer Rechtsgrund festgelegt wird.[4] Dies gilt auch für die unbenannte Zuwendung unter Ehegatten. Auch hier kann durch nachträgliche Vereinbarung von Gegenleistungen ein entgeltlicher Vertrag begründet werden.[5] Durch die nachträgliche Vereinbarung wird weder in den Anspruch

1 *Kornexl*, ZEV 2003, 196; *Dietz*, MittBayNot 2008, 225 ff.; MüKoBGB/*Lange*, Rn. 17; Staudinger/*Herzog*, 2021, Rn. 12; BeckOGK/*A. Schindler*, 1.2.2025, Rn. 28 f.; Burandt/Rojahn/*Horn*, Rn. 37; *Weber*, ZEV 2017, 117 (118); BeckOK BGB/*Müller-Engels*, 75. Ed. 1.5.2025, BGB, § 2325 Rn. 10,

2 BGH, NJW-RR 2007, 803; Burandt/Rojahn/*Horn*, BGB § 2325 Rn 36.

3 BGH, MittBayNot 2019, 246.

4 BGH, NJW-RR 2007, 803; Soergel/*Dieckmann*, BGB § 2325 Rn 7;

5 *Karczewski*, ZEV 2023, 281

des Pflichtteilsberechtigten auf Pflichtteilsergänzung noch in den Anspruch wegen Verarmung des Schenkers eingegriffen.

3 Der **Pflichtteilsanspruch** einschließlich des Pflichtteilsergänzungsanspruchs schützt den Pflichtteilsberechtigten vor lebzeitigten, den Nachlass mindernden Schenkungen des Erblassers.[6] Das Gesetz schränkt die entgeltliche Verfügungsbefugnis des Schenkers zu dessen Lebzeiten nicht ein.[7] Der Pflichtteilsberechtigte wird nicht vor Übertragungen des Erblassers geschützt, für die der Erblasser ein Äquivalent erhält. Dies gilt selbst dann, wenn der Erblasser das Äquivalent zum Zeitpunkt des Erbfalles vollständig verbraucht hat oder der Gegenwert in einer Unterstützungsleistung besteht, die auf die Lebzeit des Erblassers beschränkt ist. Der Schutz des Pflichtteilsberechtigten ist ausschließlich auf Schenkungen beschränkt.[8]

4 Bei der Höhe der nachträglich vereinbarten Entgeltlichkeit ist darauf zu achten, dass es sich dann um ein vollentgeltliches Rechtsgeschäft handelt und nicht nur eine gemischte Schenkung vorliegt. Dies ist anzunehmen, solange zwischen Leistung und Gegenleistung kein auffallendes, grobes **Missverhältnis** besteht.[9] Nach der Rechtsprechung wird vermutet, dass der Erblasser und sein Vertragspartner sich in Wahrheit über eine unentgeltliche Zuwendung verständigt haben, wenn zwischen der Leistung des Erblassers und der vereinbarten Gegenleistung ein auffallendes, grobes Missverhältnis besteht.[10] Der Erblasser kann seine Gegenleistung für ihm erbrachte Dienste auch nachträglich, bis zur Grenze des groben Missverhältnisses erhöhen.[11] Bei der Beurteilung, ob es sich um ein solches Missverhältnis handelt, soll nach Rechtsprechung des BGH der **Verkehrswert** des Grundstücks als Maßstab dienen und zusätzlich die vom Beschenkten bisher gezogenen Nutzungen ausgeglichen werden.[12]

6 Kroiß/Horn/*Bock*, BGB: Erbrecht, § 2325 Rn 1; Burandt/Rojahn/*Horn*, BGB § 2325 Rn 1.
7 MüKoBGB/*Lange*, § 2303 Rn 1.
8 BGH, NJW-RR 2007, 803.
9 BGH, NJW-RR 2007, 803; Burandt/Rojahn/*Horn*, BGB § 2325 Rn 36.
10 BGHZ 59, 132 (136); 82, 274 (281); BGH, NJW 2002, 2469.
11 RGZ 75, 325 (327); 94, 157 (159); BGH, NJW-RR 1989, 706.
12 BGH, ZEV 2007, 326 Rn 15.

A. Nachträgliche Änderung des Vertrags vor bindend gewordener Auflassung

Die nachträgliche Änderung des Überlassungsvertrages ist zulässig und in der Praxis häufig anzutreffen. Ist die Auflassung noch nicht bindend geworden, muss die Änderung des Vertrages notariell beurkundet werden. Nach ständiger Rechtsprechung des BGH unterliegen auch nachträgliche Änderungen grundsätzlich der **Beurkundungspflicht** des § 311b BGB.[13] Dies gilt jedoch nur, bis die Auflassung von den Parteien formgerecht bindend erklärt wurden, unabhängig davon, ob diese bereit im Grundbuch vollzogen ist.[14] 5

Eine Verweisung nach § 9 Abs. 1 S. 2 BeurkG ist in diesem Fall nicht erforderlich, da die Parteien die frühere Vereinbarung abändern, ergänzen oder aufheben. In diesen Fällen erschöpft sich die rechtsgeschäftliche Erklärung in der **Änderungserklärung** der früheren Urkunde. Sie ist nicht Teil des neuen Rechtsgeschäfts, sodass sie auch nicht im Verfahren nach § 9 Abs. 1 S. 2 BeurkG einbezogen werden muss, es genügt die erläuternde Bezugnahme.[15] Ist die Urkunde durch eine Urkunde desselben Notars geändert worden, ist gem. § 17 Abs. 1 NotAktVV bei den Eintragungen zu diesen Urkunden auf die jeweils andere Eintragung zu verweisen. 6

B. Nachträgliche Änderung des Vertrags nach bindend gewordener Auflassung

In der Praxis ist allerdings häufiger die Änderung des Überlassungsvertrages, nachdem der Vertrag wirksam vollzogen ist. Eine typische Fallgruppe ist der spätere Hilfebedarf des Überlassers im Tatsächlichen oder Wirtschaftlichen. Wenn der Überlasser und Übernehmer sich darüber einig sind, dass der Übernehmer Wart und Pflege aufgrund der ursprünglichen Schenkung übernimmt, kann hierin eine **wirksame Änderung** des früheren Schenkungsvertrages hin zu einem vollentgeltlichem Geschäft oder zumindest zu einer gemischten Schenkung liegen. 7

13 BGH, NJW-RR 1988, 185.

14 BGH, NJW 1985, 266.

15 *Frenz/Miermeister/Limmer*, Bundesnotarordnung, BeurkG, § 9 Rn 18; *Reithmann*, ZEV 2001, 285 (386).

8 Die Änderung des Überlassungsvertrages ist **formlos** möglich, wenn die Auflassung bindend geworden bzw. wenn der Vertrag vollzogen ist.[16] Hinsichtlich des Zeitpunkts, ab dem eine Änderung des Grundstückskaufvertrags formfrei möglich ist, ist ausschließlich auf die bindend erklärte Auflassung abzustellen. Auf die Grundbucheintragung oder die Aufhebung einer dem Notar gegenüber erklärten Vorlagen- oder Ausfertigungssperre kommt es hierbei nicht an.[17]

9 Die nachträgliche Entgeltabrede steht einem Pflichtteilsergänzungsanspruch wegen der ursprünglichen Schenkung entgegen,[18] sodass der Weg der nachträglichen Entgeltlichkeit häufig auch vor diesem Hintergrund gewählt wird. Jedoch ist es nicht möglich, den Vertrag über die nachträgliche Entgeltlichkeit nur zum Schein abzuschließen. Wird die Gegenleistung – wie von vornherein beabsichtigt – tatsächlich nicht erbracht, liegt in dem Vertrag ein Scheingeschäft, das nach § 117 Abs. 1 BGB nichtig ist und an der ursprünglichen Schenkung nichts ändert.

> *Wichtig!*
>
> Der Notar darf an einem Scheingeschäft in keinem Fall mitwirken.

10 Die steuerlichen Auswirkungen dieser Vertragsänderung sind nicht ausreichend geklärt.[19] Erfolgt die Änderung in einem **engen zeitlichen und sachlichen Zusammenhang** mit der Zuwendung, so entfällt die Schenkungssteuer.[20] Die Vertragsänderung muss dem **Schenkungssteuerfinanzamt** gemeldet werden. Hat ein Notar an der Vertragsänderung mitgewirkt, löst dies die **Meldepflicht** nach § 34 ErbStG aus.

C. Vereinbarung eines nachträglichen Kaufpreises

11 ▼

Muster 5.1: Gegenleistung in Geld

5.1 Der Überlasser und der Übernehmer haben am ______ [*Datum*] zu Protokoll des Notars/der Notarin ______ [*Name*] in ______ [*Ort*] zur UVZ-

16 BGH, DNotZ 2019, 183; DNotZ 1985, 284.
17 BGH, NJW 2018, 3523.
18 BGHZ 171, 136.
19 BGH, FamRZ 1989, 732 (733).
20 Meincke/Hannes/*Holtz*, 18. Aufl. 2021, ErbStG § 7 Rn 63.

Nr. / [*Jahr*] einen Überlassungsvertrag beurkundet, in dem der Überlasser dem Übernehmer das Grundvermögen eingetragen im Grundbuch des Amtsgerichts von unentgeltlich und unter Anrechnung auf einen etwaigen Pflichtteil nach dem Überlasser/unter Anordnung der Ausgleichung nach § 2050 Abs. 3 BGB übertragen hat. Die Auflassung wurde am [*Datum*] im Grundbuch vollzogen. Diesen Überlassungsvertrag ändern Überlasser und Übernehmer übereinstimmend wie folgt:

a) Der Übernehmer zahlt an den Überlasser einen Kaufpreis in Höhe von EUR. Dieser setzt sich zusammen aus dem Wert des Überlassungsgegenstandes im Zeitpunkt der Überlassung in Höhe von EUR sowie den vom Übernehmer gezogenen Nutzungen in Höhe von EUR. Der Kaufpreis ist fällig binnen 14 Tagen ab heute. Er ist auf das Konto des Überlassers

- IBAN ,
- BIC ,
- Bank ,

zu überweisen. Wenn der Kaufpreis nicht innerhalb der 14-tägigen Zahlungsfrist auf dem Konto des Überlassers gutgeschrieben ist, kommt der Übernehmer auch ohne Mahnung in Verzug.

b) Ein Teil der Gegenleistung in Höhe von EUR soll dadurch getilgt werden, dass der Übernehmer die Verbindlichkeiten des Überlassers bei der Bank zu den Darlehensnummern samt etwaigen Rückständen auf seine Kosten anstelle des bisherigen Schuldners in schuldbefreiender Weise zur Verzinsung und Tilgung ab dem heutigen Tage übernimmt.

Die Konditionen der zu übernehmenden Verbindlichkeiten (Zinsen, Laufzeit, Tilgungsmöglichkeiten, Kosten etc.) sind den Beteiligten bekannt.

Übernehmer und Überlasser sind sich einig, dass diese Zahlung bzw. Schuldübernahme die Gegenleistung für die Übertragung des Überlassungsgegenstandes vom [*Datum*] zu Protokoll des Notars/der Notarin [*Name*] in [*Ort*] zur UVZ-Nr. / [*Jahr*] ist.

Durch die Vereinbarung einer Gegenleistung entfällt die ursprünglich angeordnete Anrechnung auf einen etwaigen Pflichtteilsanspruch des Übernehmers nach dem Überlasser (§ 2315 BGB) bzw. die angeordnete Ausgleichungspflicht. Diese Anordnung wird ausdrücklich aufgehoben.

▲

D. Vereinbarung nachträglicher Pflege

12 ▼

Muster 5.2: Gegenleistung, Ausgleich geleisteter Pflegeleistungen

5.2 Der Überlasser und der Übernehmer haben am *[Datum]* zu Protokoll des Notars/der Notarin *[Name]* in *[Ort]* zur UVZ-Nr. / *[Jahr]* einen Überlassungsvertrag beurkundet, in dem der Überlasser dem Übernehmer das Grundvermögen eingetragen im Grundbuch des Amtsgerichts von unentgeltlich und unter Anrechnung auf einen etwaigen Pflichtteil nach dem Überlasser/unter Anordnung der Ausgleichung nach § 2050 Abs. 3 BGB übertragen hat. Die Auflassung wurde am *[Datum]* im Grundbuch vollzogen. Diesen Überlassungsvertrag ändern Überlasser und Übernehmer übereinstimmend wie folgt:

a) Der Übernehmer hat den Überlasser seit *[Datum]* aufgrund Erkrankung umfangreich gepflegt. Er hat diesem unentgeltlich den Haushalt geführt, die Wohnung sauber gehalten, Wäsche gereinigt sowie Besorgungen und Fahrdienste erledigt.

Der Übernehmer hat dabei krankheitsbedingte Selbstständigkeitsdefizite des Überlassers im Bereich

- der Mobilität, insbesondere also Positionswechsel im Bett, Umsetzen, Fortbewegung innerhalb des Wohnbereichs samt Treppensteigen,
- psychischer Problemlagen,
- der Selbstversorgung, insbesondere Führung des Haushaltes, Anreichung von Gegenständen aus dem gesamten Haushalt, Zubereitung von Speisen,
- Übernahme der Körperpflege,
- krankheits- oder therapiebedingten Anforderungen, wie Verabreichen von Medikamenten nach Plan, Arzt- und Krankenhausbesuche
- sowie der Gestaltung des Alltagslebens und sozialer Kontakte, insbesondere also der Gestaltung des Tagesablaufs und dessen Anpassung an Veränderungen, Spielen, Unterhaltungen, sowie der Kontaktpflege zu anderen Personen

ausgeglichen und diesen gepflegt. Zum Umfang der Pflegeleistungen nehmen die Beteiligten ergänzend auf die in der **Anlage** beigefügte Aufstellung Bezug. Der Überlasser bestätigt den Umfang der erbrachten Pflegeleistung ausdrücklich.

Übernehmer und Überlasser sind sich einig, dass diese Leistungen die Gegenleistung für die Übertragung des Überlassungsgegenstandes vom [*Datum*] zu Protokoll des Notars/der Notarin [*Name*] in [*Ort*] zur UVZ-Nr. / [*Jahr*] ist. Diese Gegenleistung beziffern die Beteiligten übereinstimmend mit EUR. Sie haben für die erbrachten Pflegeleistung einen Stundensatz in Höhe von EUR zugrunde gelegt.

b) Ferner verpflichtet sich der Übernehmer zukünftig, soweit der Überlasser hierzu nicht mehr selbst in der Lage ist, ihm auf Verlangen unentgeltlich dessen Haushalt zu führen, also insbesondere die Mahlzeiten zuzubereiten, die Wohnung sauber zu halten, Wäsche zu reinigen sowie (auf Kosten des Erschienenen zu 1) Besorgungen und Fahrdienste zu erledigen.

Soweit der Übernehmer hierzu – insbesondere ohne Inanspruchnahme fremder Pflegekräfte – zumutbarerweise in der Lage ist, hat er bei Krankheit und Gebrechlichkeit des Überlassers ferner dessen häusliche Grundpflege zu übernehmen. Dazu zählt insb. die Hilfe beim Aufstehen und Zubettgehen, An- und Auskleiden, der Nahrungsaufnahme, Körper- und hygienischen Pflege, die Verabreichung von Medikamenten, Umschlägen, Einreibungen und Ähnliches sowie bei der Gestaltung des Alltagslebens und sozialer Kontakte, insbesondere also der Gestaltung des Tagesablaufs und dessen Anpassung an Veränderungen, Spielen, Unterhaltungen, sowie der Kontaktpflege zu anderen Personen.

Dauerpflege ist allerdings nur in dem Umfang zu erbringen, der mit den notwendigen hauswirtschaftlichen Verrichtungen nach dem Urteil des Hausarztes des Überlassers nicht über dasjenige hinausgeht, was zum Erreichen des Pflegegrades 2 erforderlich ist.

Vorstehende Verpflichtungen ruhen, soweit Pflegesachleistungen im Rahmen gesetzlicher Ansprüche, etwa auf Haushaltshilfe, häusliche Krankenpflege oder häusliche Pflegehilfe erbracht werden. Die Verpflichtungen sind nicht vererblich, bestehen jedoch auch bei Verlust des Eigentums am Überlassungsgegenstand fort.

Übernehmer und Überlasser sind sich einig, dass diese Leistungen als Gegenleistung für die Übertragung des Überlassungsgegenstandes vom [*Datum*] zu Protokoll des Notars/der Notarin [*Name*] in [*Ort*] zur UVZ-Nr. / [*Jahr*]. Die Beteiligten bemessen die vorstehenden Verpflichtungen mit einem Stundensatz von EUR. Bei einer wesentlichen Veränderung der Kaufkraftver-

hältnisse sind die Beteiligten einander zu einer angemessenen Anpassung verpflichtet.
Durch die Vereinbarung einer Gegenleistung entfällt die ursprünglich angeordnete Anrechnung auf einen etwaigen Pflichtteilsanspruch des Übernehmers nach dem Überlasser (§ 2315 BGB) bzw. die angeordnete Ausgleichungspflicht. Diese Anordnung wird ausdrücklich aufgehoben.

▲

§ 6 Rückforderung und Widerruf der Schenkung, Sozialhilferegress

Ulf Schönenberg-Wessel

A. Verarmung des Schenkers

Die Beratung im Zusammenhang mit der Überlassung von Immobilien darf nicht ohne die Erläuterung dessen auskommen, was geschieht, sofern der Überlasser später seinen eigenen **Unterhaltsbedarf** bzw. seine Pflege nicht oder nicht vollständig aus eigenem Einkommen und eigenem Vermögen finanzieren kann. 1

Erfolgt die Übertragung des Grundbesitzes innerhalb der letzten zehn Jahre vor dem Eintritt der Sozialhilfebedürftigkeit, ist die Schenkung wegen Verarmung zurückzufordern. Verarmung ist anzunehmen, wenn Renten und Leistungen aus Pflegeversicherungen nicht ausreichen, um die Kosten der ambulanten bzw. stationären Pflege zu decken. Um die Heimkosten zu decken sind – sofern der Überlasser nicht beihilfeberechtigt ist – Leistungen nach §§ 61 ff. SGB XII zu beantragen.[1] Der Sozialleistungsträger prüft im Kontext der Leistungsgewährung neben Unterhaltsansprüchen des Überlassers insbesondere auch den Schenkungsrückforderungsanspruch aus § 528 BGB. Diese Rückforderungsansprüche stehen daher häufig in Zusammenhang mit dem Eintritt der **Pflegebedürftigkeit** des Schenkers.[2] 2

Die Angst davor, dass das Sozialamt die Wohnung bzw. das Haus bekommt, wenn der Eigentümer pflegebedürftig wird, ist in der Praxis häufig anzutreffen und immer wieder auch die prägende Motivation für die Übertragung des Grundeigentums (neben dem starken Wunsch Erbschaftssteuer zu sparen).

§ 528 BGB eröffnet dem Schenker die Möglichkeit, vom Beschenkten die **Herausgabe** des Geschenkten zu verlangen, um seinen eigenen Unterhalt zu bestreiten und/oder gegenüber Verwandten bestehenden Unterhaltspflichten nachzukommen, falls dies anderenfalls nicht möglich ist. 3

§ 528 BGB lastet von Beginn an auf jeder Schenkung – die Norm ist sozialrechtlich essenziell, da ihr Zweck darin besteht, dem Schenker die Deckung

1 *Zeranski*, NJW 2020, 3409.
2 *Roth*, NZFam 2018, 961.

seines eigenen Unterhaltsbedarfs zu ermöglichen.[3] Der Schenker soll durch § 528 BGB wieder in die Lage versetzt werden, seinen angemessenen Unterhalt mit zurückfließenden Mitteln aus der Schenkung selbst zu bestreiten.[4]

4 Das Vorliegen einer Schenkung gem. § 516 Abs. 1 BGB ist Voraussetzung für einen **Schenkungsrückforderungsanspruch** aus § 528 BGB. Eine Schenkung ist eine Zuwendung, durch die jemand aus seinem Vermögen einen anderen bereichert, beide Teile sich diesbezüglich einig sind und die Zuwendung **unentgeltlich** erfolgt ist.[5]

> *Hinweis*
>
> Unentgeltlich heißt, dass eine Zuwendung nicht auf die Erlangung einer Gegenleistung gerichtet sein darf. Eine Gegenleistung muss dabei nicht zwingend in Geld bestehen, sondern kann auch in einem Tun oder Unterlassen liegen, sofern ein **Abhängigkeitsverhältnis** zwischen Leistung und Gegenleistung besteht.[6]

5 Nach § 534 BGB unterfallen Schenkungen, die aus sittlicher **Pflicht** oder **Anstand** getätigt werden, nicht dem Schenkungsrückforderungsanspruch aus § 528 BGB. Die sittliche Gebotenheit einer Schenkung ist nach dem jeweiligen Einzelfall zu beurteilen, weswegen unter diesen Umständen auch große Vermögenswerte wie Grundstücke übertragen werden können.[7] Eine Anstandsschenkung besteht, wenn die Unterlassung der Schenkung zu einer Einbuße an Ansehen in dem Personenkreis des Schenkers oder Beschenkten führen würde.[8]

Für die Beurteilung, ob eine Pflicht- und Anstandsschenkung vorliegt, ist auf die persönliche und wirtschaftliche Situation des Schenkers im Zeitpunkt der Zuwendung abzustellen. Spätere Veränderungen in der persönlichen und wirtschaftlichen Situation sind in die Beurteilung nur insoweit einzustellen, als diese bereits bei der Schenkung absehbar waren. Lässt sich eine Schenkung als Ausdruck besonderer Großzügigkeit und Freigiebigkeit verstehen, dann steht dies einer Einordnung als Anstandsschenkung ebenso

3 Kroiß/Horn/Solomon/*Hußmann*, NachfolgeR, § 33 SGB II Rn 18.

4 BGHZ 96, 380 = NJW 1986, 1606; BGH NJW 1991, 1824; 2001, 2084; Burandt/Rojahn/*Zwißler*, 4. Aufl. 2022, BGB § 528 Rn 1.

5 BGH, NZFam 2021, 312, 313.

6 BeckOK-BGB/*Gehrlein*, § 516 Rn 7.

7 MüKoBGB/*Koch*, § 534 Rn 2, 3.

8 Kurze/*Papenmeier*, Vorsorgerecht, BGB § 534 Rn 4.

entgegen wie eine Vermögensübertragung von mehr als der Hälfte des wesentlichen Vermögens des Überlassers.[9]

Grenze des Schenkungsrückforderungsanspruchs ist das, was tatsächlich erbracht wurde, bzw. was tatsächlich zur Bedarfsdeckung erforderlich ist. Liegt der **Wert** des Geschenkes über dem der Bedarfsdeckung, kann bei teilbaren Geschenken der entsprechende Teil herausverlangt werden, bei unteilbaren Geschenken wird dagegen eine Geldzahlung fällig. 6

Bei wiederkehrendem Bedarf, wie bei Heimpflegekosten, darf der Sozialhilfeträger nur die wiederkehrenden Leistungen in entsprechender Höhe bis zur Erschöpfung des Schenkungsgegenstands fordern.[10] Aufgrund des Nachrangprinzips der Sozialhilfe i.S.d. § 2 Abs. 2 SGB XII tritt der Sozialhilfeträger in solchen Fällen in Vorleistung und leitet den Schenkungsrückforderungsanspruch durch schriftliche Anzeige an den Beschenkten nach § 93 Abs. 1 S. 1 SGB XII über.[11] Bestehen ungedeckte Heimkosten, muss der Schenkungsrückforderungsanspruch auch aus sozialrechtlicher Sicht geltend gemacht werden.[12]

▼ 7

Muster 6.1: Verarmung des Schenkers – Belehrung durch Notar

Der Notar belehrt ausdrücklich darüber, dass das gesetzliche Rückforderungsrecht wegen der Verarmung des Schenkers (§ 528 BGB) und die Möglichkeiten einer Anfechtung durch Gläubiger oder für den Fall späterer Insolvenz des Schenkers nicht ausgeschlossen werden; auf diese – insbesondere die geltenden Fristen – wurde hingewiesen. 6.1

▲

I. Eigener Unterhaltsbedarf

Gemäß § 528 BGB muss der Schenker entweder seinen eigenen angemessenen Unterhalt nicht bestreiten können oder wirtschaftlich nicht in der Lage sein, seine gesetzliche **Unterhaltspflicht** nach dem Familienrecht zu erfüllen, damit ein Schenkungsrückforderungsanspruch möglich ist. Maßgeblich für 8

9 BGH, NJW 1984, 2939; Kurze/*Papenmeier*, 2. Aufl. 2023, BGB § 534 Rn 4.

10 BeckOK-SozR/*Weber*, SGB XII, § 93 Rn 74; OLG Karlsruhe, NJOZ 2022, 334.

11 Burandt/Rojahn/*Zwißler*, 4. Aufl. 2022, BGB § 528 Rn 36.

12 SG Lüneburg, Beschl. v. 21.5.2024 – S 38 SO 23/24 ER.

den eigenen Unterhalt des Schenkers ist der persönliche Unterhaltsbedarf.[13]

Entscheidend kommt es darauf an, dass der **Notbedarf** beim Überlasser tatsächlich bereits eingetreten ist. Eine drohende Notlage reicht hier nicht aus.[14] Ein Kausalzusammenhang von Schenkung und Notbedarf ist nicht erforderlich.

9 Für die Beurteilung der **Angemessenheit** des sicherzustellenden Unterhalts des Schenkers sind die Grundsätze des § 1610 BGB entsprechend heranzuziehen.[15] Da der Rückforderungsanspruch aus § 528 Abs. 1 BGB einen Eingriff in den Bestand der vollzogenen Schenkung darstellt, kann der Schenker nicht verlangen, wieder so gestellt zu werden, als habe er die Schenkung nicht getätigt; er kann nur den Unterhalt verlangen, der objektiv seiner Lebensstellung nach der Schenkung angemessen ist.[16] Bevor der Schenker die Schenkung zurückfordern kann, muss er eine spürbare **Einschränkung** seiner Lebensstellung hinnehmen. Dies beinhaltet, die eigene Vermögenssubstanz anzugreifen, bevor der Rückforderungsanspruch geltend gemacht werden kann.[17]

Wurden dem Überlasser bereits Leistungen zur Pflege nach dem SGB XII bewilligt, intendiert dies den **Notbedarf**. Da der Sozialhilfeträger nur die notwendigen Pflegekosten übernimmt, liegt in der Leistungsgewährung bereits ein wichtiges Indiz für die geforderte Einschränkung des Lebensstandards. Eine Überleitung des Schenkungsrückforderungsanspruchs wegen Verarmung des Schenkers erfolgt durch den Sozialhilfeträger nur für die Zeit, für die dem Überlasser die Hilfe ohne Unterbrechung mehr als zwei Monate lange gewährt wird, § 93 Abs. 2 SGB XII.[18]

> *Hinweis*
>
> Der Bezug von Sozialhilfe deutet auf Notbedarf hin.[19]

13 BGH, NJW 2003, 1384 (1386); BeckOGK/*Harke*, 1.1.2022, BGB § 528 Rn 6.

14 BGH, NJW 2003, 2449; 2016, 324 Rn 18; MüKoBGB/*Koch*, § 528 Rn 4; BeckOK-BGB/*Gehrlein*, 61. Ed. 1.2.2022, BGB § 528 Rn 2.

15 Kurze/*Papenmeier*, Vorsorgerecht, BGB § 534 Rn 4.

16 BGH, NJW 2003, 1384 (1387); MüKoBGB/*Koch*, BGB § 528 Rn 3.

17 OLG München, FamRZ 2000, 1177; Kurze/*Papenmeier*, Vorsorgerecht, BGB § 534 Rn 6.

18 Burandt/Rojahn/*Zwißler*, 4. Aufl. 2022, BGB § 528 Rn 39.

19 BGH, NJW 1996, 987.

Sofern der Schenker den zurückverlangten Gegenstand nicht zur Deckung seines Unterhalts verwenden kann, sondern aus einem sonstigen Rechtsgrund an einen Dritten weitergeben muss, besteht kein Rückforderungsanspruch.[20] Der Beschenkte kann sich nicht auf die Regelungen der § 90 Abs. 12 SGB XII berufen, die eine nummerische Aufzählung zum sog. **Schonvermögen** enthalten. Er kann sich also nicht mit Erfolg darauf berufen, dass der Schenkungsgegenstand für ihn als Beschenkten zum Schonvermögen gehören würde. 10

Dem übergeleiteten Rückforderungsanspruch wegen Verarmung des Schenkers kann der Beschenkte nicht mit der Behauptung entgegentreten, dass das Geschenk, wenn es beim Schenker verblieben wäre, zu dessen Schonvermögen gehört hätte.[21] Der Rückgewähranspruch aus § 528 Abs. 1 S. 1 BGB ist nicht durch Regelungen beschränkt, die mit denjenigen des SGB XII vergleichbar wären.[22] 11

Der Anspruch auf Herausgabe des Geschenkes ist nach § 529 Abs. 1 BGB ausgeschlossen, soweit der Beschenkte bei Berücksichtigung seiner sonstigen Verpflichtungen außerstande ist, das Geschenk herauszugeben, ohne dass sein standesmäßiger Unterhalt oder die Erfüllung der ihm kraft Gesetzes obliegenden Unterhaltspflichten gefährdet wird. Der Wortlaut des § 529 Abs. 2 BGB stellt auf eine konkrete Gefährdung des Beschenkten ab.[23] In welcher Höhe der Unterhalt des Beschenkten als angemessen gilt, ist nach den jeweils einschlägigen **familienrechtlichen Bestimmungen** und den von der Rechtsprechung hierzu entwickelten **Grundsätzen** zu ermitteln. Für das Schenkungsrecht finden die im Familienrecht zu §§ 1603 Abs. 1, 1610 Abs. 1 BGB entwickelten Grundsätze Anwendung. Die Leistungsfähigkeit des Beschenkten ist so zu beurteilen, dass dem Beschenkten so viel zu belassen ist, wie er gegenüber seinen eigenen Eltern als Unterhalt beanspruchen kann. Dieser Mindestselbstbehalt liegt nach der Praxis bei einem Sockelbetrag und zusätzlich der Hälfte des darüberhinausgehenden Einkommens. 12

§ 94a Abs. 1a SGB XII schließt den Rückgriff von Sozialhilfeträgern bei Unterhaltsansprüchen des Bedürftigen gegenüber dessen Unterhaltsverpflichteten aus, sofern die Voraussetzungen (100.000 EUR Brutto-Einkommen) erfüllt sind. Dies gilt jedoch nur für gesetzlich übertragene Unterhalts- 13

20 OLG Celle, NJW-RR 1999, 197.

21 BGH, NJW 2005, 670; Burandt/Rojahn/*Zwißler*, 4. Aufl. 2022, BGB § 528 Rn 36.

22 Zum Bundessozialhilfegesetz: BGH, NJW 2005, 670; BVerwG, NJW 1992, 3312.

23 BGH, NJW 2000, 3488; BGH, NJW 2005, 3638.

ansprüche nach § 94 Abs. 1 S. 1 SGB XII, nicht jedoch für Schenkungsrückforderungsansprüche nach § 528 BGB, die der Sozialhilfeträger gem. § 93 SGB XII auf sich überleitet. Für die Bemessung des angemessenen Unterhalts des Übernehmers gem. § 529 Abs. 2 BGB kommt der nach § 94 Abs. 1a SGB XII für den Übergang von Unterhaltsansprüchen auf Sozialhilfeträger maßgeblichen **Einkommensgrenze** von 100.000 Euro pro Jahr keine Bedeutung zu.[24]

II. SGB II

14 *Hinweis*

> Die nachfolgende Darstellung entspricht dem Rechtsstand in der Fassung der Bekanntmachung vom 13.5.2011 (BGBl. I S. 850, 2094), zuletzt geändert durch Artikel 2 des Gesetzes vom 24.2.2025 (BGBl. 2025 I Nr. 57). Aufgrund der Vielzahl gesetzgeberischer Änderungen ist es notwendig, die nachstehenden Ausführungen mit der zum Zeitpunkt der Gestaltung maßgeblichen Rechtslage abzugleichen.

Nach § 7 Abs. 1 SGB II sind Personen leistungsberechtigt, die das 15. Lebensjahr vollendet haben und die **Altersgrenze** nach § 7a SGB II noch nicht erreicht haben, erwerbsfähig und hilfebedürftig sind und ihren gewöhnlichen Aufenthalt in Deutschland haben. Wer die Altersgrenze erreicht hat oder dauerhaft voll erwerbsgemindert ist, erhält keine Leistungen des SGB II, sondern eine Grundsicherung nach SGB XII. Die **Erwerbsfähigkeit**, definiert in § 8 Abs. 1 SGB II, ist insofern das wichtigste Abgrenzungskriterium zu der Leistungsgewährung im SGB XII. Danach ist erwerbsfähig, wer nicht wegen Krankheit oder Behinderung auf absehbare Zeit außerstande ist, unter den üblichen Bedingungen des allgemeinen Arbeitsmarktes mindestens drei Stunden täglich erwerbstätig zu sein. Ferner anspruchsberechtigt sind diejenigen Personen, die gem. § 7 Abs. 3 SGB II mit dem Leistungsberechtigten in einer **Bedarfsgemeinschaft** leben. Nach § 9 Abs. 2 S. 3 SGB II gilt jede Person der Bedarfsgemeinschaft im Verhältnis des eigenen Bedarfs zum Gesamtbedarf als hilfsbedürftig, wenn der gesamte Bedarf nicht aus eigenen Kräften und Mitteln gedeckt werden kann.

15 **Hilfebedürftigkeit** bestimmt sich nach § 9 Abs. 1 SGB II. Demnach ist hilfebedürftig, wer seinen Lebensunterhalt nicht oder nicht ausreichend aus dem

24 BGH, NJW 2024, 2110.

zu berücksichtigenden Einkommen oder Vermögen sichern kann und die erforderliche Hilfe auch nicht von anderen, insbesondere von Angehörigen oder von Trägern anderer Sozialleistungen, erhält. Für die Bestreitung des Lebensunterhalts durch die eigene Arbeit sind die grundsätzlichen Regeln zur Zumutbarkeit maßgeblich. Dieser bemisst sich insbesondere nach dem Grundsatz „Fördern und Fordern", der dem SGB II zugrunde liegt. § 10 SGB II bestimmt, dass dem erwerbstätigen Leistungsberechtigten jede Arbeit zumutbar, auch wenn sie untertariflich bezahlt wird, hinter seiner bisherigen Beschäftigung oder Ausbildung zurückbleibt oder die Arbeitsbedingungen sonst ungünstiger sind als bisher.

Nach § 9 Abs. 2 S. 1 SGB II ist bei Vorliegen einer **Bedarfsgemeinschaft** 16 auch das Einkommen und Vermögen des „Partners" zum Mitteleinsatz dazuzurechnen. Gemeint ist damit der Ehegatte, eingetragener Lebenspartner oder der Partner in einer eheähnlichen Lebensgemeinschaft. Im Rahmen dessen ist es in der Praxis häufig schwer zu ermitteln, ob zwischen den Personen wirklich eine **Verantwortungs- und Einstehensgemeinschaft** besteht. Für die praktische Handhabe von § 122 BSHG (jetzt § 20 SGB XII) wurden durch die Rechtsprechung einige wesentliche Merkmale herausgebildet.[25] Zunächst muss eine Lebensgemeinschaft aus zwei Personen vorliegen, die auf Dauer angelegt ist, die daneben keine weitere Lebensgemeinschaft gleicher Art zulässt und die sich durch ihre innere **Bindung** auszeichnet. Diese Bindung muss ein gegenseitiges Einstehen der Partner füreinander begründen, also über die Beziehungen in einer reinen Haus- und Wirtschaftsgemeinschaft hinausgehen. Ein wechselseitiger Wille, Verantwortung füreinander zu tragen und füreinander einzustehen, wird nach § 7 Abs. 3a SGB II vermutet, wenn die Partner mehr als ein Jahr zusammenleben, mit einem gemeinsamen Kind zusammenleben, Kinder oder Angehörige im Haushalt versorgen oder befugt sind, über Einkommen oder Vermögen des anderen zu verfügen. Diese Vermutungsregel begründet eine Beweislastumkehr des Amtsermittlungsgrundsatzes des § 20 SGB X. Der Antragsteller muss darlegen, dass keine Einstehensgemeinschaft vorliegt.

Nach § 3 Abs. 5 SGB II wird Bürgergeld grundsätzlich nur dann gewährt, 17 wenn kein bzw. nicht genügend eigenes Einkommen oder Vermögen zur Deckung des Bedarfs vorhanden ist. Dies wird als sog. **Nachranggrundsatz** bezeichnet.[26] Der Betroffene muss insofern nachweisen, dass er hilfebedürf-

25 BVerwG, NJW 1993, 643.

26 BeckOK-SozR/*J. Neumann*, SGB II, § 12a Rn 1, 2.

tig ist, um Leistungen vom Jobcenter beanspruchen zu können. Vor der Inanspruchnahme von Leistungen zur Sicherung des Lebensunterhalts, hat der Antragsteller alle anderen Möglichkeiten zu ergreifen, um die Hilfebedürftigkeit zu beseitigen. Hierzu gehört auch, von Schenkungsrückforderungsansprüchen nach § 528 BGB Gebrauch zu machen.

III. Regress nach § 33 SGB II

18 § 33 SGB II ordnet zugunsten der SGB II-Leistungsträger den Übergang von Ansprüchen von SGB II-Leistungsbeziehern gegen Dritte an und dient damit der Sicherung des Nachranggrundsatzes nach §§ 3 Abs. 5 SGB II.

19 Der **Anspruchsübergang** ist Ausgleich dafür, dass der Anspruch gegen den Dritten im Zeitpunkt der Bedürftigkeit für den Hilfebedürftigen nicht realisierbar war und der Lebensunterhalt insoweit bereits durch die Zahlung von Leistungen nach dem SGB II gedeckt worden ist. Da nur bereite Mittel die Hilfsbedürftigkeit i.S.v. § 7 Abs. 1 Nr. 3 SGB II i.V.m. § 9 Abs. 1 SGB II entfallen lassen, ist der Grundsicherungsträger zur Durchsetzung des Nachranges auf den Anspruchsübergang angewiesen, soweit der Leistungsberechtigte den Anspruch bisher nicht realisieren konnte.[27] Nach dem Gesetz können nur Ansprüche übergehen, während Rechte von der Norm nicht erfasst werden.

20 Damit ein Anspruchsübergang nach § 33 SGB II stattfinden kann, müssen Leistungen zur Sicherung des Lebensunterhaltes nach dem SGB II bezogen worden sein. Ein Anspruchsübergang findet daher für alle im 2. Abschnitt des 3. Kapitel des SGB II und in der Einweisungsnorm des § 1 Abs. 3 Nr. 3 SGB II bezeichneten Leistungen statt. Der Anspruchsübergang findet bei Leistungen der Eingliederungshilfe i.S.v. § 1 Abs. 3 Nr. 2 SGB II nicht statt.

21 Der Bezug von Leistungen im Sinne des SGB II setzt voraus, dass diese durch den **Träger** tatsächlich erbracht werden.[28] Hierfür genügt bereits die **Bewilligung** der Leistungen, unabhängig davon, ob diese rechtmäßig erfolgt ist.[29]

27 Knickrehm/Kreikebohm/Waltermann/*Schütze*, SGB II, § 33 Rn 2.
28 Luik/Hairich/*Silbermann*, SGB II, § 33 Rn 14.
29 Winkler/*Jenak*, SGB II, § 33 Rn 10; BVerwG, NJW 1992, 3313.

Hinweis

Als Ausnahme kommt in Betracht, dass andernfalls die Belange des Drittverpflichteten in unzulässiger Weise verkürzt würden.[30] In Fällen der Überzahlung findet ein gesetzlicher Forderungsübergang nicht statt. Hier wird der Leistungsträger auf den „üblichen Weg" der Aufhebung des Bewilligungsbescheides und der anschließenden Rückforderung der Leistung gegenüber dem Leistungsempfänger verwiesen.[31] Ansprüche gehen jedoch nicht über, wenn Leistungen nur darlehensweise erbracht werden.[32]

Weitere Voraussetzung des Anspruchsüberganges nach § 33 SGB II ist, dass ein Anspruch der im Leistungsbezug stehenden Person gegen einen Dritten besteht.[33] Hilfebeziehende und anspruchsberechtigte Person müssen identisch sein.[34] 22

Bei Bestehen einer Bedarfsgemeinschaft ist die maßgebliche **Personenidentität** nur gegeben, sofern der sozialrechtliche Leistungsanspruch aus dem SGB II demjenigen zusteht, der auch den überzuleitenden Anspruch gegen einen Dritten innehat.[35] Durch die horizontale Berechnungsmethode des § 9 Abs. 2 S. 3 SGB II wird der Kreis der sozialleistungsberechtigten Personen maßgeblich erweitert. Mitglieder einer Bedarfsgemeinschaft sind über § 9 Abs. 2 S. 3 SGB II leistungsberechtigt, auch wenn sie singulär betrachtet sich selbst und ihren eigenen Bedarf decken könnten. 23

Hinweis

Voraussetzung ist, dass sie nicht den gesamten Bedarf der Bedarfsgemeinschaft aus dem eigenen Einkommen decken können.[36]

Vom Anspruchsübergang erfasst werden grundsätzlich alle Ansprüche des Leistungsberechtigten gegen natürliche und juristische Personen, die kein 24

30 BVerwG, NJW 1992, 3313; *Eicher/Link/Silbermann*, SGB II, § 33 Rn 22; Knickrehm/Kreikebohm/Waltermann/*Schütze*, SGB II, § 33 Rn 7.

31 BeckOK-SozR/*Merten*, SGB II, § 33 Rn 2.

32 OLG Düsseldorf, NJW 2016, 3251; OLG Frankfurt, NJW 2019, 3314; a.A. OLG Celle, FamRZ 2008, 928 f.

33 Knickrehm/Kreikebohm/Waltermann/*Schütze*, SGB II, § 33 Rn 9.

34 *Gagel/Stotz*, SGB II, § 33 Rn 26; Winkler/*Jenak* SGB II, § 33 Rn 11.

35 Knickrehm/Kreikebohm/Waltermann/*Schütze*, SGB II, § 33 Rn 7.

36 BSG, BeckRS 2008, 56847.

Leistungsträger nach dem SGB sind.[37] **Überleitungsfähig** sind sowohl privat- als auch öffentlich-rechtliche Ansprüche, sofern sie nicht höchstpersönlicher Natur sind.[38] Pflichtteils- und Pflichtteilsergänzungsansprüche sind hiervon ebenso erfasst wie die korrespondierenden Sekundäransprüche auf Auskunft und Wertermittlung.[39] Ausgenommen hiervon sind § 33 Abs. 5 SGB II entsprechend unter §§ 115, 116 SGB X fallende Ansprüche.

Künftige Ansprüche gehen mit Entstehen über, soweit die weiteren Voraussetzungen des § 33 Abs. 3 S. 2 SGB II erfüllt sind. Übergehen können nur solche Ansprüche, die tatsächlich bestehen.[40] Dem Leistungsberechtigten ist dessen Disposition über die Ansprüche erst nach Übergang entzogen. Bis dahin ist ein Verzicht grundsätzlich denkbar.[41]

25 Der Anspruch gegen den Dritten muss im Zeitpunkt des Hilfebezugs bzw. der Gewährung der Hilfe **fällig** und seiner Art nach zur Bedarfsdeckung **geeignet** gewesen sein.[42] Dies ist bei im Zeitpunkt des Hilfebezugs entstehenden Pflichtteilsansprüchen grundsätzlich der Fall. In der Vergangenheit entstandene Ansprüche sind jedoch auch überleitungsfähig, wenn und soweit sie im Zeitpunkt der Hilfegewährung noch nicht erfüllt sind.[43]

26 Ansprüche gegen einen Dritten gehen nach § 33 SGB II nur über, wenn bei **rechtzeitiger Leistung** des anderen die Leistungen zur Sicherung des Lebensunterhaltes nach dem SGB II nicht erbracht worden wären.[44] Der Anspruchsübergang ist damit ausgeschlossen, wenn solche Ansprüche nach den §§ 11 ff. SGB II nicht zur Deckung des Bedarfs einzusetzen sind.[45]

27 Der Anspruch geht über bis zur Höhe der geleisteten Aufwendungen. Eine **Begrenzung** findet der Übergang in der Höhe, die der Bedarf des Leistungsberechtigten gehabt hätte, nach dem er (bei hypothetischer Betrachtung) durch die rechtzeitige Leistung des Dritten gemindert gewesen wäre.[46] Es

37 Vgl. BeckOGK/*Stotz*, SGB II, § 33 Rn 37 f.
38 Luik/Hairich/*Silbermann*, SGB II, § 33 Rn 28, 30.
39 BGH, NJW-RR 2005, 369.
40 Knickrehm/Kreikebohm/Waltermann/*Schütze*, SGB II, § 33 Rn 9.
41 Knickrehm/Kreikebohm/Waltermann/*Schütze*, SGB II, § 33 Rn 5.
42 Kroiß/Horn/Solomon/*Hußmann*, NachfolgeR, § 33 SGB II Rn 59, 60.
43 LSG Stuttgart, BeckRS 2008, 50927; Knickrehm/Kreikebohm/Waltermann/*Schütze*, SGB II, § 33 Rn 6.
44 Kroiß/Horn/Solomon/*Hußmann*, NachfolgeR, § 33 SGB II Rn 60.
45 BSG, BeckRS 2012, 70945.
46 Knickrehm/Kreikebohm/Waltermann/*Schütze*, SGB II, § 33 Rn 12.

ist demnach eine **Bereinigung des hypothetischen Einkommens** nach den §§ 11 ff. SGB II durchzuführen.

Der Anspruch geht kraft Gesetzes auf das Jobcenter über. Die sog. **Rechtswahrungsanzeige** setzt den Schuldner des Anspruchs vom Übergang in Kenntnis. Es handelt sich um eine schriftliche Anzeige der Erbringung der entsprechenden Leistungen durch den SGB II-Leistungsträger an den Anspruchsschuldner.[47] Hierfür ist es grundsätzlich ausreichend, wenn die Bewilligung von Leistungen angezeigt wird. Die Rechtswahrungsanzeige ist kein Verwaltungsakt. Sie enthält daher auch keine Rechtsmittelbelehrung. Die Rechtswahrungsanzeige muss schriftlich erfolgen und entfaltet Wirksamkeit mit der Zustellung an den Schuldner.[48] 28

Hinweis

Der gesetzliche Forderungsübergang führt zu einem Gläubigerwechsel. Eine Rückübertragung und Geltendmachung durch den Leistungsberechtigten sind unter den Voraussetzungen des § 33 Abs. 4 SGB II möglich.

Das SGB II sieht gegenwärtig keinen Erbenregress vor. Hierunter versteht man die Geltendmachung von Regressansprüchen gegen den Nachlass des verstorbenen Bürgergeldempfängers. § 102 SGB XII sieht dies ausdrücklich für Teile des SGB XII vor. Eine vergleichbare Norm findet sich im SGB II nicht, sodass das Schonvermögen eines Bürgergeldempfängers ohne Weiteres vererbt werden kann. 29

IV. SGB IX

Das SGB regelt die Eingliederungshilfe für Menschen mit Behinderung. Es gliedert sich in drei Teile. 30

Der erste Teil dient dazu, Menschen mit Behinderungen oder von Behinderung bedrohte Menschen ihre Selbstbestimmung und ihre volle, wirksame und gleichberechtigte Teilhabe am Leben in der Gesellschaft zu fördern, Benachteiligungen zu vermeiden oder ihnen entgegenzuwirken (§ 1 S. 1 SGB IX). Nach § 5 SGB IX umfasst der erste Teil Leistungen zur medizinischen Rehabilitation, zur Teilhabe am Arbeitsleben, unterhaltssichernde und an-

47 BeckOK-SozR/*Merten*, SGB II, § 33 Rn 17.

48 Knickrehm/Kreikebohm/Waltermann/*Schütze*, SGB II, § 33 Rn 19.

dere ergänzende Leistungen, Leistungen zur Teilhabe an Bildung und Leistungen zur sozialen Teilhabe.

31 Der durch das BTHG eingeführte zweite Teil des SGB IX bildet ein neues Leistungsgesetz, das unabhängig vom SGB XII zu behandeln ist. Der Leistungsanspruch des Eingliederungshilferechts findet sich in § 99 SGB IX.[49] Obwohl die dazugehörigen Normen mit Wirkung vom 1.1.2020 aufgehoben sind, bestimmt sich der leistungsberechtigte Personenkreis nach wie vor nach § 53 Abs. 1 und 2 SGB XII a.F.:[50]

> *(1) Personen, die durch eine Behinderung im Sinne von § 2 Abs. 1 Satz 1 des Neunten Buches wesentlich in ihrer Fähigkeit, an der Gesellschaft teilzuhaben, eingeschränkt oder von einer solchen wesentlichen Behinderung bedroht sind, erhalten Leistungen der Eingliederungshilfe, wenn und solange nach der Besonderheit des Einzelfalles, insbesondere nach Art oder Schwere der Behinderung, Aussicht besteht, dass die Aufgabe der Eingliederungshilfe erfüllt werden kann. Personen mit einer anderen körperlichen, geistigen oder seelischen Behinderung können Leistungen der Eingliederungshilfe erhalten.*
>
> *(2) Von einer Behinderung bedroht sind Personen, bei denen der Eintritt der Behinderung nach fachlicher Erkenntnis mit hoher Wahrscheinlichkeit zu erwarten ist. Dies gilt für Personen, für die vorbeugende Gesundheitshilfe und Hilfe bei Krankheit nach den §§ 47 und 48 erforderlich ist, nur, wenn auch bei Durchführung dieser Leistungen eine Behinderung einzutreten droht.*

Im dritten Teil besteht das Ziel in der gesellschaftlichen Inklusion schwerbehinderter Menschen, welche etwa durch Regelungen zur Pflicht der Arbeitgeber zur Beschäftigung von schwerbehinderten Menschen und durch einen besonderen Kündigungsschutz erreicht werden sollen.

32 Nach § 91 SGB IX erhält **Eingliederungshilfe** nur, wer die erforderliche Leistung nicht von anderen oder von Trägern anderer Sozialleistungen bezieht (sog. **Nachranggrundsatz**). Dadurch können andere Personen oder Leistungsträger ihre Leistungen nicht unter Berufung auf die Eingliederungshilfe verweigern. Jedoch stellt § 93 Abs. 1 SGB IX klar, dass die Regelungen des SGB II und des SGB XII von der Eingliederungshilfe unberührt bleiben.

49 Neumann/Pahlen/Greiner/*Winkler*, SGB IX, § 99 Rn 2.

50 BeckOK-SozR/*Kaiser*, SGB XII, § 53.

Die **Leistungsbereiche** umfassen nach § 102 Abs. 1 SGB IX Leistungen zur medizinischen Rehabilitation, Teilhabe am Arbeitsleben, Teilhabe an Bildung und sozialen Teilhabe. Diese Leistungen werden gem. § 105 Abs. 1 SGB IX in Sach-, Geld- oder Dienstleistungen erbracht. Nach § 92 SGB IX ist nach Maßgabe des 9. Kapitels des SGB IX ein Beitrag aufzubringen. Dieser Beitrag bestimmt sich nach den Vorschriften über das Einkommen und das Vermögen gemäß §§ 135 ff. SGB IX. Der Einkommensbegriff weicht von denen des SGB II und SGB XII ab. § 135 Abs. 1 SGB IX definiert das Einkommen als die Summe der Einkünfte des Vorvorjahres nach § 2 Abs. 2 EStG sowie bei Renteneinkünften die Bruttorente des Vorvorjahres. Einkünfte i.S.d. § 2 EStG sind zum einen der Gewinn nach §§ 4–7k, 13a EStG bei den Einkünften aus Land- und Forstwirtschaft, Gewerbebetrieb und selbstständiger Arbeit. Daneben steht der Überschuss der Einnahmen nach den Einkünften aus nichtselbstständiger Arbeit, Kapitalvermögen, Vermietung und Verpachtung und den sonstigen Einkünften nach § 22 EStG über die Werbungskosten. Aus diesem Einkommen sind nach § 136 Abs. 2 SGB IX Beiträge zu leisten. 33

Der Begriff des **Vermögens** wird in § 139 S. 1 SGB IX wie auch im SGB XII vorausgesetzt. Aufgrund der gleichen Formulierung und dem Ursprung des neuen Eingliederungshilferechts im SGB XII kann der Vermögensbegriff des SGB XII, welchen das BVerwG[51] entwickelt hat, auch für den neuen zweiten Teil des SGB IX verwendet werden.[52] Nach § 139 S. 2 SGB IX wird auch bei der Frage nach dem Einsatz und der Verwertung des Vermögens auf die Regelungen des SGB XII zurückgegriffen. Demnach muss der Betreute grundsätzlich gemäß § 90 SGB XII sein eigenes Vermögen einsetzen. Dabei ist das gesamte verwertbare Vermögen gemeint, abgesehen vom Schonvermögen des § 90 Abs. 2 SGB XII. 34

Das **Schonvermögen** ergibt sich aus § 90 Abs. 2 SGB XII. Im Rahmen dessen beträgt der Vermögensschonbetrag für jede volljährige Person ohne notwendige Differenzierung der möglichen verschiedenen Leistungen 5.000 EUR.

Die Leistungen dürfen nicht vom Einsatz oder von der Verwertung des Vermögens i.S.d. § 90 Abs. 2 Nr. 1–8 SGB XII abhängig gemacht werden.[53] Darüber hinaus ist ein Betrag von 150 % der jährlichen Bezugsgröße nach § 18 35

51 BVerwG, Urt. v. 18.2.1999 – 5 C 35–97, NJW 1999, 3649.

52 Neumann/Pahlen/Greiner/Winkler/Jabben/*Winkler*, Sozialgesetzbuch IX, § 139 Rn 4.

53 Grube/Wahrendorf/Flint/*Giere*, 8. Aufl. 2024, SGB IX § 139 Rn 4,

Abs. 1 SGB IV frei. Durch den Rückgriff auf § 18 Abs. 1 SGB IV wird eine Dynamisierung des Barbetrages erreicht. Dies soll der Sicherstellung einer angemessenen Lebensführung und Aufbau einer angemessenen Alterssicherung dienen. Dieser Betrag ist bei der Prüfung des Einsatzes des Vermögens nicht zu berücksichtigen.[54]

Nach § 140 Abs. 3 SGB IX ist in den Fällen des § 138 Abs. 1 SGB IX kein Vermögen einzusetzen. Ein Beitrag ist zu folgenden Leistungen des SGB IX nicht zu erbringen:
1. heilpädagogischen Leistungen nach § 113 Abs. 2 Nr. 3,
2. Leistungen zur medizinischen Rehabilitation nach § 109,
3. Leistungen zur Teilhabe am Arbeitsleben nach § 111 Abs. 1,
4. Leistungen zur Teilhabe an Bildung nach § 112 Abs. 1 Nr. 1,
5. Leistungen zur schulischen oder hochschulischen Ausbildung oder Weiterbildung für einen Beruf nach § 112 Abs. 1 Nr. 2, soweit diese Leistungen in besonderen Ausbildungsstätten über Tag und Nacht für Menschen mit Behinderungen erbracht werden,
6. Leistungen zum Erwerb und Erhalt praktischer Kenntnisse und Fähigkeiten nach § 113 Abs. 2 Nr. 5, soweit diese der Vorbereitung auf die Teilhabe am Arbeitsleben nach § 111 Abs. 1 dienen,
7. Leistungen nach § 113 Abs. 1, die noch nicht eingeschulten leistungsberechtigten Personen die für sie erreichbare Teilnahme am Leben in der Gemeinschaft ermöglichen sollen,
8. gleichzeitiger Gewährung von Leistungen zum Lebensunterhalt nach dem Zweiten oder Zwölften Buch oder nach § 27a des Bundesversorgungsgesetzes.

V. Regress nach § 141 SGB IX

36 Auch der § 141 SGB IX hat durch das BTHG einen neuen Regelungsgehalt erhalten. Die Vorschrift entspricht § 93 SGB XII. Allerdings ist der Kreis der Anspruchsinhaber, deren Ansprüche übergeleitet werden können, nach § 141 Abs. 1 SGB IX etwas enger gefasst als im Sozialhilferecht.

Hat die leistungsberechtigte Person einen Anspruch gegen einen oder mehrere Dritte, so muss der Eingliederungshilfeträger dennoch Leistungen erbringen, sofern der Anspruch zunächst nicht realisierbar ist. Anschließend ist trotzdem der Nachranggrundsatz wiederherzustellen, sodass der Einglie-

54 BGH, BeckRS 2019, 6782.

derungshilfeträger berechtigt ist, den entsprechenden Anspruch auf sich überzuleiten. Ansprüche gegen andere Sozialhilfeträger sind dabei vom Übergang ausgeschlossen. Auch Ansprüche gegen Arbeitgeber oder Schadensersatzansprüche sind nicht überleitbar.

Voraussetzung für eine Überleitung ist, dass es sich um Aufwendungen der Eingliederungshilfe handelt, diese also zumindest bewilligt wurden. Der Leistungsberechtigte selbst oder der nicht getrenntlebende Ehe- oder Lebenspartner für die antragstellende Person muss Inhaber des Anspruchs sein. Der Anspruchsinhalt muss stets auf eine Geldforderung oder eine Sachleistung gerichtet sein, welche in eine Geldforderung umgewandelt werden kann. Höchstpersönliche Ansprüche sind nicht überleitungsfähig. 37

Bezüglich des Bestehens des Anspruchs ist die Theorie der negativen Evidenz anzuwenden, wonach der Anspruch nicht bestehen muss, er darf nur nicht offensichtlich ausgeschlossen sein.[55] 38

Wurde bereits auf die Leistung verzichtet, steht dies einem Übergang nur dann entgegen, wenn zum Zeitpunkt des Verzichts noch nicht absehbar war, dass Leistungen nach der Eingliederungshilfe bezogen werden müssen.

Bei dem Übergangsanspruch handelt es sich um eine **Ermessenentscheidung** des Sozialhilfeträgers. Fraglich ist hierbei, ob es sich um ein intendiertes Ermessen zugunsten des Übergangs des Anspruchs handelt. 39

Wird der Übergang des Anspruchs festgelegt, so ist dies dem Drittschuldner **schriftlich** anzuzeigen. Vor einem Übergang ist es allerdings notwendig, dass sowohl die leistungsberechtigte Person als auch der Drittschuldner nach § 24 SGB X angehört werden. Außerdem muss die Übergangsanzeige inhaltlich hinreichend bestimmt sein und sie muss begründet werden. Mit der Bekanntgabe des Übergangs geht das Wirksamwerden desselbigen einher. 40

Da es sich bei der Anzeige des Übergangs um einen **Verwaltungsakt** gegenüber dem Leistungsberechtigten und dem Drittschuldner handelt, kann dieser mit Widerspruch und Klage angefochten werden. Widerspruch und Klage haben keine aufschiebende Wirkung. 41

Die Überleitung stellt eine Ermessensentscheidung des Trägers der Eingliederungshilfe dar. Dieser ist verpflichtet die konkreten Umstände des Einzelfalls in seine Ermessensentscheidung einfließen zu lassen und seine Ent-

55 BeckOGK/*Frauhammer*, 15.5.2025, SGB X § 99 Rn 28.

scheidung zu begründen. Auch, wenn häufig fiskalische Interessen prägend für die Entscheidung sein werden, reichen diese allein zur Begründung der Ermessensentscheidung nicht aus.

VI. SGB XII

42 *Hinweis*

Die nachfolgende Darstellung entspricht dem Rechtsstand in der Fassung der Bekanntmachung vom vom 27.12.2003 (BGBl. I S. 3022, 3023), zuletzt geändert durch Artikel 8 Absatz 1 des Gesetzes vom 23.12.2024 (BGBl. 2024 I Nr. 449). Aufgrund der Vielzahl gesetzgeberischer Änderungen ist es notwendig, die nachstehenden Ausführungen mit der zum Zeitpunkt der Gestaltung maßgeblichen Rechtslage abzugleichen.

Die Leistungen nach dem SGB XII umfassen die Hilfe zum Lebensunterhalt (§§ 27–40 SGB XII), die Grundsicherung im Alter und bei Erwerbsminderung (§§ 41–46b SGB XII) sowie die sog. Hilfen in speziellen Lebenslagen (§§ 47–74 SGB XII).

43 Bei den Leistungen zum **Lebensunterhalt** wird der Gesamtbedarf, bestehend aus

- Regelbedarf (§§ 27a ff. SGB XII),
- Mehrbedarf (§ 30 SGB XII) und
- Zusatzbedarf (§§ 31 ff. SGB XII),
- dem Einkommen und
- dem einsetzbaren Vermögen des Berechtigten

gegenübergestellt. Die Differenz ergibt dann die Höhe der zu leistenden Hilfe. Nicht getrenntlebende Ehegatten oder Lebenspartner bilden nach § 27 Abs. 2 S. 1 SGB XII eine Einsatzgemeinschaft, sodass das Einkommen und Vermögen gemeinschaftlich zu betrachten ist. Die Hilfen in besonderen Lebenslagen sind im fünften und siebten bis neunten Kapitel des SGB XII geregelt und umfassen die Hilfen zur Gesundheit nach §§ 47 ff. SGB XII, die Hilfen zur Pflege gem. §§ 61 ff. SGB XII, die Hilfen zur Überwindung besonderer sozialer Schwierigkeiten nach §§ 67–69 und die Hilfen in anderen Lebenslagen nach §§ 70 ff. SGB XII.

44 Wer **Leistungsberechtigter** i.S.d. SGB XII ist, richtet sich nach § 19 SGB XII. Gemäß § 19 Abs. 1 SGB XII kann Hilfe zum Lebensunterhalt beziehen, wer seinen notwendigen Lebensunterhalt nicht oder nicht ausreichend aus eigenen Kräften und Mitteln, insbesondere aus dem Einkommen und Ver-

mögen, bestreiten kann. Grundsicherung im Alter oder bei Erwerbsminderung richtet sich nach § 19 Abs. 2 SGB XII. Die Altersgrenzen werden in § 41 Abs. 3 SGB XII festgelegt. Der Begriff der Erwerbsminderung ist in § 43 Abs. 2 S. 2 SGB VI geregelt. Der Einsatz der eigenen Arbeitskraft schließt die Beziehung von Leistungen nach dem SGB XII nicht grundsätzlich aus.[56] Jedoch führt dies meist zur Erwerbsfähigkeit im Sinne des SGB II und entsprechender Leistungsbeziehung, sodass eine gleichzeitige Hilfe zum Lebensunterhalt nach § 21 SGB XII ausgeschlossen ist. § 19 Abs. 1 und 2 SGB XII folgen dem Nettoprinzip. Dies besagt, dass Leistungen nur in der Höhe des Betrags erbracht werden, um den der Bedarf das anrechenbare Einkommen und das einzusetzende Vermögen übersteigen.[57] Eine Ausnahme findet sich in § 19 Abs. 3 SGB XII bei den Leistungen nach dem fünften und siebten bis neunten Kapitel des SGB XII. Hier wird das Einkommen bzw. das Vermögen nur berücksichtigt, sofern es für den Betroffenen zumutbar ist (§§ 87, 88 SGB XII). Es handelt sich dabei also um eine Durchbrechung des Subsidiaritätsgrundsatzes.

VII. Regress nach § 93 SGB XII

§ 93 SGB XII bezweckt, den sozialhilferechtlichen Nachrang i.S.d. § 2 SGB XII wiederherzustellen. Dies wird erreicht, indem der Sozialhilfeträger Ansprüche, die dem Leistungsberechtigten bzw. seinen Eltern, dem Ehe- oder Lebenspartner (bei Leistungen nach dem fünften bis neunten Kapitel des SGB XII) gegen einen anderen zustehen, auf sich überleiten kann. Der Übergang erfolgt durch **Verwaltungsakt**, § 93 Abs. 3 SGB XII. Dies gilt nicht für Ansprüche gegen einen anderen Leistungsträger i.S.d. § 12 SGB I oder einen Unterhaltsschuldner. Hinsichtlich der unterhaltsrechtlichen Ansprüche sind die Regelungen des § 94 SGB XII vorrangig. 45

§ 93 SGB XII ist kein Kostenersatzanspruch i.S.d. § 102 SGB XII und auch kein Rückforderungsanspruch i.S.d. § 50 SGB X. Die Überleitung geschieht durch Verwaltungsakt und bewirkt einen **Gläubigerwechsel**.[58] Der Leistungsberechtigte kann über den Anspruch nicht mehr verfügen. 46

Der Sozialleistungsträger hat als neuer Gläubiger das Recht, den Anspruch im eigenen Namen geltend zu machen, und zwar vor dem für den übergelei- 47

56 Bieritz-Harder/Conradis/*Thie*, SGB XII, § 19 Rn 3.

57 BSG, NVwZ-RR 2015, 344.

58 BeckOK-SozR/*Weber*, SGB XII, § 93 Rn 2.

teten Anspruch zuständigen Gericht. Sofern Pflichtteils- und Pflichtteilsergänzungsansprüche übergeleitet wurden, sind diese vor der ordentlichen Gerichtsbarkeit durchzusetzen.

48 Die **Übergangsanzeige** lässt das Stammrecht des Anspruchs unberührt.[59] Der Drittschuldner kann gegenüber dem ursprünglich berechtigten Leistungsempfänger die Leistung mit befreiender Wirkung erfüllen, soweit nicht bereits Leistungen durch den Träger der Sozialhilfe erbracht wurden oder in absehbarer Zeit erbracht werden. Pauschale Hinweise in Überleitungsanzeigen, wonach Leistungen für die Zukunft mit befreiender Wirkung nur an den Träger der Sozialhilfe erbracht werden können, sind unwirksam.[60]

> *Hinweis*
>
> Der Sozialhilfeträger ist nur dann zur Ablehnung von Leistungen nach dem SGB XII berechtigt, wenn der Bedürftige den vorrangigen Anspruch unproblematisch realisieren kann, ihm also „bereite Mittel" tatsächlich zur Verfügung stehen. Lässt sich der Anspruch nicht ohne Weiteres realisieren, ist der Sozialhilfeträger verpflichtet, Leistungen zu erbringen und den Nachranggrundsatz nachträglich mit Hilfe des § 93 SGB XII wiederherzustellen.[61]

49 **Überleitungsfähig** i.S.d. § 93 SGB XII sind alle privat- und öffentlich-rechtlichen Ansprüche, soweit es sich um Zahlungsansprüche oder geldwerte Ansprüche handelt. Erfasst werden neben dem Leistungsanspruch auch die Ansprüche auf Auskunft und Wertermittlung sowie die Nebenansprüche.[62] Für die **Rechtmäßigkeit** der Überleitung ist es unerheblich, ob der Anspruch gegen den Dritten auch tatsächlich besteht. Im Einzelfall reicht die Vermutung aus, dass ein solcher Anspruch gegeben ist. Der überzuleitende Anspruch muss daher nur mutmaßlich bestehen. Eine Überleitung ist ausgeschlossen, wenn der übergeleitete Anspruch offensichtlich nicht besteht (sog. **Negativevidenz**).[63]

Wäre das Bestehen des übergeleiteten Anspruchs eine objektive Rechtmäßigkeitsvoraussetzung, müsste das Gericht auch über die Rechtmäßigkeit

59 BVerwG, BeckRS 2010, 54558.

60 BVerwG, BeckRS 1980, 31277902.

61 LSG NRW, BeckRS 2008, 56332.

62 BGH, NJW 1995, 2790.

63 BVerwGE 34, 219; 34, 260; 41, 115; 58, 209; 92, 281; BSG, Beschl. v. 25.4.2013 – B 8 SO 104/12 B.

rechtswegfremder Forderungen entscheiden. Eine derartige Überprüfung ist mit dem bestehenden gegliederten Rechtsschutzsystem nicht zu vereinbaren.[64]

50 Ein Anspruchsübergang setzt voraus, dass Sozialhilfeleistungen **tatsächlich** und endgültig gewährt worden sind. Die Gewährung eines Darlehens reicht nicht aus (*streitig*).[65] Ein vorsorglicher Übergang auf noch zu erbringende Leistungen wäre unwirksam. Deswegen ist ein Übergang frühestens mit dem **Erlass** des Bewilligungsbescheides möglich.[66] Ferner ist es umstritten, ob die Gewährung der Leistungen rechtmäßig erfolgt sein muss. Einerseits vertreten das BVerwG[67] und bis heute weite Teile der Rechtsprechung die Meinung, dass es im Rahmen des § 93 SGB XII grundsätzlich nicht auf die Rechtmäßigkeit der Leistungsgewährung ankomme.[68] Andererseits wird in der Literatur die Meinung vertreten, dass dies nicht mit der Systematik des Sozialrechts vereinbar sei, denn ein rechtswidriger Verwaltungsakt ist im Sozialrecht nach §§ 45, 50 SGB X aufzuheben.[69] Gesetzessystematisch habe der Leistungsträger schon aus Gründen des Rechtsstaatsprinzips eine rechtswidrige Entscheidung nach § 45 SGB X aufzuheben, sobald er Anhaltspunkte für die Rechtswidrigkeit habe. Ein Übergang wäre in der Folge überflüssig oder würde entfallen.[70]

51 Der **Übergang** nach § 93 SGB XII bewirkt, dass der Anspruch der leistungsberechtigten Person bis zur Höhe der Aufwendungen des Sozialleistungsträgers auf diesen übergeht. Für eine **Übergangsanzeige** muss damit die leistungsberechtigte Person selbst Anspruchsinhaber sein. Nur unter den zusätzlichen Voraussetzungen des § 93 Abs. 1 S. 2 SGB XII können hinsichtlich der Höhe des überzuleitenden Anspruchs auch die Aufwendungen des Sozialhilfeträgers für den nicht getrenntlebenden Ehegatten oder Lebenspartner und deren minderjährigen unverheirateten Kinder in den Anspruchsübergang mit einbezogen werden. Dies hat zur Folge, dass die Gesamtleistungen des Sozialhilfeträgers an die Personen der Einstandsgemeinschaft dem Anspruch gegenübergestellt werden können. Die Überleitung ist

64 Grube/Wahrendorf/*Giere*, SGB XII § 93 Rn 11.

65 Knickrehm/Kreikebohm/Waltermann/*von Koppenfels-Spies*, SGB XII, § 93 Rn 3 m.w.N.

66 Grube/Wahrendorf/*Giere*, SGB XII § 93 Rn 10.

67 BVerwGE 42, 198, 202, NJW 1992, 3313.

68 Vgl. zum Meinungsstand LSG Baden-Württemberg, Urt. v. 22.7.2010 – L 7 SO 853/09, BeckRS 2010, 71816.

69 *Doering-Striening*, Sozialhilferegress bei Erbfall und Schenkung, § 5 Rn 64.

70 Grube/*Wahrendorf/Giere*, SGB XII, § 93 Rn 11.

auf die Höhe der Sozialhilfeaufwendungen begrenzt. Der Anspruch kann allerdings nur insoweit übergeleitet werden, wie er sich auf die Sozialhilfeleistung ausgewirkt hätte, wenn er rechtzeitig geleistet worden wäre.[71]

52 Da Sozialleistungen grundsätzlich monatsweise erbracht werden, wird der sozialrechtlich relevante Zufluss in Geld oder Geldeswert als Einkommen dem monatlichen Bedarf gegenübergestellt. Daher ist maßgeblich, festzustellen, ob die Gewährung von Sozialhilfe ursächlich dafür war, dass der Anspruch der leistungsberechtigten Person gegen einen Dritten nicht erfüllt wurde. Insofern muss der überzuleitende Anspruch zu dem Zeitpunkt bestehen, in dem die Hilfe erbracht wird bzw. wurde.

> *Hinweise*
>
> Es ist möglich, einen Übergang für eine in der Vergangenheit erbrachte Sozialhilfeleistung vorzunehmen, wenn bereits zum Zeitpunkt der Sozialhilfegewährung ein Anspruch gegen den Dritten bestand und dieser noch nicht erfüllt ist.[72]
>
> Es ist möglich, dass die Übergangsanzeige auf den Beginn der Leistungserbringung zurückwirkt, auch, wenn die Übergangsanzeige zu einem späteren Zeitpunkt bekanntgegeben wird und erst dann wirksam wird.[73]

53 Vor einer Überleitung ist zu prüfen, ob und inwieweit die in Frage kommenden Ansprüche bei rechtzeitiger Verfügbarkeit durch den Leistungsberechtigten die Höhe des Leistungsanspruchs beeinflusst hätte. Im Rahmen dieser **Kausalitätsprüfung** sind daher auch Absetzungs- und Schonbeträge vom Einkommen bzw. Vermögen abzuziehen. Eine Überleitung kann damit nur unter Berücksichtigung der Absetzungs- und Schonbeträge – bei monatsweiser Betrachtung – erfolgen.[74] § 93 Abs. 1 S. 3 SGB XII verlangt eine kausale Verknüpfung von Hilfegewährung und Drittforderung. Nach der ersten Alternative der Regelung ist ein Übergang nur dann berechtigt, wenn bei Leistung des anderen die Hilfegewährung des Hilfeträgers nicht erforderlich geworden wäre. Es ist fiktiv zu prüfen, was geschehen wäre, wenn der Dritte seiner Leistungspflicht nachgekommen wäre. Dann ist zu ermitteln, ob bei

71 Knickrehm/Kreikebohm/Waltermann/*von Koppenfels-Spies*, SGB XII, § 93 Rn 5.

72 BSG, BeckRS 2013, 69561.

73 LSG Baden-Württemberg, BeckRS 2013, 69561; Knickrehm/Kreikebohm/Waltermann/*von Koppenfels-Spies*, SGB XII, § 93 Rn 7.

74 Knickrehm/Kreikebohm/Waltermann/*von Koppenfels-Spies*, SGB XII, § 93 Rn 5.

dessen rechtzeitiger Leistung der Hilfeberechtigte gleichwohl berechtigterweise Sozialhilfe hätte beziehen können.[75]

Geht es um **Drittansprüche**, die zum geschützten Einkommen oder Vermögen gehören, widerspräche es der sozialhilferechtlichen Wertung der §§ 82, 90 SGB XII, diese Ansprüche überzuleiten. Im Einzelfall kann es schwierig sein, zu beurteilen, ob eine Geldleistung zum geschützten Vermögen gehört.[76] 54

Ist das Bestehen des Anspruchs offensichtlich ausgeschlossen, kann der fragliche Anspruch nicht übergeleitet werden.[77] Ebenfalls **unzulässig** ist die Überleitung, wenn die Sozialleistungen auch hätten erbracht werden müssen, selbst wenn der Anspruch rechtzeitig realisiert worden wäre.[78] 55

Sofern Leistungen nach dem fünften bis neunten Kapitel des SGB XII erbracht werden, ist zusätzlich zu berücksichtigen, dass diese Leistungen unter anderem davon abhängig sind, in welchem Umfang ein Einkommenseinsatz „zuzumuten" ist.

Die Überleitung von Ansprüchen nach § 93 SGB XII ist stets eine **Ermessensentscheidung** des Sozialhilfeträgers. Der Träger der Sozialhilfe hat daher sowohl gegenüber dem Leistungsberechtigten als auch gegenüber dem Dritten eine ordnungsgemäße Ermessenabwägung vorzunehmen und im **Verwaltungsakt** zu dokumentieren. Bei der Ausübung seines Ermessens darf der Träger der Sozialhilfe im Regelfall davon ausgehen, dass die Überleitung den Grundsatz des Nachrangs der Sozialhilfe verwirklicht und daher aus fiskalischen Interessen geboten ist.[79] 56

VIII. Erbenhaftung

§ 102 SBG XII begründet für einen Teil der Leistungen nach dem SGB XII eine sog. **selbstständige Erbenhaftung**, d.h. eine von der Haftung der Erben des Hilfeempfängers mit dem Wert des Nachlasses des verstorbenen Sozialhilfeempfängers. 57

75 Grube/*Wahrendorf/Giere*, SGB XII, § 93 Rn 15.

76 LSG NRW, FEVS 58, 448; *Münder*, LPK-SB XII, § 93 Rn 32; Fichtner/*Wenzel*, SGB XII, § 93 Rn 49; Gerenkamp, Mergler/*Zink*, Handbuch der Grundsicherung und Sozialhilfe, § 93 Rn 32; anders wohl *Oestreicher/Decker*, SGB XII, § 93 Rn 85.

77 BVerwG, NJW 1993, 2762; LSG Bayern, BeckRS 2009, 51384.

78 Knickrehm/Kreikebohm/Waltermann/*von Koppenfels-Spies*, SGB XII, § 93 Rn 3.

79 LSG NRW, BeckRS 2009, 55470; LSG Bayern, BeckRS 2009, 51384; 2011, 70078.

Die selbständige Erbenhaftung ist von der unselbstständigen Erbenhaftung nach § 103 SGB XII abzugrenzen. Die unselbstständige Erbenhaftung greift etwa, wenn zusätzlich bereits zu Lebzeiten ein Kostenersatzanspruch gegen die Person des Hilfeempfängers wegen schuldhafter Herbeiführung der Voraussetzungen der Sozialhilfebedürftigkeit (§ 103 Abs. 1 SGB XII) bestand. Dieser Anspruch geht auf den Erben über. Die Ansprüche aus § 102 Abs. 1 SGB XII und § 103 Abs. 1 SGB XII können in diesem Fall miteinander konkurrieren.

58 § 102 SGB XII steht in einem engen Zusammenhang mit den Vorschriften zum Schutz des **Schonvermögens** nach § 12 Abs. 3 SGB II, § 90 Abs. 2 SGB XII. Die zum Schonvermögen gehörenden Gegenstände können zu Lebzeiten des Hilfeempfängers nicht verwertet werden und verbleiben unangetastet im Vermögen des Hilfebedürftigen. § 102 SGB XII liegt die Erwägung zugrunde, dass es nicht gerechtfertigt ist, die Bestimmungen über den Schutz des Vermögens zugunsten der leistungsberechtigten Person über deren Tod hinaus auch zugunsten der Erben wirken zu lassen.[80] Den Erben des Hilfebedürftigen soll dieser Schutz des Vermögens jedoch nicht zugutekommen. Deshalb bestimmt § 102 SGB XII, dass die Erben des Hilfeempfängers zum Ersatz der Hilfeleistungen verpflichtet sind, die in den letzten zehn Jahren vor dem Erbfall rechtmäßig an den Hilfeempfänger erbracht wurden. Dies ermöglicht, den Nachranggrundsatz nachträglich wiederherzustellen.[81]

59 Die Erben des Leistungsempfängers sind zum Ersatz der Leistungen verpflichtet, die in den letzten zehn Jahren vor dem Erbfall am den Leistungsempfänger erbracht wurden. Dies bezieht sich allerdings nur auf rechtmäßig bewilligte Leistungen.[82] Nach ständiger Rechtsprechung ist die Hilfegewährung auch dann nicht als rechtmäßig anzusehen, wenn Vermögensteile des Hilfeempfängers versehentlich nicht verwertet wurden, weil der Sozialleistungsträger unzutreffend davon ausging, diese gehöre zum Schonvermögen. War der Bewilligungsbescheid rechtswidrig, blieben der Behörde nur die Rückforderungsmöglichkeiten des allgemeinen Sozialrechts.

60 Ersatzpflichtige Personen sind vorrangig die Erben des Hilfeempfängers, wobei mehrere Erben als Gesamtschuldner haften.[83] Das SGB XII geht

80 BeckOGK/*Jenak*, 1.6.2025, SGB XII § 102 Rn 19.

81 Kroiß/Horn/Solomon/*Bienert*, SGB XII, § 102 Rn 1.

82 BayVGH, FamRZ 2004, 488.

83 Kroiß/Horn/Solomon/*Bienert*, SGB XII, § 102 Rn 7.

hier vom zivilrechtlichen Erbenbegriff aus.[84] Daher kann z.B. beim Behindertentestament der Nacherbe nicht zum Ersatz der dem behinderten Vorerben gewährten Sozialhilfe verpflichtet werden. Der Vorerbe, auch der nicht befreite Vorerbe, unterliegen der **Nachlasshaftung**, und zwar ohne Beschränkung auf die Erträge des Nachlasses. Der Nacherbe kann dabei ggf. zur entsprechenden Einwilligung verpflichtet sein, um die Ersatzpflicht zu erfüllen.[85] Der Vermächtnisnehmer ist zwar kein Erbe, ihn trifft so auch keine Ersatzpflicht, jedoch ist der Vermächtnisanspruch gegenüber der Erbenhaftung **nachrangig**. Wurden Leistungen des SGB XII bezogen, haften neben den Erben des Hilfeempfängers außerdem die Erben des Ehegatten/Lebenspartners des Hilfeempfängers, sofern der Ehegatte/Lebenspartner vor ihm verstorben ist. Diese beiden Erbengruppen haften jeweils selbstständig nebeneinander.[86] Dies gilt nicht für Sozialhilfeaufwendungen, die während der Zeit des Getrenntlebens entstanden sind, § 102 Abs. 1 S. 3 SGB XII.

Nach § 102 Abs. 5 SGB XII nicht zu ersetzen sind die nach §§ 41 ff. SGB XII 61
gewährten Leistungen der **Grundsicherung im Alter** und bei **Erwerbsminderung**.[87] Zum einen gibt es einen geringen Freibetrag in Höhe des dreifachen Grundbetrages nach § 85 Abs. 1 SGB XII nach § 102 Abs. 3 Nr. 1 SGB XII. Weiter besteht eine Privilegierung für die Erben, die als Verwandte, Ehegatte oder Lebenspartner den Hilfeempfänger bis zu seinem Tode nicht nur vorübergehend in häuslicher Gemeinschaft selbst **gepflegt** haben. Dies gilt, soweit der Wert des betreffenden Nachlassanteils unter 15.340 EUR bleibt, § 102 Abs. 3 Nr. 2 SGB XII. Ist nur ein Erbe vorhanden, kann er sich nur insoweit auf den Pflegefreibetrag berufen, als dass der Freibetrag nach Nr. 1 darin konsumiert ist.[88] Letztlich scheidet die Inanspruchnahme auch aus, sofern sie eine besondere Härte i.S.d. § 102 Abs. 3 Nr. 3 SGB XII darstellen würde.

Hinweis

Hierbei kommen insbesondere solche Sachverhalte in Betracht, die nicht alle Anforderungen der Nr. 2 erfüllen, in der Gesamtbetrachtung jedoch wertungsmäßig vergleichbar sind. Den Regelfall stellt eine lediglich teilweise Freistellung dar, soweit etwa hinsichtlich von Beträgen, die der

84 LPK-SGB XII/*Conradis*, § 102 Rn 7 ff.
85 BVerwG, NDV 1983, 215.
86 BVerwG, FamRZ 2004, 455.
87 Kroiß/Horn/Solomon/*Bienert*, SGB XII, § 102 Rn 18.
88 VGH Mannheim, FEVS 46, 338; BaySHR Tz. 92c.04 Abs. 6 S. 1.

Erbe zu Lebzeiten in das hinterlassene Wohngebäude investiert hat und damit den Wert des Nachlasses erhöht hat.[89]

62 § 102 Abs. 2 S. 1 SGB XII definiert die selbstständige Erbenhaftung als **Nachlassverbindlichkeit**. Es handelt sich dabei um eine *„den Erben als solchen"* treffende Verpflichtung nach § 1967 Abs. 2 BGB. Die Haftung aus § 102 SGB XII ist auf den **Nachlasswert** zur Zeit des Erbfalls beschränkt.[90] Somit ist die Haftung der Erben betragsmäßig auf das den Erben angefallene Aktivvermögen abzüglich der Nachlassverbindlichkeiten begrenzt.

63 Da der **Zeitpunkt des Erbfalls** maßgeblich ist, verringern spätere Wertverluste oder die Weggabe von Vermögensgegenständen vor der Inanspruchnahme durch den Sozialhilfeträger die Haftung des Erben nicht. Sofern dadurch eine Differenz entsteht, muss diese von den Erben mit Privatvermögen ausgeglichen werden. Der Wert des Nachlasses umfasst wie in § 2311 BGB den Aktivbestand abzüglich der bereits zum Zeitpunkt des Erbfalls in der Person des Erblassers begründeten Verbindlichkeiten (**Erblasserschulden**) und solcher Erbfallschulden, die auch vorliegen würden, wenn man allein die gesetzliche Erbfolge zugrunde legt. Wie im Pflichtteilsrecht bleiben demnach Verpflichtungen unberücksichtigt, die auf Verfügungen des Erblassers von Todes wegen beruhen, insbesondere also Pflichtteilsansprüche selbst, ebenso Vermächtnisse – soweit sie nicht (wie bspw. Nachvermächtnisse) bereits dem Erblasser als Vorvermächtnisnehmer auferlegt waren – und Auflagen. **Abzugsfähig** sind allerdings

- die Beerdigungskosten[91] (§ 1968 BGB, nicht allerdings die Kosten für die laufende Grabpflege),
- die Kosten der Nachlasssicherung und Nachlassverwaltung sowie
- die Kosten der Ermittlung der Nachlassgläubiger.[92]

Es handelt sich insoweit um solche Erbfallschulden, deren Rechtsgrund bzw. Erfüllungsnotwendigkeit bereits auf den Todesfall zurückgeht oder deren Erfüllung den Pflichtteilsberechtigten auch getroffen hätte, wenn er gesetzlicher Erbe geworden wäre.[93] Aus diesem Grunde ebenfalls abzugsfähig ist der Anspruch des überlebenden Ehegatten auf familienrechtlichen Zugewinn nach § 1371 Abs. 2 und Abs. 3 BGB.

89 *Briefkasten*, ZfF 1986, 65.
90 Kroiß/Horn/Solomon/*Bienert*, SGB XII, § 102 Rn 23.
91 BayVGH, FamRZ 2004, 490.
92 BayVGH, FamRZ 2004, 489.
93 Vgl. Bamberger-Roth/*Mayer* § 2311 Rn 9.

Nicht abzugsfähig sind Nachlasserbenschulden und erst recht nicht Eigenschulden des Erben, ebenso wenig die allein dem Erben nützlichen Aufwendungen (wie etwa Kosten der Testamentseröffnung und der Erbscheinerteilung).[94] 64

Die **Begrenzung** der Haftung auf den Nachlass bezieht sich jedoch nur auf dessen Wert, sodass der Erbe grundsätzlich auch mit seinem Privatvermögen haften kann, sofern der Nachlass vor der Geltendmachung des Erbenregresses angetastet wird. Daher ist es zu empfehlen, ggf. Maßnahmen zur Begrenzung der Erbenhaftung zu unternehmen oder die Erbschaft auszuschlagen.

Die Erbenhaftung nach § 102 SGB XII wird im Wege des Leistungsbescheids geltend gemacht. Widerspruch und Anfechtungsklage haben aufschiebende Wirkung, § 86a Abs. 1 SGG. Der Anspruch erlischt drei Jahre nach dem Tod des Hilfeempfängers, § 102 Abs. 4 S. 1 SGB XII. Ferner gelten die Bestimmungen des BGB zu Hemmung, Ablaufhemmung und zum Neubeginn der Verjährung entsprechend. Tritt nur bei einem Erben Verjährung ein, hemmt dies nicht den Anspruch gegen die übrigen Miterben.[95] Die Heranziehung der Erben zum Kostenersatz stellt für den Sozialhilfeträger eine zwingende Entscheidung dar.[96] Ist der Nachlass wegen der begrenzten Höhe der gewährten Sozialleistung jedoch nur zum Teil heranzuziehen, besteht ein an der Leistungsfähigkeit der Miterben orientiertes Auswahlermessen.[97] Soweit einzelne Miterben gem. § 102 Abs. 3 Nr. 2 oder 3 SGB XII nicht herangezogen werden können und aus dem Kreis der Pflichtigen ausscheiden, dürfen die Verbleibenden nur zu einem ihrem Erbteil entsprechenden Anteil des Ersatzanspruches herangezogen werden (gestörter Gesamtschuldnerausgleich).[98] 65

B. Grober Undank

Gleichwohl der Übernehmer dem Überlasser von Rechtswegen keinen Dank schuldet, ist in § 530 BGB ein **Widerrufsrecht** verankert, dass es dem Überlasser ermöglicht, das Geschenk zurückzufordern, wenn der Überneh- 66

94 OLG Stuttgart, JABl B-W 1978, 76.

95 OVG Münster, NDV-RD 2001, 95.

96 Grube/Wahrendorf/*Bieback*, SGB XII, § 102 Rn 31.

97 Vgl. VG Kassel, FamRZ 1999, 1023.

98 BVerwGE 57, 173; VGH Baden-Württemberg, FEVS 25, 107; Grube/*Wahrendorf/Bieback*, SGB XII, § 102 Rn 35.

mer sich **grob undankbar** verhält. Anders als im Bereich der Erb- und Pflichtteilsunwürdigkeit hat der Gesetzgeber in § 530 BGB keine abschließende Aufzählung von Fällen des groben Undanks aufgeführt. Vielmehr hat er der Rechtsprechung ein weites Ermessen eröffnet, den unbestimmten Rechtsbegriff auszufüllen. Hierdurch können insbesondere auch gesellschaftliche Entwicklungen angemessen berücksichtigt werden. In jedem Fall erfordert § 530 BGB eine **schwere Verfehlung** des Beschenkten, durch die er sich groben Undanks schuldig macht. Eine schwere Verfehlung setzt objektiv ein gewisses Maß an Schwere voraus und subjektiv eine tadelnswerte Gesinnung, die einen Mangel an Dankbarkeit gegenüber dem Schenker erkennen lässt.[99]

Zur Beurteilung des groben Undanks kommt es auf eine **Abwägung** an. Das OLG Frankfurt führt hier zu aus: „*Es kommt bei der Abwägung nicht allein auf rechtliche Grenzen für das Verhalten des Beschenkten an, sondern auch auf moralische Komponenten. In der Gesamtabwägung, die erforderlich ist, ist deswegen nicht allein entscheidend, ob die Rechtsposition des Beschenkten vertretbar ist, sondern vor allem auch, ob der Beschenkte sich bei gebotener Rücksichtnahme auf die Interessen des Schenkers moralisch derart weit von dem entfernt, was noch verständlich ist, dass eben das in der Gesamtheit als Undankbarkeit ausdrückende schwere Verfehlung zu interpretieren ist*“.[100] § 530 BGB befasst sich mit den Voraussetzungen des Widerrufs und der Person des Berechtigten, während § 531 BGB die Vollziehung des Widerrufs und den Umfang des Anspruchs regelt. In den §§ 532, 534 BGB sind die **gesetzlichen Einschränkungen** des Widerrufs geregelt. Hierzu gehört insbesondere der Ausschluss des Widerrufsrechts durch Fristablauf (ein Jahr ab Kenntnis des zum Widerruf berechtigenden Sachverhalts) oder des Todes des Beschenkten. Schenkungen, durch die einer sittlichen Pflicht oder einer auf den Anstand zu nehmenden Rücksicht entsprochen wird, unterliegen nicht der Rückforderung und dem Widerruf. Schließlich verbietet § 533 BGB einen Vorausverzicht auf das Widerrufsrecht.

67 Der grobe Undank muss in einer **schweren Verfehlung** des Übernehmers gegenüber dem Überlasser oder einem nahen Angehörigen zum Ausdruck kommen. Hierzu bedarf es auch objektiv einer Verfehlung des Beschenkten von gewisser Schwere. Neben den **objektiven Voraussetzungen** braucht es

99 BGH, NJW-RR 1993, 141; Kurze/*Papenmeier*, 2. Aufl. 2023, BGB § 530 Rn 2.
100 OLG Frankfurt a.M., Urt. v. 6.6.2025 – 25 U 183/24

jedoch auch noch eine **subjektive Komponente**. In subjektiver Hinsicht muss das Verhalten des Übernehmers Ausdruck einer Gesinnung sein, die in erheblichem Maße die Dankbarkeit vermissen lässt, die der Schenker erwarten kann.[101]

Hinweis

Objektiv wird ein Fehlverhalten mit einem gewissen Maß an Schwere und subjektiv eine tadelnswerte Gesinnung vorausgesetzt, die einen Mangel an Dankbarkeit erkennen lässt.[102] Es ist unerheblich, ob es sich um eine oder mehrere Verfehlungen handelt. Maßgeblich ist die moralische Vorwerfbarkeit.[103]

Ähnlich wie die Regelungen zur Pflichtteilsentziehung erfasst auch die Regelung des § 530 BGB nicht ausschließlich ein Handeln oder Unterlassen gegenüber dem Überlasser. Vielmehr werden auch nahe Angehörige in den Anwendungsbereich der Norm mit einbezogen, soweit in dem Verhalten ihnen gegenüber ein grober Undank gegenüber dem Schenker zum Ausdruck kommt.[104] 68

Beispiele für groben Undank

- Haltlose, aber auch begründete Strafanzeigen, mit denen der Beschenkte keine eigenen Interessen verfolgt,[105]
- gröbste Beleidigungen,[106]
- grundloser Antrag auf Betreuung, der bewusst auf unwahren Tatsachen beruht,[107]
- Gründung eines Konkurrenzunternehmens,[108]
- Bedrohung des Lebens oder schwere körperliche Misshandlungen,[109]

101 BGH, NJW-RR 2020, 179 Rn 30.
102 BGH, NJW 2014, 3021 Rn 18; 2002, 1046; 2000, 3201; 1999, 1626; 1999, 1623; 1992, 183; BeckOK-BGB/*Gehrlein*, § 530 Rn 3.
103 BeckOK-BGB/*Gehrlein*, § 530 Rn 3.
104 BGH, NJW 1999, 1623; OLG Koblenz, NJW-RR 2006, 437.
105 BGHZ 112, 259 (263).
106 OLG Hamm, FamRZ 2001, 545.
107 BGH, NJW 1993, 1577; 1980, 1789; OLG Düsseldorf, NJW-RR 1998, 1432.
108 BGH, NJW 2002, 1047.
109 OLG Hessen, HEZ 2, 241.

- hartnäckige Weigerung eine übernommene Zahlungspflicht zu erfüllen,[110]
- Versuch, den Übergeber mit verwerflichen Mitteln und einer Gesamtstrategie aus der Unternehmensleitung zu verdrängen,[111]
- nicht schonende Ausübung der rechtlichen Befugnisse aus einer General- und Vorsorgevollmacht sowie die Missachtung der personellen Autonomie des Schenkers Erb- und Pflichtteilsrechtliche Auswirkungen des Überlassungsvertrages,[112]
- Wiederaufnahme der Prostitution trotz eines gegenteiligen Versprechens.[113]

Nicht hingegen, das Auflösen einer nichtehelichen Lebensgemeinschaft.[114]

69 Das Recht zum Widerruf wegen groben Undanks steht dem Überlasser **höchstpersönlich** zu. Es ist weder pfändbar noch abtretbar noch vererblich. Das Widerrufsrecht des Erben ist davon unabhängig und gilt nur, wenn der Beschenkte den Schenker vorsätzlich und rechtswidrig getötet oder vorsätzlich und rechtswidrig am Widerruf gehindert hat.

C. Ausstattung

70 Der Begriff der Ausstattung ist in § 1624 BGB gesetzlich definiert. Danach ist eine Ausstattung eine Zuwendung des Erblassers, die er einem Kind mit Rücksicht auf dessen Verheiratung oder die Erlangung einer selbstständigen Lebensstellung zur Begründung oder zur Erhaltung der Wirtschaft oder Lebensstellung gemacht hat. Abweichend von der Regelung des § 1624 BGB erweitert § 2050 BGB den **Anwendungsbereich** in persönlicher Hinsicht auf alle Abkömmlinge des Zuwendenden, soweit nicht § 2053 BGB die Ausgleichung ausschließt.[115]

71 Maßgeblich für Annahme einer Ausstattung ist nicht der Umfang oder Inhalt der Zuwendung, sondern ihr **Zweck**. Der Zweck besteht darin, dem Empfänger der Zuwendung die Erlangung oder Erhaltung seiner Selbst-

110 BGHZ 145, 35 (38 f.).
111 BGH, NJW 1990, 2616.
112 BGH, NJW 2014, 3021 Rn 23 ff.
113 BGH, ZEV 2013, 215.
114 OLG Frankfurt a. M. Urt. v. 12.10.2022 – 17 U 125/21.
115 Grüneberg/*Weidlich*, BGB, § 2050 Rn 7.

ständigkeit zu vereinfachen.[116] Die Beteiligten müssen sich geeinigt haben, dass aufgrund eines objektiven Ausstattungsanlasses einer der Ausstattungszwecke verfolgt wird.[117] Die Höhe der Zuwendung und ihre Angemessenheit in Bezug auf die Lebensstellung der Eltern ist kein Maßstab für die Qualifizierung als Ausstattung. Eine Ausstattung kann auch dann gegeben sein, wenn die Zuwendung dem Abkömmling geschuldet wird, d.h. in Erfüllung einer Verpflichtung geleistet wird.[118] Als Ausstattung können die Aussteuer oder Mitgift, Zuschüsse zur Existenzgründung, die Übergabe eines Wohnhauses oder der finanzielle Zuschuss zum selbstgenutzten Wohnhaus gelten.[119]

▼

Muster 6.2: Anordnung zur Ausstattung

Der Überlasser wendet dem Übernehmer aus Anlass der Begründung einer selbstständigen Lebensstellung im Wege der Ausstattung das Grundvermögen eingetragen im Grundbuch des Amtsgerichts von Blatt zu. Der Empfänger nimmt diese Ausstattung an. 6.2

[*Alternative*:] Der Überlasser und der Übernehmer sind sich einig, dass es sich vorliegend ausdrücklich nicht um eine Ausstattung handelt. Es handelt sich um eine freigiebige Schenkung ohne Ausstattungscharakter. Eine Ausgleichung im Erbfall findet nicht statt.

▲

Nach § 2050 Abs. 1 BGB werden im Erbfall Zuwendungen ausgeglichen, 72
die der Erblasser einem Abkömmling als Ausstattung zugewandt hat. Dies gilt nicht, wenn der Erblasser vor oder bei der Zuwendung angeordnet hat, dass eine Ausgleichung nicht stattfindet. Im Pflichtteilsrecht wird die Möglichkeit der abweichenden Anordnung des Erblassers dahingehend eingeschränkt, dass ein Ausschluss der Ausgleichung nicht zum Nachteil eines Pflichtteilsberechtigten angeordnet werden kann (§ 2316 Abs. 3 BGB).

116 Grüneberg/*Götz*, BGB, § 1624 Rn 1.

117 OLG Karlsruhe, ZEV 2011, 531, 532.

118 BGH, NJW-RR 1993, 1197; Grüneberg/*Weidlich*, BGB, § 2050 Rn 7.

119 MAH ErbR/*Horn* § 29 Rn 199.

D. Anrechnung

73 Durch die Anordnung der Anrechnung einer lebzeitigen Zuwendung auf den Pflichtteil nach § 2315 BGB **verringert** sich der Pflichtteilsanspruch des Zuwendungsempfängers. Die Anrechnung nach § 2315 BGB lässt die Pflichtteilsansprüche der anderen Pflichtteilsberechtigten unberührt. Sie wirkt ausschließlich zugunsten der bzw. des Erben.[120]

Die **Anordnung** der Anrechnung stellt ein wirksames Instrument zu Verringerung des Pflichtteilsanspruchs sämtlicher Pflichtteilsberechtigter dar. Eine Beschränkung auf die Abkömmlinge, wie dies bei ausgleichspflichtigen Zuwendungen der Fall ist, ist bei der Anrechnung von Zuwendungen nicht gegeben.

Anrechnungspflichtige und ausgleichungspflichtige Zuwendungen können jedoch in ein und derselben Zuwendung liegen. Fällt der pflichtteilsberechtigte Zuwendungsempfänger weg und rückt für diesen ein Abkömmling des Erblassers als Pflichtteilsberechtigter nach, so hat die Anrechnungsbestimmung auch gegenüber dem eintretenden Pflichtteilsberechtigten Geltung. Der an die Stelle des Weggefallenen tretende Abkömmling muss sich die für ihn fremde Zuwendung anrechnen lassen.[121]

74 Anrechenbar sind nur **lebzeitige Zuwendungen** des Erblassers an einen Pflichtteilsberechtigten.[122] Schenkungen von Todes wegen gelten als Verfügungen von Todes wegen und fallen nicht in den Anwendungsbereich der Anrechnung.

Gemischte Schenkungen können ebenso wie Schenkungen unter Auflage der Anrechnung unterliegen, wenn sie einen Pflichtteilsberechtigten zugewendet wurden.[123]

75 Maßgelblich für die Anwendung der Anrechnungsregelungen des § 2315 BGB ist, dass der Erblasser die Zuwendung mit der **Bestimmung** versehen hat, dass sich der Pflichtteilsberechtigte die Zuwendung auf den Pflichtteil anrechnen lassen muss. Die Anrechnung erfasst grundsätzlich den vollen Wert der Zuwendung. Die Anrechnungsbestimmung muss der Erblasser vor oder spätestens bei der Zuwendung getroffen haben. Der Erblasser kann

120 Dauner-Lieb/Grziwotz/Herrler/Schmied-Kovarik BGB § 2315 Rn 2; Grüneberg/*Weidlich* BGB § 2315 Rn. 5.

121 Schlitt/Müller/*Blum* § 3 Rn 142.

122 MüKoBGB/*Lange* § 2315 Rn. 7; Schlitt/Müller/*Blum* § 3 Rn 105.

123 Schlitt/Müller/*Blum* § 3 Rn 103.

sich im Zeitpunkt der Zuwendung vorbehalten, die Anrechnung der Zuwendung auf den Pflichtteil später anzuordnen.[124] Der Erblasser kann eine einmal angeordnete Anrechnung durch **einseitiges Rechtsgeschäft** nachträglich wieder aufheben, ohne, dass diese Erklärung einer besonderen Form bedürfte.[125] Die Anrechnungsanordnung kann auch zwischen dem Erben und dem Pflichtteilsberechtigten aufgehoben werden. Zu Lebzeiten ist dies nur unter Beachtung der Form des § 311b BGB möglich.[126]

Die Anrechnungsbestimmung ist eine **einseitige empfangsbedürftige Willenserklärung.**[127] Sie kann ausdrücklich oder auch konkludent[128] erklärt werden und bedarf grundsätzlich keiner Form. Eine Ausnahme hiervon wird in der Literatur jedoch für den Fall angenommen, dass das der Anrechnung zugrundeliegende Kausalgeschäft seinerseits formbedürftig ist.[129] Nach herrschender Meinung muss die Anrechnungsbestimmung dem Pflichtteilsberechtigten zu Bewusstsein gekommen sein, sodass dieser entscheiden kann, ob er die Zuwendung unter diesem Gesichtspunkt annehmen möchte oder nicht.[130] 76

Erfolgt die Zuwendung **„unentgeltlich im Wege vorweggenommener Erbfolge"** ist durch Auslegung zu ermitteln, ob der Erblasser eine Ausgleichung oder bzw. und eine Anrechnung angeordnet hat. Der Bundesgerichtshof hat angenommen, dass eine Anrechnung nach § 2315 BGB anzunehmen sei, wenn der Erblasser mit der Zuwendung zugleich eine Enterbung des Empfängers beabsichtigt habe.[131] 77

Dem Erben steht ein Auskunftsanspruch gegen den Pflichtteilsberechtigten hinsichtlich der Zuwendungen und etwaiger Anrechnungsbestimmungen zu. Der **Auskunftsanspruch** wird analog § 2057 BGB bzw. unmittelbar aus 78

124 Schlitt/Müller/*Blum* § 3 Rn 113.

125 *Fröhler* BWNotZ 2010, 94, 102; *Mayer* ZEV 1996, 441, 446; *Thubauville* MittRHNotK 1992, 289, 298; a.A. *Keim* MittBayNot 2008, 8, 11.

126 *Mayer* ZEV 1996, 441.

127 OLG Schleswig ZEV 2008, 386; OLG Düsseldorf ZEV 1994, 173; OLG Karlsruhe NJW-RR 1990, 393.

128 OLG Düsseldorf ZEV 1994, 173; OLG Koblenz ZErb 2006, 130, 132; OLG Köln ZEV 2008, 244; Ebenroth/Bacher/Lorz JZ 1991, 277.

129 MüKoBGB/*Lange* BGB § 2315 Rn 10; *Thubauville* MittRhNotK 1993, 289, 297: Schlitt/Müller/*Blum* § 3 Rn 115.

130 OLG Koblenz ZErb 2003, 159, 160; OLG Düsseldorf ZEV 173; OLG Karlsruhe NJW-RR 1990, 393; OLG Schleswig ErbR 2008, 329; MüKoBGB/*Lange* BGB § 2315 Rn 13.

131 BGH ZErb 2010, 144, 146.

§ 242 BGB angenommen, mit der Begründung, dass der Erbe nur auf diese Weise in die Lange versetzt wird, seine Pflichtteilsschulden selbst zu ermitteln und zu begleichen.[132] Der Pflichtteilsberechtigte hat sämtliche relevanten lebzeitigen Zuwendungen offen zu legen. Eine zeitliche Begrenzung des Auskunftsanspruchs, etwa vergleichbar der Regelung des § 2325 Abs. 3 BGB, ist nicht vorgesehen. Der Pflichtteilsberechtigte hat sämtliche relevanten wertbildenden Faktoren, den Zeitpunkt der Zuwendung und etwaige Anordnungen des Erblassers mitzuteilen.[133]

E. Ausgleichung

79 Zuwendungen des Erblassers bzw. Leistungen des Abkömmlings im besonderen Maße sind unter den Voraussetzungen des § 2316 BGB auszugleichen. Die Regelung des § 2316 BGB findet ausschließlich auf Abkömmlinge Anwendung und kann nicht auf Eltern oder Ehegatten/eingetragene Lebenspartner entsprechend angewendet werden. Die Ausgleichung vermindert bzw. erhöht nicht die Pflichtteilslast des Erben.[134] Lebzeitige Zuwendungen der Eltern an Kinder können grundsätzlich eine Ausgleichspflicht auslösen, was häufig übersehen wird.

80 § 2316 BGB setzt voraus, dass beim Tod des Erblassers mehrere Abkömmlinge vorhanden sind. Neben dem Pflichtteilsberechtigten, der den **Ausgleichungspflichtteil** geltend macht kann, ist ein weiterer Abkömmling vorhanden, wenn entsprechend der Regelung des § 2310 BGB der weitere Abkömmling bei der Berechnung des gesetzlichen Erbteils mitzuzählen ist. Nicht zu berücksichtigen sind diejenigen Abkömmlinge, die zu Lebzeiten des Erblassers vertraglich auf das Erbrecht gem. § 2346 BGB verzichtet haben.[135]

81 Die Regelung des § 2316 BGB knüpft an die Regelungen des § 2050 ff BGB an. Die Ausgleichung setzt demnach voraus, dass im (hypothetischen) Fall der gesetzlichen Erbfolge die Zuwendung gem. § 2050 BGB ausgleichungspflichtig sein würde oder dass der Pflichtteilsberechtigte gem. § 2057a BGB eine besondere Leistung zu Gunsten des Erblassers erbracht hat.

132 OLG Koblenz NJW-RR 2016, 203; Ruby/Schindler ZEV 2014, 27, 29; Dauner-Lieb/*Grziwotz*/Herrler/*Schmied-Kovarik* BGB § 2315 RN 95; Grüneberg/*Weidlich* BGB § 2057 Rn 1.

133 OLG Koblenz NJW-RR 2016, 203.

134 Schlitt/Müller/*Blum* § 3 Rn 153.

135 Schlitt/Müller/*Blum* § 3 Rn 156.

Es sind nur **Vorempfänge** des Erblassers bei der Betrachtung heranzuziehen. Auch bei einem Berliner Testament sind die Vorempfänge des anderen Ehegatten nicht bei der Berechnung von Pflichtteilsansprüchen von Abkömmlingen zu berücksichtigen.[136]

Gemäß § 2050 Abs. 3 BGB sind Zuwendungen, die nicht von der gesetzlichen Anordnung des § 2050 Abs. 1 oder 2 BGB erfasst sind, nur dann auszugleichen, wenn der Erblasser vor oder bei der Zuwendung die Ausgleichung angeordnet hat.[137] Die **Anordnung der Ausgleichung** bedarf auch insoweit keiner besonderen Form und kann konkludent erfolgen. Sie muss jedoch für den Empfänger erkennbar sein.[138] Der Erblasser kann sich die nachträgliche Anordnung der Ausgleichung vorbehalten. 82

Nach § 2057a BGB kann ein Abkömmling eine Ausgleichung verlangen, wenn er gegenüber dem Erblasser eine besondere Leistung erbracht hat. Hierbei handelt es sich um einen Ausgleich für die Erhaltung oder Mehrung des Vermögens des Erblassers.[139] Der Ausgleichungsanspruch besteht **nur unter mehreren Abkömmlingen**, die als gesetzliche Erben gemeinsam zur Erbfolge gelangen oder gewillkürte Erben werden, soweit sie auf den gesetzlichen Erbteil oder in dementsprechend gleichen Verhältnis eingesetzt sind.[140] Fällt ein Abkömmling, der als Erbe zur Ausgleichung verpflichtet sein würde, vor oder nach dem Erbfall weg, so ist wegen der von ihm gemachten Zuwendungen der an seine Stelle tretende Abkömmling in entsprechender Anwendung des § 2057a BGB zur Ausgleichung berechtigt.[141] 83

Ein Abkömmling kann solche Leistungen durch Mitarbeit im Haushalt, Beruf oder Geschäft des Erblassers oder auch durch erhebliche Geldleistungen erbringen. Maßgeblich ist, dass sich die Leistung des Abkömmlings positiv auf den Nachlass ausgewirkt hat.[142] Freiwillige Unterhaltszahlungen können zur Begründung einer Ausgleichungspflicht genügen, nicht jedoch der gesetzliche Unterhalt nach § 1601 BGB.[143]

136 OLG Koblenz ZEV 2010, 473; *Schindler* ZErb 2012, 149, 152.
137 Mayer ZErb 2007, 130, 137.
138 Grüneberg/*Weidlich* BGB § 2050 Rn 10.
139 Schönenberg-Wessel/ Garbe-Emden, ZErb 2021, 1 und ZErb 2021, 41.
140 Burandt/Rojahn/*Flechtner* BGB § 2057a Rn 7.
141 Schlitt/Müller/*Blum* § 3 Rn 198; *Damrau* FamRZ 1969, 579; aA. *Knur* FamRZ 1970, 269, 277.
142 Grüneberg/*Weidlich* BGB § 2057a Rn. 1; Schlitt/Müller/*Blum* § 3 Rn 187.
143 Schlitt/Müller/*Blum* § 3 Rn 189.

84 Kein Ausgleichsrecht hat der **Ehegatte**, da dessen eventuelle besondere Leistung bereits über die pauschale Erhöhung des Erbteiles abgegolten ist.[144] Eine Ausgleichung kann vom Abkömmling auch dann nicht verlangt werden, wenn ihm für die Leistung ein angemessenes Entgelt gewährt wurde. Eine Ausgleichung erfolgt daher nur, wenn die Leistung durch den Abkömmling ganz oder teilweise unentgeltlich erfolgt ist.[145] Im Fall der **Teilentgeltlichkeit** ist der Maßstab für die Beurteilung des unentgeltlichen Anteils das üblicherweise angemessene Entgelt.[146]

85 Nach § 2057a Abs. 3 BGB ist der Ausgleich so zu bemessen, wie es mit Rücksicht auf die Dauer und den Umfang der Leistung und auf den Wert des Nachlasses der Billigkeit entspricht. Die Höhe des Ausgleichungsanspruchs kann geschätzt werden.[147] Die Berücksichtigung eines Ausgleichs nach § 2057 a BGB für besondere Leistungen eines Abkömmlings gewährt keinen Geldanspruch. § 2057 a BGB verschiebt lediglich die rechnerischen Teilungsquoten, die von den Erbquoten verschieden sind.[148]

Im Rahmen der Pflichtteilsberechnung sind nicht nur die Zuwendungen nach § 2050 BGB zu berücksichtigen, sondern auch die Ausgleichung der Leistungen eines Abkömmlings nach § 2057a BGB. Dies gilt auch dann, wenn der pflichteilsberechtigte Abkömmling, der die Leistungen nach § 2057a BGB erbracht hat, zum Alleinerben eingesetzt ist, da § 2316 BGB nicht zur zugunsten des Pflichtteilsberechtigten, sondern auch zugunsten des als **Alleinerben** eingesetzten Abkömmlings anzuwenden ist.[149]

144 MüKoBGB/*Ann* BGB § 2057a BGB Rn 10; Burandt/Rojahn/*Flechtner* BGB § 2057a Rn 12.
145 OLG Oldenburg FamRZ 1999, 1466, 1467.
146 Schlitt/Müller/*Blum* § 3 Rn 193.
147 *BGH* NJW 1988, 710.
148 BGH NJW 1986, 931.
149 BGH NJW 1993, 1197; OLG Schleswig ZEV 2013, 86; OLG Nürnberg NJW 1992, 2303; aA OLG Stuttgart DNotZ 1989, 184; Burandt/Rojahn/*Flechtner* BGB § 2057a Rn. 43.

§ 7 Überlassungsverträge im Pflichtteilsrecht

Ulf Schönenberg-Wessel

A. Pflichtteilergänzungsanspruch

Der Pflichtteilsergänzungsanspruch gem. § 2325 BGB wahrt den Anspruch des Pflichtteilsberechtigten auf das Mindestmaß an Teilhabe am Nachlass des Verstorbenen und schützt ihn vor einer Entwertung seines Anspruchs durch lebzeitige unentgeltliche Vermögensübertragungen durch den Erblasser.[1] 1

Gläubiger des Pflichtteilsergänzungsanspruchs ist grundsätzlich der pflichtteilsberechtigte Nichterbe. Dies können sein: 2

- Abkömmlinge,
- die Eltern,
- der Ehegatte oder
- eingetragene Lebenspartner.[2]

Ebenso wie der Pflichtteilsanspruch ist auch der Ergänzungsanspruch **vererblich**, wenn der Anspruch auf Pflichtteilsergänzung vor dem Tod des berechtigten Nichterben entstanden ist (§ 2317 Abs. 2 BGB). Es ist nicht notwendig, dass der berechtigte Nichterbe zum Zeitpunkt der Schenkung bereits gelebt hat.[3] Der Anspruch ist auch überleitungsfähig durch einen Sozialleistungsträger im Rahmen des Sozialleistungsregresses.

Gemäß § 2326 BGB steht der Anspruch auch dem Pflichtteilsberechtigten zu, der Erbe geworden ist, dessen Erbteil jedoch kleiner als sein Pflichtteil zuzüglich der Pflichtteilsergänzung ist. Zur Geltendmachung des Anspruchs ist es nicht notwendig, dass der Berechtigte durch Verfügung von Todes wegen von der Erbfolge ausgeschlossen ist.[4] 3

1 BGHZ 157, 178; 185, 252; MüKoBGB/*Lange*, BGB, § 2325 Rn 1; *Griesel*, Aktuelle Probleme der Pflichtteilsergänzung, S. 19.

2 OLG Köln, FamRZ 2000, 194.

3 BGH, ZEV 2012, 478 unter Aufgabe der Rechtsprechung zur sog. Doppelberechtigung vgl. BGHZ 59, 210; BGH, ZEV 1997, 373; NJW 1973, 40; 1997, 2676.

4 BGH, NJW 1997, 2627; 1973, 995; Krug/Rudolf/Kroiß/*Bittler*, Anwaltformulare Erbrecht, § 17 Rn 148.

4 Der Anspruch auf Pflichtteilsergänzung ist in erster Linie gegen den **Erben** zu richten. Sind mehrere Erben vorhanden, haften diese als **Gesamtschuldner** (§ 2058, 1967 BGB). Die Forderung ist eine Nachlassverbindlichkeit. Der ergänzungsberechtigte Nichterbe kann seinen Anspruch unter den Voraussetzungen des § 2329 BGB unmittelbar gegen den Beschenkten geltend machen, wenn der Erbe selbst zur Ergänzung des Pflichtteils aus Rechtsgründen nicht verpflichtet ist.[5] Ist der Erbe unauffindbar, zahlungsunfähig oder zahlungsunwillig, genügt dies grundsätzlich nicht.[6] Der Erbe ist u.a. dann nicht selbst zur Ergänzung verpflichtet, wenn er sich auf die Dürftigkeit des Nachlasses (§ 1990 BGB) oder die Einreden der §§ 2327, 2328 BGB berufen kann. Sofern der Pflichtteilsberechtigte sein Anspruch gegen den Beschenkten geltend machen kann, steht ihm das Geschenk in voller Höhe als weitere Haftungsmasse neben dem Nachlass zur Verfügung. Der Anspruch gegen den Beschenkten ist nicht aus Herausgabe des Geschenks gerichtet, sondern ausschließlich auf Duldung der Zwangsvollstreckung.[7] Sofern der Beschenkte bereits verstorben ist, so richtet sich der Ergänzungsanspruch des Pflichtteilsberechtigten gegen die Erben des Beschenkten.[8] Der Anspruch gegen den Beschenkten aus § 2329 BGB verjährt gem. § 195 BGB innerhalb von drei Jahren vom Eintritt des Erbfalls an. Die **Verjährung** tritt unabhängig von der Kenntnis des Ergänzungsberechtigten von der Schenkung ein. Dieser Verjährungsbeginn gilt nach der Rechtsprechung des Bundesgerichtshofs auch dann, wenn der Beschenkte selbst Erbe geworden ist.[9]

5 **Problematisch** sind im Zusammenhang mit dem Überlassungsvertrag insbesondere drei Fallgruppen:

1. Zuwendungen an den Ehegatten: Übertragung einer Immobilie zum Miteigentum an den anderen Ehegatten oder Übertragung einer Immobilie zum Alleineigentum des anderen Ehegatten;
2. Schenkungen unter vorbehaltenem Nutzungsrecht: Übertragung an Abkömmlinge unter Nießbrauchsvorbehalt oder Wohnungsrecht;
3. Schenkung unter freiem Rückforderungsvorbehalt.

5 Krug/*Roglmeier*, Pflichtteilsprozess, § 10 Rn 83.
6 OLG Schleswig, SchlHA 1999, 287.
7 Dauner-Lieb/Grziwotz/*Gietl*, BGB, § 2329 Rn 1.
8 BGH, NJW 1981, 1446.
9 BGH, NJW 1986, 1610; Dauner-Lieb/Grziwotz/*Herzog*, BGB, § 2332 Rn 42.

I. Schenkungen an den Ehegatten/eingetragenen Lebenspartner

Insbesondere bei Zuwendungen an den Ehegatten während der Ehe kann sich eine nahezu unüberschaubare Vielzahl von ergänzungspflichtigen Verfügungen ergeben.[10] Dies gilt umso mehr, als die **pro-rata-Regelung** des § 2325 Abs. 3 S. 3 BGB nicht vor Auflösung der Ehe zu laufen beginnt. In der Folge sind grundsätzlich die Schenkungen an den Ehegatten auch nach Jahrzehnten noch gem. § 2325 BGB beim Pflichtteilsergänzungsanspruch zu berücksichtigen, wenn die Ehe bis zum Tode des Erblassers bestanden hat. Das Bundesverfassungsgericht sieht in dieser Regelung keinen Verstoß gegen Art. 6 Abs. 1 GG oder Art. 3 GG.[11] Zur Begründung wird darauf verwiesen, dass die eheliche Gemeinschaft ein erhebliches Missbrauchspotenzial zur Schädigung etwaiger Pflichtteilsberechtigter enthalte, da der Ehegatte in der Regel das an den anderen Ehegatten übertragene Vermögen weiterhin nutzen könne und damit keine Einschränkungen hinzunehmen habe.[12] 6

Hinweis

Der Notar ist verpflichtet, die Beteiligten auf das mit der Pflichtteilsergänzung im Zusammenhang stehende Risiko ausdrücklich hinzuweisen:

„Der Notar hat ausdrücklich darüber belehrt, dass die Zehnjahresfrist des § 2325 Abs. 3 BGB, nach deren Ablauf die heutige Zuwendung bei der Berechnung von Pflichtteilsergänzungsansprüchen nicht mehr zu berücksichtigen ist, nicht zu laufen beginnt, wenn die Überlassung an den Ehegatten erfolgt. Die Frist des § 2325 Abs. 3 BGB beginnt frühstens mit der Auflösung der Ehe (Tod oder Scheidung) zu laufen."

II. Schenkung unter Nutzungsvorbehalt

Die Überlassung von Immobilienvermögen auf **Abkömmlinge** erfolgt häufig unter dem Vorbehalt von Nutzungsrechten. Dies geschieht zumeist steuerlich motiviert, da der Nutzungsvorbehalt bei der steuerlichen Betrachtung 7

10 *Weidlich*, ZEV 2014, 345; *Reimann*, ZEV 2018, 198; *Keim*, NJW 2016, 1617; *Pentz*, NJW 1997, 2033; *Liedel*, MittBayNot 1992, 238; *Hayler*, DNotZ 2000, 681; *Griesel*, Aktuelle Probleme der Pflichtteilsergänzung.

11 BVerfG, NJW 1991, 217.

12 Dauner-Lieb/Grziwotz/*Gietl*, BGB, § 2325 Rn 95.

dem Wert des Überlassungsgegenstandes entgegengesetzt wird und der Nutzungsvorbehalt auf die 10-Jahres-Frist des § 14 ErbStG ohne Einfluss ist. Dies gilt nicht für die Frist des § 2325 Abs. 3 BGB. Nach der Auffassung des BGH liegt die für den Fristbeginn erforderliche Leistung nur dann vor, wenn der Erblasser den Genuss des verschenkten Gegenstandes aufgibt. Nutzt der Erblasser den verschenkten Gegenstand – sei es aufgrund vorbehaltener Rechte oder durch Vereinbarung schuldrechtlicher Ansprüche – im Wesentlich wie vor der Schenkung, beginnt die Frist nicht zu laufen.[13] Eine Leistung des verschenkten Gegenstandes i.S.v. § 2325 Abs. 3 S. 2 BGB liegt daher auch nach Umschreibung im Grundbuch nicht vor.[14]

Hinweis

Der Notar ist verpflichtet, die Beteiligten auf das mit der Pflichtteilsergänzung im Zusammenhang stehende Risiko ausdrücklich hinzuweisen:

„Der Notar hat ausdrücklich darüber belehrt, dass die Zehnjahresfrist des § 2325 Abs. 3 BGB, nach deren Ablauf die heutige Zuwendung bei der Berechnung von Pflichtteilsergänzungsansprüchen nicht mehr zu berücksichtigen ist, nicht zu laufen beginnt, wenn sich der Veräußerer Nutzungsrechte am Vertragsbesitz vorbehalten hat."

8 Anders liegt der Fall, wenn sich der Erblasser eine **Leibrente** oder eine dauernde Last gewähren lässt, da diese dem Erblasser keine Nutzungsbefugnis vermittelt.[15] Eine Hemmung des Anlaufs der **Frist** des § 2325 Abs. 3 BGB findet immer dann statt, wenn sich der Erblasser bei der Schenkung Nutzungen vorbehält, die ihm eine Rechtsposition verschaffen, die einem unbeschränkten Nießbrauch vergleichbar ist.[16]

9 Sofern sich der Erblasser am übertragenen Immobilienvermögen ein **Wohnungsrecht** vorbehalten hat, ist zur Beurteilung, ob die **Frist** des § 2325 Abs. 3 BGB zu laufen beginnt, auf die Umstände des Einzelfalles abzustellen. Maßgeblich für die Beurteilung sind Inhalt und Umfang des Wohnungsrechts. Soweit das Wohnungsrecht nur an einem Teil des Grundstücks be-

13 BGH, NJW RR 1990, 1158; NJW 1992, 2887; NJW 1992, 2888; NJW 1994, 1791; FamRZ 2006, 777.

14 BGH, DNotZ 1994, 784; *Walter*, MittBayNot 2015, 373.

15 BGH, Urt. v. 12.9.2012 – IV ZR 12/12; LG Rottweil, ZErb 2012, 310; *Heinrich*, MittRhNotK 1995, 157, 167.

16 *Von Proff*, ZEV 2016, 681, 685.

steht und der Erblasser sein Wohnungsrecht einem Dritten nicht überlassen kann, soll die Frist des § 2325 Abs. 3 BGB zu laufen beginnen, da in diesem Fall die rechtliche Stellung des Erblassers einschließlich der wirtschaftlichen Verwertbarkeit des Grundstücks deutlich einschränkt sei.[17]

Ein vorbehaltenes Wohnungsrecht an einem Teil des Hauses hindert den Fristbeginn des § 2325 Abs. 3 BGB nicht, wenn der Überlasser den verschenkten Gegenstand nicht im Wesentlichen weiter nutzen kann, er also den Genuss und die freie Nutzungsmöglichkeit des verschenkten Gegenstands weitgehend und dauerhaft entbehren muss.[18]

Im Rahmen der Pflichtteilsergänzung nimmt der BGH eine **Kapitalisierung des Nießbrauchs** vor.[19] Der BGH begründet seine Auffassung damit, dass dem Erblasser, der den Nießbrauch innehabe, vorübergehend noch ein Teil der Grundstückssubstanz verbleibe, der auch in seiner Hand einen wirtschaftlichen Wert darstelle und sich in seinem Vermögen niederschlagen könne. Er kommt auch dem Pflichtteilsberechtigten zugute. Ferner stützt er seine Auffassung auf das Niederstwertprinzip des § 2325 Abs. 2 S. 2 BGB.[20] 10

Vereinbaren die Vertragsparteien bei Schenkung eines vermieteten Grundstücks eine durch eine Reallast gesicherte lebenslange Leibrente zugunsten des Überlassers in Höhe der erzielten Netto-Mieteinnahmen des Objekts, kommt ein Pflichtteilsergänzungsanspruch in Betracht. In diesem Fall gibt der Überlasser nach Auffassung des OLG Nürnberg (*nicht rechtskräftig*) den „Genuss" des verschenkten Grundstücks nicht auf.[21] 11

Auch ohne eine dingliche Absicherung kann sich der Erblasser Rechte am übertragenen Vermögen vorbehalten. Nach der Rechtsprechung des Bundesgerichtshofs hat eine erwiesene **Gefälligkeit** dann rechtsgeschäftlichen Charakter, wenn der Leistende den Willen hat, seinem Handeln solle rechtliche Geltung zukommen, und der Empfänger die Leistung in diesem Sinne entgegengenommen hat. Ob eine ergänzungspflichtige Gebrauchsüberlas- 12

17 BGH, DNotI-Report 2016, 121.

18 OLG München, Urt. v. 21.7.2025 – 33 U 2755/24.

19 BGH, FamRZ 1991, 552, 553; ZEV 1996, 186, 188; ZEV 2003, 416, 417; a.A. OLG Celle, ZErb 2003, 383; *Link*, ZEV 2005, 283; *Gehse*, RNotZ 2009, 361, 366; *Reiff*, ZEV 1998, 241, 246.

20 BGH, NJW 1992, 2287; a.A. *N. Mayer*, FamRZ 1994, 739, 743; *Reif*, FAmRZ 1992, 803, 804; *Dingerdissen*, JZ 1993, 402, 403; OLG Celle, ZErB 2003, 383, 384.

21 OLG Nürnberg, Endurteil vom 27.6.2025 – 1 U 1335/24; Revision anhängig: BGH – IV ZR 141/25

sung oder lediglich ein Gefälligkeitsverhältnis vorliegt, ist im Einzelfall nach Anlass und Zweck der Gebrauchsüberlassung, ihrer wirtschaftlichen Bedeutung und nach der Interesselage der Beteiligten zu beurteilen.[22] Der Zweck einer unentgeltlichen Wohnraumüberlassung hebt eine Gebrauchsüberlassung an Familienangehörige über den Bereich der üblichen Gefälligkeiten des täglichen Lebens hinaus. Maßgeblich für die Beurteilung, ob die Gebrauchsüberlassung fristschädlich i.S.d. § 2325 Abs. 3 BGB ist, ist wiederum die Frage, ob die Gebrauchsüberlassung dem Vorbehalt des weiteren Genusses des Überlassungsgegenstandes gleichkommt.[23]

III. Einräumung von Rückforderungsrechten bei lebzeitiger Vermögensübertragung

13 In Überlassungsverträge werden häufig vertragliche Rückforderungsrechte vereinbart. Diese dienen als **Vorsorge** für wesentlichen Störungen im Verhältnis zwischen Übergeber und Übernehmer. Der Übergeber wird hierdurch in die Lage versetzt, unter den vereinbarten Umständen den Überlassungsgegenstand vom Übernehmer zurückzufordern. Rückforderungsrechte werden im Westlichen als **auflösende Bedingung**, als Widerrufsvorbehalt oder als vertragliches Rücktritts- bzw. Rückforderungsrecht vereinbart. Die vertraglich vereinbarten bzw. vorbehaltenen Rechte regeln unabhängig von den gesetzlichen Bestimmungen die Voraussetzung für die Rückabwicklung und die Rechtsfolgen des Rückerwerbs.[24]

14 Der Vorbehalt eines Rückforderungsrechts ist im Rahmen der Pflichtteilsergänzung zu berücksichtigen. Ist der Erblasser zum freien Widerruf seiner Schenkung berechtigt bzw. ist die Rückforderung allein vom Wollen des Erblassers abhängig, beginnt die Frist des § 2325 Abs. 3 BGB nicht zu laufen.[25] Liegen die das Rückforderungsrecht auslösenden Ereignisse außerhalb des Einflussbereichs des Schenkers, insbesondere bei „*klassischen Rückforderungsvorbehalten*" wie Scheidung, Tod, Veräußerung oder Belastung, beginnt die Frist des § 2325 Abs. 3 BGB in dem Augenblick zu laufen,

22 BGH, NJW 1985, 313; MittBayNot 2015, 317; OVG Schleswig, BeckRS 2017, 131017.
23 BGH, MittBayNot 2017, 472; OVG Schleswig, BeckRS 2017, 131017.
24 *Weidlich*, MittBayNot 2015, 193.
25 *Diehn*, DNotZ 2009, 68, 70.

in dem der Erblasser den Vermögensverlust erlitten hat, bei Grundstücksüberlassungen also mit Eintragung im Grundbuch.[26]

B. Pflichtteilsverzicht

Der Pflichtteilsverzichtsvertrag ist in § 2346 Abs. 2 BGB geregelt. Im BGB sind die meisten Verzichtserklärungen als einseitige Rechtsgeschäfte ausgestaltet. Bei dem Pflichtteilsverzichtsvertrag handelt es sich hingegen nach dem Verständnis des BGB um einen Vertrag zwischen dem Erblasser und dem Verzichtenden. 15

Ein **Vertrag** des Verzichtenden und einem Dritten ist kein Pflichtteilsverzichtsvertrag i.S.d. § 2346 BGB.[27] Innerhalb des Erbverzichtsvertrags ist entsprechend dem Wortlaut von § 2346 Abs. 1 BGB der Verzichtende der Verfügende, dessen Verfügung der Erblasser akzeptiert.[28] Durch den Verzicht geht der Erblasser keine schuldrechtliche Bindung ein. Vielmehr handelt es sich um eine Verfügung mit dinglichem Charakter. Durch die Verfügung wird bereits der Anfall der Erbschaft für den Verzichtenden verhindert. Da es sich um ein Rechtsgeschäft unter Lebenden und nicht eine Verfügung von Todes wegen handelt, greift § 2303 BGB für den Verpflichtungsgrund nicht ein. Eine Anfechtung würde demzufolge nach den Regelungen der §§ 119 ff. BGB erfolgen und nicht über die §§ 2078 ff. BGB.[29] 16

Gesetzlich geregelt ist bloß der Fall des Verzichts für das Grundgeschäft. Das entsprechende Kausalgeschäft dazu ist nicht gesetzlich geregelt. Früher wurde hierzu vertreten, dass es keiner causa bedarf. Dem steht heutzutage jedoch die h.M. entgegen, wonach auch für den Pflichtteilsverzichtsvertrag stets eine causa erforderlich ist, wie bei jedem anderen Verfügungsgeschäft auch.[30] Ist das Kausalgeschäft allerdings formell mangelhaft, wird dies durch formgerecht erklärten Verzichtsvertrag gem. § 311b Abs. 1 S. 2 BGB analog geheilt.[31] 17

26 *Herrler*, ZEV 2008, 526; *Diehn*, DNOtZ 2009, 68; *Weidlich*, MittBayNot 2015, 193, 195; a.A. OLG Düsseldorf, ZEV 2008, 525.
27 *Muscheler*, Erbrecht Bd. I, § 34 Rn 2332.
28 *Muscheler*, Erbrecht Bd. I, § 34 Rn 2334.
29 *Muscheler*, Erbrecht Bd. I, § 34 Rn 2335.
30 Grüneberg/*Weidlich*, BGB, § 2346 Rn 6.
31 Grüneberg/*Weidlich*, BGB, § 2346 Rn 6.

18 Der Erbverzichtsvertrag kann nur unter Lebenden geschlossen werden. Außerdem handelt es sich dabei um ein höchstpersönliches Geschäft für den Erblasser. Der Vertrag ist also mit ihm selbst zu schließen. Eine **Stellvertretung** ist nicht möglich, vgl. § 2347 S. 1 BGB, außer der Erblasser ist geschäftsunfähig. Dann ist gem. § 2347 S. 2 BGB eine Vertretung durch den gesetzlichen Vertreter zulässig. Nach § 2347 Abs. 1 BGB aF konnte sich der Verzichtende bei der Vereinbarung des Erbverzichts vertreten lassen, sofern unter Vormundschaft stand. Diese Passage wurde zum 1.1.2023 aus dem Gesetz gestrichen.[32] Was dies hinsichtlich der Vertretungsmöglichkeit des Verzichtenden bedeutet, ist unklar. Jedoch legt es den Schluss nahe, dass entsprechend des höchstpersönlichen Charakters des Verzichts beim Erblasser, § 2347 S. 1 Hs. 1 BGB, der Verzichtende den Verzicht nicht unter Stellvertretung erklären darf.

Hinweis

In formeller Hinsicht bedarf gem. § 2348 BGB der Vertrag nach § 2346, der Erbverzichtsvertrag, der notariellen Beurkundung, wobei eine gleichzeitige Anwesenheit der Beteiligten nicht erforderlich ist.[33]

19 Der wirksame Erbverzicht führt zur sog. **Vorversterbensfiktion**.[34] Dies meint, dass der Verzichtende vollständig von der Erbfolge ausgeschlossen wird, so als wenn er zum Zeitpunkt des Erbfalls nicht mehr leben würde. Demnach scheidet ein Anspruch auf den Pflichtteil aus. Allerdings ist es möglich, die verzichtende Person durch ein Testament oder ein Vermächtnis weiter aus dem Nachlass zu bedenken, da sich der Verzicht lediglich auf das gesetzliche Erbrecht bezieht.[35] Dadurch kommt es dazu, dass sich die gesetzliche Erbquote der anderen am Nachlass partizipierenden Personen und deren Pflichtteilsanspruch automatisch erhöht.[36] Ist diesbezüglich nichts anderes vereinbart, dann führt der Pflichtteilsverzicht dazu, dass neben den Pflichtteilsanspruch des Verzichtenden auch dessen Pflichtteilsergänzungsanspruch nicht zur Entstehung kommt.[37] Allerdings wird er bei der Berechnung der einzelnen Pflichtteilsansprüche der verbliebenen Berechtigten weiterhin berücksichtigt, im Unterschied zum Verzicht auf die gesamte Erb-

32 Artikel 1 G. v. 4.5.2021 BGBl I S. 882.
33 *Schlüter/Röthel*, Erbrecht, § 24 Rn 10.
34 BeckOK-BGB/*Litzenburger*, § 2346 Rn 29.
35 *Krauß*, Vermögensnachfolge in der Praxis, Rn 3763.
36 *Krauß*, Vermögensnachfolge in der Praxis, Rn 3764.
37 BeckOK-BGB/*Litzenburger*, § 2346 Rn 23.

schaft gem. § 2346 Abs. 1 BGB. Demnach wachsen im Falle eines Pflichtteilsverzichts die Pflichtteilsansprüche anderer berechtigter Personen bei einem Pflichtteilsverzicht gem. § 2346 Abs. 2 BGB nicht an.[38]

Bei dem Pflichtteilsanspruch handelt es sich um einen **reinen Geldzahlungsanspruch**.[39] Dementsprechend ist der Verzicht darauf in jeder Weise beschränkbar – wie eine Geldforderung. Das bedeutet, dass auch der Verzicht auf den Bruchteil des Pflichtteils- bzw. Pflichtteilsergänzungsanspruchs möglich ist, sowie der Verzicht auf einen Pflichtteilsrestanspruch gem. §§ 2305, 2307 BGB oder auf den Pflichtteilsergänzungsanspruch nach §§ 2325 ff. BGB. Ein wirksam erklärter Verzicht hat jedoch keinerlei Auswirkungen auf den Ausgleichspflichtteil nach § 2316 BGB.[40] Darüber hinaus besteht die Möglichkeit, einen gegenständlich beschränkten Pflichtteilsverzicht zu erklären, sofern dieser Gegenstand bei der späteren Berechnung nicht Teil des Nachlasses ist. Dabei kann es sich beispielweise um den Überlassungsgegenstand handeln. 20

Im Rahmen eines beschränkten Pflichtteilsverzichts gilt es zu berücksichtigen, dass hiervon auch der Ausgleichspflichtteil nach § 2316 BGB erfasst ist und nicht nur der Pflichtteilsergänzungsanspruch nach § 2325 BGB. 21

Sofern Pflichtteilsverzichte innerhalb der vorweggenommenen Erbfolge erklärt werden, ergeben sich hieraus grds. keine Probleme, da der Umfang des Verzichts geregelt ist und nicht zu erwarten ist, dass sich für die Zukunft diesbezüglich Veränderungen ergeben können.[41]

Sofern die Verpflichtung zum Erbverzicht ohne Vereinbarung einer Gegenleistung stattfindet, handelt es sich dabei nach h.M. nicht um eine Schenkung i.S.d. § 516 BGB (sog. unentgeltlicher Erbverzicht), da lediglich eine Erwerbschance aufgegeben wird und kein bestehendes subjektives Recht.[42] Enthält das Kausalgeschäft neben der Vereinbarung des Erbverzichts noch eine Verpflichtung des Verzichtenden zu einer Leistung, liegt ein sog. entgeltlicher Erbverzicht vor. 22

38 BeckOK-BGB/*Litzenburger*, § 2346 Rn 30.
39 MüKoBGB/*Lange*, § 2303 Rn 17.
40 *Mayer*, ZEV 2000, 263.
41 *Mayer*, ZEV 2000, 263, 264.
42 *Muscheler*, Erbrecht Bd. I, § 34 Rn 2340.

23 ▼

Muster 7.1: Pflichtteilsverzichtsvertrag

7.1 **Notarieller Urkundseingang**

Auf Antrag beurkunde ich folgende Erklärungen:

I. … erklärte:

Ich bin der Sohn des heute erschienenen ….

Ich verzichte daher mit Wirkung für mich und für meine Abkömmlinge meinem Vater, …, gegenüber gegenständlich beschränkt auf mein gesetzliches Pflichtteilsrecht. Der Verzicht umfasst insbesondere auch etwaige Pflichtteilsergänzungsansprüche und einen eventuellen Ausgleichspflichtteil. Der Pflichtteilsverzicht ist insoweit gegenständlich beschränkt, als dass er nur sämtlichen vorhandenen Grundbesitz des … bei dessen Ableben oder zuvor zu Lebzeiten des … von diesem ganz oder teilweise an Dritte veräußerten Grundbesitz des …, insbesondere dessen Hausgrundstück in …, Flurstück. …, eingetragen im Grundbuch von … des Amtsgerichts …, Blatt …, erfasst, sodass diese Gegenstände als nicht zum Nachlass gehörend anzusehen sind. Diese Gegenstände sind daher zur Berechnung für Pflichtteilsansprüche aller Art einschließlich von Pflichtteilsergänzungsansprüchen nicht für die Berechnungsgrundlage heranzuziehen.

Das gesetzliche Erbrecht und das Pflichtteilsrecht am übrigen Nachlass bleiben bestehen.

II. Ich, …, nehme diesen Verzicht an.

…

[*Schlussvermerk, Unterschriften*][43]

▲

43 *Eckert/Ludwig*, FormularBibliothek Vertragsgestaltung – Erbrecht, § 2 Rn 224.

§ 8 Kostenrecht

Roy Richter

A. Vorbemerkung

Notare erheben ihre Kosten (Gebühren und Auslagen) **ausschließlich** auf der Grundlage des Gerichts- und Notarkostengesetzes (GNotKG). 1

Abweichende Vereinbarungen über die Höhe der Gebühren sind **unzulässig** (§ 17 Abs. 1 BNotO) und unwirksam; § 125 GNotKG. Der Notar kann damit auch nicht an eine unzutreffende Kostenauskunft („Voranschlag") gebunden sein. Eine Überhöhung der Gebühren ist strafrechtlich relevant; § 352 StGB. 2

Die Gebühren der Notare sind im Wesentlichen **Wertgebühren**, d.h., sie richten sich nach dem Wert des beurkundeten Rechtsverhältnisses; § 97 GNotKG. 3

Zur Bestimmung des Wertes des Geschäftsgegenstandes (= Beurkundungsgegenstand, = Wert des Rechtsverhältnisses, = Geschäftswert) enthält das GNotKG **Wertvorschriften und Bewertungsvorschriften**. Sie finden sich zunächst in Kapitel 1, Abschnitt 7, geltend sowohl für die Gerichte als auch für die Notariate. Darüber enthält das Kapitel 3 im Abschnitt 4 speziell für Notare weitere Wertvorschriften.

Die Höhe einer Gebühr bei einem bestimmten **Geschäftswert** richtet sich nach § 34 GNotKG, getrennt für die Gerichte, Tabelle A und für die Notare, Tabelle B. Daneben gibt es Fest- und Rahmengebühren. 4

Der Gebührensatz wird im **Kostenverzeichnis** bestimmt, wobei der Teil 2 die Notargebühren enthält. Der Teil 3 regelt im Hauptabschnitte 2 die Auslagen der Notare. 5

> *Hinweis* 6
>
> Gegenstand dieser Einführung ist nicht die Vermittlung eines umfassenden Überblicks über das Notarkostenrecht, sondern im Weiteren die Darstellung der Teile des Kostenrechts, die **unmittelbaren Bezug zu Überlassungsverträgen** haben, wobei vorrangig die Bewertung der in diesem Buch vorgestellten Muster abgebildet werden soll.

B. Gebührensatz

7 Überlassungsverträge lösen eine 2,0 Gebühr nach Nr. 21100 KV GNotKG aus.

Werden lediglich **dingliche Erklärungen**, z.B. die Auflassung erklärt, so reduziert sich dieser Gebührensatz, wenn der Notar für die Beurkundung des Verpflichtungsgeschäftes bereits eine Gebühr nach Nr. 21100 KV GNotKG erhalten hat, auf 0,5 gem. Nr. 21101 Nr. 2 KV GNotKG. Nimmt diese Beurkundung der Auflassung ein anderer Notar vor, so beträgt der Gebührensatz gem. Nr. 21102 Nr. 1 KV GNotKG 1,0.

8 Werden „flankierende" Erklärungen zwar im Zusammenhang mit der Überlassung, aber außerhalb der Übertragungsurkunde beurkundet, so handelt es sich um ein anderes Beurkundungsverfahren; § 85 GNotKG. Für jedes Verfahren (jede Urkunde) entstehen die Gebühren **gesondert**.

C. Geschäftswert

9 Der Geschäftswert bei der Beurkundung von Verträgen bestimmt sich nach dem **Wert des Rechtsverhältnisses**, das Gegenstand der Beurkundung ist; § 97 Abs. 1 GNotKG. Dieser Wert bestimmt sich allgemein nach § 36 Abs. 1 GNotKG. Gegenstand von Überlassungsverträgen in der notariellen Praxis ist die **Übertragung von Grundstücken**. Für die Bewertung von Grundstücken ist § 46 GNotKG als **Spezialvorschrift** einschlägig, sodass § 36 Abs. 1 GNotKG zurücktritt.

10 Nach § 46 Abs. 1 GNotKG ist als Wert eines Grundstücks der **Verkehrswert** maßgeblich. Da dieser nur in einem ausgewogenen Kaufvertrag offen zutage tritt, und zum Zeitpunkt einer Überlassung selten vorliegt, muss er bestimmt, also ermittelt, werden; § 46 Abs. 2 GNotKG. Das Gesetz nennt als maßgebliche Erkenntnisquellen neben dem Inhalt des Geschäfts die Angaben der Beteiligten, sonstige amtlich bekannte Tatsachen, Vergleichswerte aufgrund amtlicher Auskunft sowie offenkundige Tatsachen. Es lässt nach § 46 Abs. 3 GNotKG auch die Verwendung von im Grundbuch eingetragenen Belastungen, aus den Grundakten ersichtliche Tatsachen und Vergleichswerte sowie für den Zweck der Besteuerung festgesetzte Werte zu; § 46 Abs. 3, S. 2 GNotKG. Sofern vorhanden können Gutachten verwendet, solche jedoch nicht in Auftrag gegeben werden. Eine Beweisaufnahme schließt das Gesetz aus; § 46 Abs. 4 GNotKG.

Die wichtigsten Erkenntnisquellen sind dabei die **Beteiligten**. Diese sind zur Mitwirkung an der Wertermittlung verpflichtet und müssen hierzu vollständige und wahrheitsgemäße Angaben machen; § 95 S. 1 und 2 GNotKG. 11

Hinweis

Kommen sie dieser Pflicht nicht oder nicht vollständig nach, so ist der Notar verpflichtet, den Wert nach **billigem Ermessen** zu schätzen; § 95 S. 3. Grundlage dieser Schätzung sind dabei alle Angaben, die dem Notar zum Zeitpunkt der Erstellung der Kostenberechnung vorliegen. Er ist nicht verpflichtet, aufgrund nach dem Erhalt der Kostenberechnung von den Beteiligten vorgelegten Unterlagen oder Angaben seine Rechnung zu korrigieren. Auch Gerichte könne die Rechnung nur dann aufheben, wenn ein **Ermessensfehler** des Notars vorliegt, wobei auch hier auf den o.g. Zeitpunkt abzustellen ist.[1]

Als **Vergleichswerte** kommen zeitnah beurkundete Verfügungen über denselben Vertragsgegenstand oder in der Nähe gelegene, ähnlich beschaffene und ausgestattete Grundstücke bzw. Gebäude in Betracht. Dabei kann es sich um eigene oder in den Grundakten befindliche fremde Urkunden handeln. Weitere Anhaltspunkte liefern die Bodenrichtwerte, die Brandversicherungswerte, ggf. durch das Finanzamt zur Besteuerung festgesetzte Werte (z.B. für die Schenkungssteuer), sowie bereits gerichtlich festgestellte Werte, etwa in einem früheren Beschwerdeverfahren. 12

Wichtig!

Der Grundsteuermessbetrag ist nicht identisch mit dem Verkehrswert und kann nicht als solcher herangezogen werden. Die Weitergabe von steuerlichen Werten stellt dabei ausdrücklich keine Verletzung des Steuergeheimnisses dar; § 46 Abs. 3 S. 2 GNotKG.

Der Wert des Vertragsgegenstandes ist stets maßgeblich, wenn die Übertragung **unentgeltlich** erfolgt. Erfolgt die Übertragung entgeltlich, so ist der **Vergleich** der ausgetauschten Leistungen zwingend; § 97 Abs. 3 GNotKG. Hier **unterscheidet** sich der Überlassungsvertrag vom Kaufvertrag, bei dem zunächst der Kaufpreis maßgeblich ist und der Grundstückswert festgestellt werden muss, wenn es Anhaltspunkt gibt, dass er den Kaufpreis im Betrag übersteigt; § 47 S. 3 GNotKG. 13

1 OLG Düsseldorf, NotBZ 2019, 219.

14 Besonderheiten gelten bei der Übertragung eines landwirtschaftlichen Betriebes mit **Hofstelle**.

15 Sind die Voraussetzungen erfüllt, handelt es sich also um einen landwirtschaftlichen Betrieb mit Hofstelle (zu der **zwingend** auch ein Wohnhaus gehört) und wird diese zur Weiterführung an eine natürliche Person (nicht Personengesellschaft) übertragen, so beträgt der kostenrechtliche Wert die **Hälfte des Grundsteuerwertes**; § 48 Abs. 1 GNotKG.

D. Leistungen des Erwerbers (Gegenleistungen)

16 Erbringt der Erwerber eine oder mehrere Gegenleistungen, so handelt es sich um einen **Austauschvertrag**. Die Werte der ausgetauschten Leistungen sind zu **vergleichen**. Die höhere (Gesamt-)Leistung bildet dann den Geschäftswert der Urkunde; § 97 Abs. 3 GNotKG.

Gegenleistungen können u.a. sein:
- Schuldübernahmen (schuldrechtlich zur weiteren Erfüllung),
- Geldzahlungen an den Übergeber,
- Wohnungs-, Nutzungs- und Auszugsrechte,
- Wart und Pflege des Übergebers,
- Beerdigungskosten und Grabpflege,
- Veräußerungs- und Belastungsverbot,
- Rückübertragungsverpflichtung,
- Herauszahlungen an Pflichtteilsberechtigte (oder andere Dritte).

17 *Hinweis*

Diese Werte dieser Leistungen sind einzeln, jeweils nach Vorschriften des GNotKG festzustellen. Der Vergleich nach § 97 Abs. 3 GNotKG erfolgt dann zwischen der Summe der Werte aller Leistungen und dem Wert des Übertragungsgegenstandes.

E. Mehrere Erklärungen in einer Urkunde

18 Grundsätzlich sind alle Rechtsverhältnisse in einer Urkunde verschiedene Beurkundungsgegenstände; § 86 Abs. 2 GNotKG. Dabei stellt § 86 Abs. 1 GNotKG klar, dass Beurkundungsgegenstand das Rechtsverhältnis ist, auf das sich die Erklärung **bezieht**.

19 Im Überlassungsvertrag ist regelmäßig nur ein Beurkundungsgegenstand gegeben, wenn lediglich **schuldrechtliche Erklärungen** beurkundet werden.

Dabei ist zu beachten, dass etwaige als **Gegenleistung** eingeräumte Rechte (z.B. Wohnungs- bzw. Nutzungsrechte) **Inhalt** des Vertrags sind und hier keine eigenständigen Erklärungen darstellen. Anderes gilt für die dazugehörigen **dinglichen Erklärungen**, insoweit es sich dabei um subjektiv-dingliche Rechte (Grunddienstbarkeiten) handelt; § 110 Nr. 2b GNotKG.

Grundsätzlich sind **mehrere Rechtsverhältnisse verschiedene Beurkundungsgegenstände** mit der Folge, dass jedes Rechtsverhältnis (= Beurkundungsgegenstand) eine eigene Gebühr auslöst. Ausgenommen davon sind die Fälle des § 109 GNotKG. 20

Danach sind mehrere Rechtsverhältnisse, die zueinander in einem **Abhängigkeitsverhältnis** stehen, derselbe Beurkundungsgegenstand; § 109 Abs. 1 S. 1 GNotKG. Ein solches Abhängigkeitsverhältnis liegt nur dann vor, wenn das andere Rechtsverhältnis der **Erfüllung, Sicherung oder sonstigen Durchführung** des einen Rechtsverhältnisses (= **Hauptgeschäft**) dient; § 109 Abs. 1 S. 2 GNotKG. Dies gilt auch für die Erklärungen Dritter oder die Erklärungen von Beteiligten zugunsten Dritter; § 109 Abs. 1 S. 3 GNotKG. 21

> *Hinweis*
>
> Als Ausnahmeregelung ist diese Vorschrift **eng** auszulegen. Dabei soll die nicht abschließende Aufzählung in § 109 Abs. 1 S. 4 GNotKG als Richtlinie dienen.

Besondere Fälle, in denen die Einordnung schwerfällt oder § 109 Abs. 1 GNotKG ausdrücklich keine Anwendung finden soll, hat der Gesetzgeber in §§ 110, 111 GNotKG geregelt. Auch hier handelt es sich nicht um Generalklauseln, sondern um einige wenige **Ausnahmen**. Die Praxis zeigt jedoch, dass auch hier nicht alles so eindeutig ist, wie es scheint und sein sollte. 22

Klassisches Beispiel für eine weitere Erklärung ist im Überlassungsvertrag die **Auflassung**. Sie kann nicht Inhalt des schuldrechtlichen Vertrages sein und stellt damit ein weiteres Rechtsverhältnis dar (§ 86 Abs. 2 GNotKG). Allerdings dient die Auflassung der dinglichen Erfüllung der aus dem Übergabevertrag folgenden **Eigentumsverschaffungspflicht** des Übergebers. Sie steht somit in einem Abhängigkeitsverhältnis i.S.v. § 109 Abs. 1 GNotKG und ist derselbe Beurkundungsgenstand. 23

Entsprechendes gilt auch für die **Löschungsbewilligung** eines Nutzungsrechts seitens des Veräußerers, wenn er den Vertragsgegenstand lastenfrei verspricht, da auch diese Erklärung (Löschungsbewilligung) der Durchfüh- 24 rung dient. Anders liegt der Fall, wenn sich die Löschung eines entsprechenden Rechts nicht auf den Vertragsgegenstand beschränkt, sondern hierüber hinausgeht, das Recht an weiteren Grundstücken oder Grundstücksteilen gelöscht werden soll.

Beispiel

Übertragung eines hälftigen Miteigentumsanteils, aber Löschung des auf allen Miteigentumsanteilen lastenden Grundpfandrechts.

25 Ist § 109 Abs. 1 GNotKG einschlägig, so wird im Überlassungsvertrag nur die Gebühr nach Nr. 22110 KV GNotKG aus dem Wert des Hauptgeschäfts erhoben. Ein eventuell höherer Wert des abhängigen Rechtsgeschäfts ist unbeachtlich und der Gebührensatz übersteigt in keinem Fall die 2,0 des Hauptgeschäftes.

26 Weitere Rechtsverhältnisse mit demselben Beurkundungsgegenstand sind insbesondere:

- Zustimmungserklärungen (z.B. nach § 1365 BGB),
- Pfandentlassungs- und Löschungserklärungen für ausschließlich am Vertragsgegenstand lastende Rechte (auch Erklärungen Dritter zu Rechten in Abteilung zwei),
- Zwangsvollstreckungsunterwerfung des Übernehmers wegen gegenüber dem Übergeber eingegangenen Zahlungsverpflichtungen,
- Bauvorbereitungs- und Belastungsvollmachten (allgemeine Vorwegnahme der Eigentümerstellung),
- Erklärungen zur Eintragung und Löschung der Vormerkung für den Erwerber,
- Erklärungen zur Eintragung von Rechten zur Sicherung der vereinbarten Gegenleistungen (z.B. Wohnungsrechte, Reallasten).

27 §§ 110, 111 GNotKG regeln Fälle, in denen § 109 GNotKG einschlägig ist (§ 110 GNotKG) oder einschlägig sein könnte (§ 111 GNotKG) und bestimmen, dass in diesen Fällen die Bewertung nach § 86 Abs. 2 GNotKG erfolgt.

Im Überlassungsvertrag kommen hier insbesondere infrage:

- Erklärungen zur Finanzierung der Gegenleistung gegenüber Gläubigern; § 110 Nr. 2a GNotKG,
- eine Rechtswahl; § 111 Nr. 4 GNotKG,
- ehevertragliche Regelungen, § 111 Nr. 5 GNotKG.

Typische Rechtsverhältnisse mit einem verschiedenen Beurkundungsgegenstand bei der **Grundstücksüberlassung** sind insbesondere: 28

- Grundbuchberichtigung zur Voreintragung der Veräußerer (auch im Erbfall),
- Miteigentümervereinbarungen zwischen den Erwerbern,
- Mietvertrag (auch zwischen Übergeber und Erwerber),
- Lastenfreistellungserklärungen, die über den unmittelbaren Vertragsgegenstand hinausgehen (auch bei Übertragung eines Anteils auf einen Miteigentümer und Löschung am gesamten Grundstück),
- Schuldübernahme sowie Zwangsvollstreckungsunterwerfung des Erwerbers gegenüber dem Gläubiger (gleich, ob das Recht noch valutiert oder nicht, auch wenn die Übernahme der Zahlungsverpflichtung Teil der Gegenleistung ist),
- Pflichtteilsverzichte weichender Erben (auch wenn die Gegenleistung für den Verzicht als Herauszahlung „übers Eck“ vom Erwerber aufgebracht wird),
- Zuwendung eines Wohnungs- oder Nutzungsrechts an den Partner des Übergebers (gleich, ob Ehe oder nicht, auch wenn aufschiebend und auflösend bedingt),
- bei Übertragung von Beteiligungen an einer eGbR die Anmeldung zum Gesellschaftsregister (§ 111 Nr. 3 GNotKG),
- Weiterübertragung des Vertragsgegenstandes ganz oder teilweise an einen Dritten (z.B. Ehepartner).

In diesen Fällen sind die Erklärungen kostenrechtlich **jeweils für sich** zu betrachten. Unterliegen alle demselben Gebührensatz, so ist die 2,0 Gebühr nur **einmal** aus der Summe aller Werte zu erheben, § 35 Abs. 1 GNotKG. 29

Sind unterschiedliche Gebührensätze einschlägig, ist eine **Vergleichsberechnung** nach § 94 Abs. 1 GNotKG vorzunehmen (höchster Gebührensatz aus der Summe der Werte oder Summe der „einzelnen Gebührensätze“). Maßgeblich ist die für die Beteiligten **günstigere** Berechnung.

Beispiel: Grundbuchberichtigung aufgrund Erbfolge auf den Übergeber im Überlassungsvertrag

Beide Erklärungen sind mangels eines Abhängigkeitsverhältnisses verschiedene Beurkundungsgegenstände. Ist die Erbfolge am gesamten Grundstück einzutragen, ist als Geschäftswert der volle Grundstückswert maßgeblich. Zu erheben ist ein 0,5 Gebühr; Nr. 21201 Nr. 4 KV

GNotKG. Für den Überlassungsvertrag entsteht eine 2,0 Gebühr ebenfalls aus dem vollen Grundstückswert.

Beträgt der Grundstückswert 400.000 EUR, so ergibt sich folgende Vergleichsberechnung:

Variante a)

2,0 nach Nr. 21100 KV GNotKG aus 400.000 EUR	1.570,00 EUR
0,5 nach Nr. 21201 Nr. 4 KV GNotKG aus 400.000 EUR	392,50 EUR
Summe	**1.962,50 EUR**

Variante b)

2,0 nach Nr. 21100 KV GNotKG aus 800.000 EUR	2.830,00 EUR

Ergebnis: Maßgeblich nach § 94 Abs. 1 ist hier die getrennte Bewertung nach Variante a).

30 *Beispiel: Grundbuchberichtigung aufgrund eines Namenswechsels*

Ist die Grundbuchberichtigung lediglich aufgrund eines Namenswechsels, z.B. infolge einer Eheschließung, erforderlich, ändern sich also nicht die Eigentumsverhältnisse, so ist hier ein Teilwert aus dem Grundstückswert (231.000 EUR) maßgeblich. Ein Betrag von 10 % des Grundstückswertes wird regelmäßig nicht beanstandet. In einem solchen Fall könnte sich die nachfolgende Berechnung ergeben:

Variante a)

2,0 nach Nr. 21100 KV GNotKG aus 231.000 EUR	1.070,00 EUR
0,5 nach Nr. 21200 KV GNotKG aus 23.100 EUR	57,50 EUR
Summe	**1.127,50 EUR**

Variante b)

2,0 nach Nr. 21100 KV GNotKG aus 254.100 EUR	1.070,00 EUR

Ergebnis: In diesem Fall ist die Variante b) für den Kostenschuldner günstiger.

31 Davon zu unterscheiden sind die – seltenen – Fälle, in denen die einzelnen Erklärungen in der Urkunde **keinen sachlichen Bezug zueinander** haben. Liegt dies vor, so sind die Gebühren so zu erheben, als wären **getrennte Urkunden** aufgenommen worden; § 93 Abs. 2 GNotKG.

F. Vollzugsgebühr

Der Geschäftswert der Vollzugsgebühr richtet sich nach dem Wert des **zugrundeliegenden Beurkundungsverfahrens**; § 112 GNotKG. Dies gilt auch, wenn nur für einen Teil der Urkunde entsprechende Tätigkeiten erforderlich sind bzw. entfaltet werden. 32

Eine Vollzugsgebühr ist immer dann zu erheben, wenn **auftragsgemäß** eine der Tätigkeiten ausgeführt wird, die unter Vorbemerkung 2.2.1.1 Abs. 1 S. 2 KV GNotKG genannt sind. Es handelt sich dabei um einen **abschließenden Katalog**.

> *Wichtig!*
>
> Für Tätigkeiten, die im Zusammenhang mit einem beurkundungspflichtigen Geschäft stehen, keine Betreuungstätigkeit sind, und nicht in diesem Katalog aufgeführt sind, können keine Gebühren erhoben werden.

Typische Vollzugstätigkeiten beim Überlassungsvertrag sind: 33

- die Einholung und Prüfung behördlicher Genehmigungen (z.B. nach GrdstVG); Vorbemerkung 2.2.1.1 Abs. 1 S. 2 Nr. 1 KV GNotKG,
- die Einholung und Prüfung einer Entscheidung des Familien-, Betreuungs- oder Nachlassgerichtes; Vorbemerkung 2.2.1.1 Abs. 1 S. 2 Nr. 4 KV GNotKG,
- die Anforderung und Prüfung einer Vollmachtbestätigung oder privatrechtlichen Zustimmungserklärung; Vorbemerkung 2.2.1.1 Abs. 1 S. 2 Nr. 5 KV GNotKG,
- Die Anforderung und Prüfung einer Zustimmung zu einer Schuldübernahme oder Entlassung aus der Haftung; Vorbemerkung 2.2.1.1 Abs. 1 S. 2 Nr. 8 KV GNotKG,
- Die Anforderung und Prüfung von Löschungserklärungen; Vorbemerkung 2.2.1.1 Abs. 1 S. 2 Nr. 9 KV GNotKG.

Zu erheben ist grundsätzlich eine 0,5 Gebühr; Nr. 22110 KV GNotKG. Werden nur Unterlagen oder Erklärungen nach Vorbemerkung 2.2.1.1 Abs. 1 S. 2 Nr. 1 KV GNotKG oder Vorbemerkung 2.2.1.1 Abs. 1 S. 2 Nr. 2 KV GNotKG eingeholt und geprüft, so reduziert sich diese Gebühr auf einen Betrag von 50 EUR für jede dieser Tätigkeiten; Nr. 22112 KV GNotKG. Die 0,5 Gebühr darf aber auch bei mehreren abrechenbaren Tätigkeiten nicht überschritten werden. Die Vollzugsgebühr wird stets auf den gesamten (kumulierten) Wert erhoben, nicht lediglich in Bezug auf den Hauptwert. 34

35 Mit der Vollzugsgebühr ist im Falle des Einholens einer Vollmachtbestätigung oder Zustimmung die Erstellung und Übersendung eines Entwurfs der entsprechenden Erklärung abgegolten („Vollzugsentwurf"); Vorbemerkung 2.2 Abs. 2 KV GNotKG. Allerdings ist die erste Beglaubigung einer Unterschrift darunter nicht kostenfrei, denn die Gebührenfreiheit nach Vorbem. 2.4.1 KV GNotKG setzt voraus, dass eine Entwurfsgebühr erhoben wurde. Dies ist hier nicht der Fall.

36 Die Vollzugsgebühr wird grundsätzlich nur **einmal** erhoben; § 93 Abs. 1 GNotKG.

Nur wenn eine **XML-Strukturdatei** erstellt werden muss, wird, wenn bereits eine Vollzugsgebühr nach den obigen Ausführungen erhoben wurde, eine weitere Vollzugsgebühr mit einem Gebührensatz von 0,1 kraft ausdrücklicher gesetzlicher Anordnung erhoben; Nr. 22115 KV GNotKG. Stellt die Erstellung der XML-Datei den einzigen Vollzugstatbestand dar, so beträgt der Gebührensatz 0,2; Nr. 22114 KV GNotKG.

37 Mit Ausnahme der Gebühr für die Erstellung der XML-Datei ist stets ein **Auftrag** erforderlich. Liegt ein solcher nicht vor, entsteht die Gebühr nicht. An den Auftrag sind keine besonderen Anforderungen gestellt. Er kann in, aber auch außerhalb der Urkunde formfrei gestellt werden. Die Auftragserteilung kann sogar vor der Beurkundung in Vorbereitung darauf erteilt werden. Allerdings muss er im Streitfall nachgewiesen werden. Die **Beweislast** liegt dabei beim Notar.

G. Betreuungsgebühr

38 Der Geschäftswert der Betreuungsgebühr richtet sich nach dem Wert des zugrundeliegenden Beurkundungsverfahrens; § 113 Abs. 1 GNotKG. Dies gilt auch, wenn nur für einen Teil der Urkunde entsprechende Tätigkeiten erforderlich sind bzw. entfaltet werden.

Eine Betreuungsgebühr ist immer dann zu erheben, wenn auftragsgemäß eine der Tätigkeiten ausgeführt wird, die unter Nr. 22200 KV GNotKG genannt sind. Es handelt sich dabei um einen abschließenden Katalog.

> *Wichtig!*
>
> Für Tätigkeiten, die im Zusammenhang mit einem beurkundungspflichtigen Geschäft stehen, keine Vollzugstätigkeit sind und nicht in diesem Katalog aufgeführt sind, können keine Gebühren erhoben werden.

Typische Vollzugstätigkeiten beim Überlassungsvertrag sind: 39

- bei vereinbarten Zahlungen das Vorliegen bestimmter Voraussetzungen mitzuteilen; Nr. 22200 Nr. 4 KV GNotKG,
- die Urkunde bis zum Nachweis von Zahlungen oder dem Vorliegen anderer Bedingungen (z.B. Genehmigung der Schuldübernahme durch die Gläubigerin) nicht dem Grundbuchamt zur Eigentumsumschreibung vorzulegen; Nr. 22200 Nr. 3 KV GNotKG.

Zu erheben ist stets eine 0,5 Gebühr. Auch wenn mehrere Tätigkeiten auszuführen sind, entsteht diese Gebühr nur **einmal**; § 93 Abs. 1 GNotKG. Sind jedoch **Auflagen Dritter** zu erfüllen, z.B. Löschungserklärungen bis zum Nachweis der Tilgung der Restschuld nicht dem Grundbuchamt vorzulegen, so entsteht hierfür eine Treuhandgebühr; Nr. 22201 KV GNotKG. 40

Der **Geschäftswert** richtet sich dabei nach dem **Sicherungsinteresse** des Gläubigers; § 113 Abs. 2 GNotKG. Maßgeblich ist nicht der Zeitpunkt der Beurkundung, sondern der Zeitpunkt der Verwendung der Unterlage. Wird die Gebühr für diese Tätigkeit als Vorschuss erhoben, ist Vorsicht geboten, denn oft erfolgen zwischen Beurkundung und Umschreibungsreife weitere Tilgungsleistungen, wodurch sich die Höhe der Restschuld und damit das Sicherungsinteresse verringern.

Für die abrechenbare Ausführung der Betreuungstätigkeit ist stets ein **Auftrag** erforderlich. Liegt ein solcher nicht vor, entsteht die Gebühr nicht. An den Auftrag sind keine besonderen Anforderungen gestellt. Er kann in, aber auch außerhalb der Urkunde **formfrei** gestellt werden. Die Auftragserteilung kann sogar vor der Beurkundung in Vorbereitung darauf erteilt werden. Allerdings muss er im Streitfall nachgewiesen werden. Die **Beweislast** liegt dabei bei dem Notar. 41

§ 9 Steuerrecht

Dr. Arne Hahner

Systematische Hinweise 1

Der Überlassungsvertrag, der in den vorherigen Kapiteln für das Zivilrecht näher definiert wurde, stellt sich auch für das Steuerrecht im Grunde genommen als eine **unentgeltliche Zuwendung von Vermögen**, also eine Schenkung, dar.

Die steuerrechtliche Beurteilung eines solchen Vorganges richtet sich einerseits nach der Frage, ob hier eine jeweils „reine" Schenkung, also eine **vollständig unentgeltliche** Vermögungsübertragung gegeben ist, oder eine teil- bzw. sogar vollentgeltliche Übertragung vorgenommen wurde. Letztere wird entsprechend den zivilrechtlichen Ausführungen als gemischte Schenkung oder Kauf anders beurteilt.

Darüber hinaus ist für das Steuerrecht festzustellen, dass verschiedene Rechtsgebiete des Steuerrechts angesprochen werden, die jeweils für jeden einzelnen Schenkungsfall genau zu prüfen sind. So können unentgeltliche Vermögensübertragungen einkommensteuerliche Rechtsfolgen haben, einer **schenkungsteuerliche** Betrachtung unterfallen, oder bei Beteiligung von Immobilien auch **grunderwerbsteuerliche** Rechtsfolgen nach sich ziehen. Diese Rechtsgebiete sind daher getrennt voneinander zu betrachten, im Beratungsansatz müssen sie jedoch kumulativ und vollständig abgeprüft werden. Auf mögliche umsatzsteuerliche Implikationen wird in diesem Abschnitt der Vollständigkeit halber lediglich hingewiesen.

A. Einkommensteuer

I. Schenkung – Einkommensteuerliche Tatbestände

1. Allgemeine Hinweise

Der notarielle Überlassungsvertrag muss dahingehend überprüft werden, ob die schenkweise Überlassung einen einkommensteuerlichen Tatbestand erfüllt. Davon ausgehend, dass die **persönliche Steuerpflicht** gem. § 1 EStG gegeben ist, ist der Vorgang näher zu überprüfen. Persönlich steuerpflichtig 2 sind natürliche Personen, die ihren Wohnsitz oder gewöhnlichen Aufenthalt im Inland haben, § 1 Abs. 1 S. 1 EStG. Auf die ebenfalls denkbare beschränkte Einkommensteuerpflicht ist nachrichtlich hinzuweisen.

Vorgänge, wie die Überlassung einer Immobilie im Wege einer Schenkung an eine natürliche Person mit inländischem Wohnsitz (§ 8 AO) oder gewöhnlichen Aufenthalt im Inland (§ 9 AO) bzw. unter den Voraussetzungen der beschränkten Steuerpflicht gem. § 1 Abs. 4 EStG können einkommensteuerlich relevant sein.

2. Einkommensteuerliche Zielsetzungen

3 In der Literatur wird darauf hinwiesen, dass die beschriebene schenkweise Überlassung von Grundvermögen auf verschiedentliche einkommensteuerliche Zielsetzungen ausgerichtet sein kann. So ist es dem Schenker, der möglicherweise einer hohen einkommensteuerlichen Progression unterliegt, auf diesem Wege möglich, dem Beschenkten Einkommensquellen zukommen zulassen, die bei dem Beschenkten einer niedrigeren Progression unterliegen, und z.B. bei dem Beschenkten durch die Nutzung von Freibeträgen insgesamt niedriger besteuert werden können.[1] Allerdings ist auch festzustellen, dass bereits durch das Jahressteuergesetz 2008 (JStG 2008) der damals noch mögliche Sonderausgabenabzug im Bereich des überlassenen steuerlichen Privatvermögens aus dem Einkommensteuergesetz getilgt wurde.[2] Dennoch kann durch die Überlassung von Grundvermögen zu Lebzeiten im Wege der Schenkung eine Kumulation von stillen Reserven beim Schenker, der möglicherweise über mehrere Immobilien mit erheblichem Wert verfügt, vermieden werden: Die nach der Beurkundung entstehenden weiteren stillen Reserven in der Immobilie fallen dann beim Beschenkten an.[3]

3. Privates Veräußerungsgeschäft gem. § 23 EStG

4 § 23 EStG stellt in seiner Grundaussage darauf ab, dass ein Veräußerungsgeschäft von Grundstücken gegeben ist, bei denen der Zeitraum zwischen Anschaffung und Veräußerung nicht mehr als zehn Jahre beträgt.[4] Eine kürzere Frist ist lediglich dann vorgesehen, wenn die Immobilie im Veräuße-

1 *Spiegelberger*, S. 88 ff. m.w.N.
2 *Spiegelberger*, S. 90.
3 *Spiegelberger*, S. 90 m.w.N.
4 § 23 Abs. 1. Nr. 1 EStG.

rungsjahr und in den zwei vorausgegangenen Jahren zu eigenen Wohnzwecken verwendet wurde, s. § 23 Abs. 1 Nr. 1 S. 3 EStG.

Bei einer Überlassung in Form einer Schenkung ist die Frage, ob der oben benannte Tatbestand erfüllt ist (s. Rdn 4), nicht näher zu überprüfen, da kein Veräußerungsgeschäft im Sinne des Einkommensteuerrechts gegeben ist. 5

Es kommt also entscheidend darauf an, dass der Erwerb **unentgeltlich** ist, denn hier ist dem Einzelrechtsnachfolger gem. § 23 Abs. 1 S. 3 EStG die Anschaffung durch den Vorgänger zuzurechnen. 6

Wird somit im Rahmen des Überlassungsvertrages die Immobilie schenkweise übertragen, ist auf die erwähnte Zurechnung eventueller **Haltefristen** hinzuweisen, außerdem findet eine steuerliche Neuzurechnung der Immobilie gem. § 39 AO an den neuen Eigentümer statt.

4. Schenkungen unter Vorbehalt des Nießbrauchs

Wird eine Immobilie, unabhängig davon, ob es sich um eine Eigentumswohnung, ein Einfamilienhaus, oder ein Mietwohngrundstück handelt, unter dem Vorbehalt des Nießbrauchs verschenkt, gelten einkommensteuerlich folgende Grundsätze. 7

Zwar ist die Immobilie gem. § 39 AO nunmehr dem Eigentümer zuzurechnen, dennoch verbleiben beim **Vorbehaltsnießbrauch** die Früchte steuerlich gesehen beim Schenker. In vielen Fällen kann dies von Vorteil sein, da der Schenker hier weiterhin die mit diesen Mieteinkünften gem. § 21 EStG zusammenhängenden Aufwendungen weiterhin von der Steuer absetzen darf. Fallen z.B. im Jahr nach der Schenkung Renovierungskosten an für die laut notariellem Überlassungsvertrag der Schenker aufzukommen hat, wird der Schenker in die Position versetzt, diese Aufwendungen einkommensteuerlich abzusetzen. 8

Die einkommensteuerliche Behandlung und Konstruktion eines Vorbehaltsnießbrauchs an privat gehaltenen Immobilien ist nach Auffassung der Literatur ein grundsätzlich unproblematisches Modell.[5]

Kurz zusammengefasst: Der Nießbraucher kann folgende **Aufwendungen** nach der Verwaltungsauffassung weiterhin geltend machen, obwohl er das 9

5 Sauer/Ritzer/*Schuhmann*, Handbuch Immobilienbesteuerung, E II. Rn 117.

Grundstück als solches im Rahmen eines notariellen Überlassungsvertrages verschenkt hat:[6]

- Zurechnung der laufenden Einkünfte aus Vermietung und Verpachtung gem. § 21 Abs. 1 S. 1 Nr. 1 EStG an den Nießbraucher;
- Geltendmachung der Gebäude-AfA als Werbungskosten, obwohl er wie oben dargestellt (s. Rdn 8) nicht mehr zivilrechtlicher oder wirtschaftlicher Eigentümer der Immobilie ist;
- übrige Grundstücksaufwendungen, z.B. Zinsen und Instandhaltungskosten, soweit dies im notariellen Überlassungsvertrag vertraglich übernommen und von ihm tatsächlich getragen wurde. Mangels vertraglicher Vereinbarung ist auf die gesetzliche Lastenverteilung der §§ 1041, 1045, 1047 BGB zu verweisen;
- keine Abzugsmöglichkeit von Werbungskosten beim zivilrechtlichen Eigentümer nach Abschluss des notariellen Überlassungsvertrages; erst nach Erlöschen des Nießbrauchsrechts gelangt der zivilrechtliche Eigentümer in den Genuss eines Werbungskostenabzuges.

Insbesondere aufgrund dieser steuerlichen Folgen ist der sog. Vorbehaltsnießbrauch dem Zuwendungsnießbrauch vorzuziehen.

5. Überlassungsvertrag gegen Versorgungsleistungen an den Schenker

10 Die Finanzverwaltung sieht es ebenfalls als unentgeltliche – also **einkommensteuerneutrale** – Übertragung an, wenn Versorgungsleistungen an den Schenker oder einen Dritten vereinbart werden.[7] Werden allerdings Gleichstellungsgelder z.B. an dritte Beteiligte vereinbart, liegt ein Veräußerungs- oder Anschaffungsgeschäft vor.[8]

II. Einkommensteuer bei entgeltlicher oder teilentgeltlicher Überlassung von Immobilien

1. Allgemeine Hinweise

11 In vielen Fällen begnügen sich die Schenker nicht mit dem Vorbehalt eines Nießbrauchrechts. Außerdem sprechen möglicherweise die oben erwähnten

6 BMF v. 30.9.2013 – IV C 1, BStBl I 2013, 1184 Rn 39 ff.
7 BMF v.13.1.1993; BStBl I 1993 80, BER 464, Rn 4.
8 *Kappler/Kappler*, S. 339, Rn 1025 m.w.N.

einkommensteuerlichen Gestaltungsüberlegungen (s. Rdn 3) gegen einen Vorbehaltsnießbrauch: Wie oben gezeigt wurde (s. Rdn 8), verbleibt in diesem Falle die einkommensteuerliche Einkunftsquelle beim Schenker, der jedoch möglicherweise bereits mit einer hohen einkommensteuerlichen Progression belastet ist und die Einkunftsquelle in die nächste Generation oder auf eine andere Partei übertragen möchte.

Infolgedessen kommt es in Praxis naturgemäß vielfach zu Überlassungsverträgen, die vorsehen, dass der Beschenkte eine **Gegenleistung** zu entrichten hat. Handelt es sich, wie in den vorstehenden Kapiteln teilweise diskutiert, um eine vollentgeltliche Gestaltung, kommt es je nachdem beim Schenker zu einem unter § 23 Abs. 1 Nr. 1 EStG zu subsumierendes privates Veräußerungsgeschäft (s. Rdn 4) und beim Erwerber, dem Käufer, zu Anschaffungskosten in Höhe des Kaufpreises. Ob dieser in Raten entrichtet wird, kann an dieser Stelle dahinstehen, es kommt auf die Gesamtvereinbarung als Kaufpreis an. 12

Bis heute unterliegt die ertragsteuerliche, also einkommensteuerliche Behandlung der vorweggenommenen Erbfolge, z.B. im Rahmen eines notariellen Überlassungsvertrages über die oben dargestellten Immobilien, den Regelungen des Bundesfinanzministeriums im Schreiben vom 13.1.1993.[9] 13

Unter vorweggenommene Erbfolge versteht der Einkommensteuerrechtler eine Vermögensübertragung, z.B. von Immobilien, unter Lebenden mit Rücksicht auf die künftige Erbfolge. Es handelt sich jedoch nicht um einen feststehenden Rechtsbegriff. Hierbei soll im Falle der teilentgeltlichen Ubertragung mindestens teilweise eine gegenleistungslose Bereicherung des Empfängers bewirkt werden.[10] Bei einem vollentgeltlichen Rechtsgeschäft liegt jedoch keine vorweggenommene Erbfolge in diesem Sinne mehr vor: Die steuerliche Literatur und Finanzauffassung gehen davon aus, dass ein vollentgeltliches Geschäft im Regelfall dann vorliegt, wenn sich **Leistung und Gegenleistung** unter kaufmännischen Gesichtspunkten gleichwertig gegenüberstehen.[11] 14

Eine teilentgeltliche Grundstücksüberlassung hingegen fällt noch in den Definitionsbereich der vorweggenommenen Erbfolge, und hier sind die entsprechenden einkommensteuerlichen Regelungen zu überprüfen. Aus Ver- 15

9 BMF-Schreiben vom 13.1.1993, BStBl I,1993 S. 80 ff.

10 *Rose/Watrin*, S. 205 m.w.N.

11 *Rose/Watrin*, S. 205.

einfachungsgründen gehen wir für die nachfolgenden Ausführungen davon aus, dass die persönliche Steuerpflicht nach § 1 EStG gegeben sein soll; Schenker und Beschenkter sollen auch bei dieser teilentgeltlichen Überlassung von Immobilien unbeschränkt einkommensteuerpflichtig sein.

Das Bundesfinanzministerium sieht in dem oben bereits erwähnten Schreiben für die Übertragung von Privatvermögen (s. Rdn 13), insb. von Immobilien, vor, dass die Übertragung gegen Versorgungsleistungen als vollunentgeltlich angesehen wird.

16 Werden Verbindlichkeiten im notariellen Überlassungsvertrag mitüberschrieben und auch vom Beschenkten mitübernommen, ist hingegen hierin ein entgeltlicher Vorgang zu sehen. Werden Ausgleichs- oder Abstandsverpflichtungen übernommen, gilt dasselbe, und sollte sich der Schenker Nutzungsrechte vorbehalten oder einräumen lassen, ist bei belastetem Vermögen insoweit kein entgeltlicher Vorgang gegeben.

17 Soweit nach obenstehenden Grundsätzen also Entgeltlichkeit anzunehmen ist (s. Rdn 12), liegen beim Erwerber **Anschaffungskosten** vor, da insoweit ein Anschaffungs- und Veräußerungsvorgang gegeben ist: Bei teilentgeltlichen Vorgängen muss eine Aufteilung in einen unentgeltlichen und einen entgeltlichen Teil erfolgen. Dies hat erhebliche Rechtsfolgen für die einkommensteuerliche Beurteilung, so wird die AfA-Bemessungsgrundlage hinsichtlich des unentgeltlichen Teils gem. § 11d EStDV, auf die noch näher einzugehen sein wird, vom Vorgänger weitergeführt und in Höhe des entgeltlichen Teils entstehen neue Anschaffungskosten. Schuldzinsen sind beim Übernehmer als Werbungskosten abziehbar, und beim Veräußerer ist der Teil des Veräußerungsgeschäfts auf seine oben bereits definierten Rechtsfolgen nach § 23 EStG zu überprüfen (s. Rdn 4).[12] Da sich unsere Ausführungen auf die Übertragung von Privatvermögen beschränken, wird auf die in § 10 Abs. 1a Nr. 2 EStG näher definierte Abzugsfähigkeit von Versorgungsleistungen bei betrieblichem Vermögen nicht näher rekurriert.

18 Sollte im Überlassungsvertrag vorgesehen sein, dass vom Übernehmer **Unterhaltsleistungen** geschuldet werden, sind diese vom Empfänger regelmäßig nicht zu versteuern, § 22 Nr. 1, S. 2 EStG, aber vom Leistenden auch nicht, insb. nicht als Sonderausgaben, steuerlich geltend zu machen, § 12 Nr. 2 EStG. Ob solche Gestaltungen im Rahmen der Übertragung von pri-

12 Eine Übersicht findet sich bei *Rose/Watrin* in der Abb. 22, S. 205.

vaten Immobilien einkommensteuerlich sinnvoll sind, bleibt im Einzelfall näher zu prüfen.

19 Liegen im Endeffekt weder Versorgungs- noch Unterhaltsleistungen vor, ist wie oben bereits angedeutet (s. Rdn 4) eine Veräußerung gegeben, die die bereits oben zitierten einkommensteuerlichen Folgen bei Immobilien gem. § 23 EStG auslöst (s. Rdn 4), und es kann beim Überlasser zu einem steuerpflichtigen **Veräußerungserlös** kommen, während aufseiten des Erwerbers dann **Anschaffungskosten** vorliegen.[13] Die Gegenleistung ist als Rentenbarwert zu ermitteln, wiederkehrende Leistungen sind in einen Tilgungs- und Zinsanteil aufzuteilen, wobei der Zinsanteil bei dem Übertragenden zu Einkünften aus Kapitalvermögen gem. § 23 Abs. 1 Nr. 7 EStG führt.[14]

2. Vereinbarungen von Ausgleichs- und Abstandsverpflichtungen im Überlassungsvertrag

20 In der Praxis kommt es hin und wieder vor, dass Zahlungen an weichende Angehörige oder sonstige Dritte oder den Übergebenden vorgenommen werden, um einem bevorzugten Familienmitglied des Überlassers die Immobilie allein zuwenden zu können.

In Höhe des entsprechenden Vertrages liegt dann ein privates Veräußerungsgeschäft vor, § 23 EStG ist zu prüfen. Auf die Übertragung betrieblich verstrickter Immobilien ist hier nicht näher einzugehen.

3. Übernahme von Verbindlichkeiten

21 Auch für den häufig anzutreffenden Fall, dass der Beschenkte ein mit Verbindlichkeiten belastetes Grundstück übernimmt, liegt ein teilentgeltliches Geschäft vor. Es gelten die vorbezeichneten Rechtsgrundsätze (s. Rdn 15).

In diesem Zusammenhang ist noch einmal zu bekräftigen, dass bei Vorbehalt eines Nießbrauchrechts nach einheitlicher Auffassung der Literatur ein unentgeltliches Rechtsgeschäft im Sinne des Einkommensteuergesetzes vorliegt.

13 Rose/Watrin S. 207.

14 BMF-Schreiben vom 11.3.2010 BStBl I. 2010, S. 227.

4. Aufteilung des Überlassungsvorgangs in einen entgeltlichen und unentgeltlichen Teil

22 Nach Auffassung der Finanzverwaltung ist, wie oben angedeutet (s. Rdn 17), bei **teilentgeltlichen Übertragungen** eine Aufteilung in einen unentgeltlichen und entgeltlichen Teil vorzunehmen. Das Entgelt, das der Übernehmer entrichtet, ist ins Verhältnis zum Verkehrswert des übertragenen Gegenstandes, hier der Immobilie, zu setzen.[15]

Wie bereits erwähnt (s. Rdn 17), werden dann bzgl. des unentgeltlichen Teils die Anschaffungskosten und die Abschreibungen des Schenkers anteilig fortgeführt, während für den entgeltlichen Teil neue Anschaffungskosten und AfA-Werte zu ermitteln sind, s. § 7 Abs. 4 EStG.[16]

5. Exkurs zu § 11d EStDV

23 Sollte es sich um eine Schenkung handeln, werden nach § 11d Abs. 1 S. 1 EStDV, § 6 Abs. 3 EStG, die Buchwerte des Rechtsvorgängers fortgesetzt.[17] Für die nach den vorgenannten Grundsätzen als teilentgeltlich zu definierenden Vorgänge geltend andere Grundsätze. Nur hinsichtlich des unentgeltlichen Teils werden gem. § 11d Abs. 1 EStDV die historischen Anschaffungskosten fortgeführt. Der „volkstümlich" übernommene Fachausdruck für diese in § 11 EStDV ist die sog. **Fußstapfentheorie**: Bei unentgeltlichem Erwerb tritt der Rechtsnachfolger in die sog. Fußstapfen seines Vorgängers. In dem Fall, in dem der Rechtsnachfolger ein bereits voll abgesetztes Wirtschaftsgut des Privatvermögens von seinem Schenker übernimmt, sind gar keine Absetzungen für Abnutzungen (AfA) mehr statthaft: Hier stellt sich dann steuerlich die Frage, ob es möglicherweise Sinn macht, wenn dies im zivilrechtlichen Interesse der Vertragsparteien liegt, an die Ausgestaltung als teilentgeltlichen Vorgang zu denken.

24 Insbesondere weist hier die gestaltende Steuerliteratur auf die Möglichkeit einer AfA-Erhöhung durch die Übernahme von Abstandszahlungen, Geschwistergleichstellungsgeldern und Schuldübernahmen hin.[18]

Sicherheitshalber sei an dieser Stelle darauf hingewiesen, dass es bei Überschreitung der sog. **Drei-Objekt-Grenze** innerhalb von fünf Jahren seitens

15 BMF-Schreiben vom 13.1.1993, BStBl I,1993, 80 BER 464, Rn 14.

16 Siehe auch *Kappler/Kappler*, Rn 1037 ff. m.w.N.

17 *Rose/Watrin*, S. 209.

18 *Spiegelberger*, S. 90.

des Überlassers zu einem sog. **steuerschädlichen gewerblichen Grundstückshandel** kommen kann. Es sollte also bei der entgeltlichen Gestaltung von Überlassungsverträgen stets bedacht werden, diese von der Finanzverwaltung streng gehandhabte Grenze einzuhalten.[19]

B. Grunderwerbsteuer

I. Allgemeine Hinweise

Die Grunderwerbsteuer in ihrer heutigen Form geht auf das Grunderwerbsteuergesetz (GrEStG) aus dem Jahre 1983 zurück. Ein wesentlicher Grundsatz der damaligen Reformbemühungen war, die bundeseinheitliche Neufassung des Grunderwerbsteuerrechtes zur Wahrung der Rechts- und Wirtschaftseinheit.[20] 25

Ein Steuergesetz mit einem für die Mehrheit der Bürger akzeptablen, da niedrigen Steuersatz sollte damals eingeführt werden. Die Leistungsfähigkeit, die mit der Übertragung eines Grundstücks verbunden ist, war ebenfalls ein wichtiges Motiv der Neuregelung. Anteilsverkäufe an Immobiliengesellschaften unterliegen seitdem mehrfachen Reformen und entsprechenden Anpassungen. Für unsere Zwecke konzentrieren wir uns jedoch auf die Übertragung der in den vorhergehenden Abschnitten näher ausgeführten Einzelübertragungen an bebauten Grundstücken.

Unterfällt ein Überlassungsvertrag der Schenkungsteuer, regelt § 3 Nr. 2 GrEStG das Verhältnis zu dieser Steuerart: Grundstückschenkungen unter Lebenden i.S.d. ErbStG werden dementsprechend von der Besteuerung ausgenommen.[21] Hierauf wird noch näher einzugehen sein. Aus Sicht des Bundesfinanzhofes ist aus Sicht des EU-Rechts festzustellen, dass das GrEStG in seiner heutigen Fassung nicht gegen Unionsrecht verstößt.[22] 26

II. Erwerbstatbestände

Der Blick in die Gesetzesfassung des § 1 Abs. 1 Nr. 1 GrEStG zeigt, dass sich die Grunderwerbsteuer auf inländische Grundstücke bezieht und als Ausgangsfall den Kaufvertrag oder ein anderes Rechtsgeschäft, das den An- 27

19 Einzelheiten bei *Spiegelberger*, S. 90 m.w.N.

20 *Loose*, in: Viskorf, Grunderwerbsteuergesetz, Vorbem. Rn 57 m.w.N.

21 *Loose*, in: Viskorf, Grunderwerbsteuergesetz, Vorbem. Rn 1 u. 172 m.w.N.

22 *Loose*, in: Viskorf, Grunderwerbsteuergesetz, Vorbem. Rn 183.

spruch auf Übereignung begründet, als steuerbaren Grundtatbestand definiert. Die Frage, ob auch ein Überlassungsvertrag über ein inländisches Grundstück unter das Gesetz fällt, obschon er steuerlich als Schenkung zu würdigen ist, ist wie folgt zu beantworten: Dem Grunde nach liegt in der Schenkung eines Grundstücks ein grunderwerbsteuerlicher Tatbestand, der ebenfalls aus § 1 Abs. 1 Nr. 1 GrEStG zu entnehmen ist. Das bedeutet, dass für die steuerliche Beurteilung in diesem ersten Schritt die nähere Prüfung des GrEStG eröffnet ist, obwohl ein unentgeltlicher Vorgang i.S.d. GrEStG gegeben ist.

28 Nach Auffassung der grunderwerbsteuerlichen Literatur ist in einem Übergabe- oder Überlassungsvertrag zumeist ein Vertrag zu sehen, durch den die **Erbfolge vorweggenommen** wird. In den oben näher dargestellten Beispielen für Überlassungsverträge ist in der Regel eine Einzelrechtsnachfolge im Sinne des Steuerrechts zu erkennen.[23] Dem Grunde nach unterliegt daher mit Abschluss des beurkundeten Vertrages (§§ 518 Abs. 1, 311b Abs. 1 S. 1 BGB) ein grunderwerbsteuerbarer Tatbestand vor, obwohl es sich um eine Schenkung und damit um einen grundsätzlich unentgeltlichen Vorgang handelt. Steuersystematisch ist die Schenkung damit als solche vom Erwerbstatbestand des § 1 Abs. 1 Nr. 1 GrEStG erfasst. Steuerrechtlich gesprochen ist allerdings zu unterscheiden zwischen einer steuerbaren und einer steuerpflichtigen Konstellation, hierauf wird noch näher einzugehen sein.

29 Sollte es sich bei dem übertragenen Gegenstand um einen Anteil an einer Personengesellschaft mit inländischen Grundstücken handeln, ist auf § 1 Abs. 2 GrEStG hinzuweisen. Dieser sieht vor, dass ein steuerbarer Tatbestand vorliegt, wenn sich innerhalb von zehn Jahren der Gesellschafterbestand unmittelbar oder mittelbar dergestalt ändert, dass mindestens 90 % der Anteil am Gesellschaftsvermögen auf neuen Gesellschafter übergehen.

III. Grundstücke im Sinne des GrEStG

30 § 2 GrEStG regelt, welche Gegenstände dem Grunde nach unter das GrEStG fallen:

- Unter Grundstücken i.S.d. GrEStG sind demnach Grundstücke i.S.d. bürgerlichen Rechts zu verstehen. Maschinen, Betriebsvorrichtungen und andere Sonderrechte, wie z.B. Mineralgewinnungsrechte und das

23 *Meßbacher-Hönsch*, in: Viskorf, Grunderwerbsteuergesetz, § 1 GrEStG Rn 297 m.w.N.

Recht des Grundstückseigentümers auf den Erbbauzins, fallen gem. § 2 Abs. 1 S. 2 Ziff. 1–3 GrEStG nicht unter die Grunderwerbsteuer.

- Erbbaurechte hingegen, Gebäude auf fremdem Boden und bestimmte dinglich gesicherte Sondernutzungsrechte nach den Vorschriften des Wohnungseigentumsgesetzes (WEG) unterfallen gem. § 2 Abs. 2 Ziff. 1–3 GrEStG dem Grunde nach der Besteuerung.
- Grundstücke, die zu einer wirtschaftlichen Einheit gehören, werden für Zwecke des GrEStG als ein einheitlicher Rechtsvorgang und ein Grundstück behandelt, § 2 Abs. 3 S. 1 GrEStG.

Es ist also wichtig, festzustellen, dass im notariellen Überlassungsvertrag 31
stets ein bestimmtes Grundstück definiert sein muss, um die Grunderwerbsteuer dem Grunde nach auszulösen, wobei dieses sogar falsch bezeichnet worden sein kann.[24] Ob das Erwerbsgeschäft, das sich auf ein inländisches Grundstück beziehen muss, im Ausland abgeschlossen wird, ist seit je her irrelevant: Auch ein im Ausland wirksam abgeschlossener Notarvertrag über ein inländisches Grundstück löst daher grundsätzlich die grunderwerbsteuerliche Prüfung aus.[25] Das Rechtsgeschäft muss lediglich formgültig sein, wobei wir uns hier auf die oben dargestellten notariellen Überlassungsverträge konzentrieren können.

Bekanntlich gehören schon zivilrechtlich auch die Bestandteile gem. §§ 93–96 BGB zu den Grundstücken i.S.d. bürgerlichen Rechts. Auch Gebäude sind gem. § 94 BGB wesentliche Bestandteile des Grundstücks. Für transportable Gebäude ist auf deren Bauart abzustellen, und wenn es als solches wesentlicher Bestandteil des Grundstücks durch seine feste Verbindung mit diesem ist, ist es ebenfalls Teil des Grundstücks.[26]

Praxistipp

In den notariellen Überlassungsverträgen sollte daher möglichst genau definiert werden, welche zivilrechtlichen Grundstücke von der Überlassung betroffen sind und welche Bestandteile sie haben, um steuerliche Probleme zu vermeiden.

24 *Viskorf,* in: Viskorf – Grunderwerbsteuergesetz § 2 GrEStG Rn 22 m.w.N.

25 *Viskorf,* a.a.O., Rn 23, RFH II A 147/28, RStBl 28,201.

26 *Viskorf,* in: Viskorf, Grunderwerbsteuergesetz § 2 GrEStG Rn 39 m.w.N.

IV. Steuerbefreiungen

1. Allgemeine Steuerbefreiungen

32 Das Grunderwerbsteuergesetz enthält eine Vielzahl von Ausnahmen von der Besteuerung, die in Form von Steuerbefreiungen kodifiziert sind. Im Folgenden soll auf die wichtigsten der sachlichen Steuerbefreiungen allgemeiner Art ein Blick geworfen werden.

a) Bagatellfälle gem. § 3 Nr. 1 GrEStG

33 Die Regelung enthält eine Steuerbefreiung für sog. Bagatellfälle, die im Rahmen einer Freigrenze **steuerfrei** gestellt werden. Bemessungsgrundlagen bis einschließlich 2.500 EUR werden daher steuerfrei gestellt. Bei Überschreitung der **Freigrenze** ist der Vorgang insgesamt der Grunderwerbsteuer zu unterwerfen.

b) Grundstückserwerb von Todes wegen und Grundstücksschenkungen gem. § 3 Nr. 2 GrEStG

34 Die in § 3 Nr. 2 GrEStG getroffene Regelung nimmt Grundstücksschenkungen unter Lebenden i.S.d. ErbStG von der Besteuerung aus. Der notariell gestaltete Überlassungsvorgang muss daher nach dem ErbStG steuerbar sein. Liegt daher, ausgehend von den oben näher dargestellten notariellen Überlassungsgestaltungen, eine Schenkung und damit eine freigebige Zuwendung i.S.d. Schenkungsteuerrechtes vor, ist diese Steuerbefreiung anzuwenden. Was als schenkungsteuerbarer Vorgang gilt, definiert § 7 ErbStG.

Zu beachten ist hier, dass die Steuerbefreiung nach § 3 Nr. 2 GrEStG eine **Doppelbelastung** mit Schenkung- und Grunderwerbsteuer vermeiden soll. Sobald das Versprechen der Schenkung eines Grundstücks notariell beurkundet ist (§ 518 Abs. 1, § 311b Abs. 1 S. 1 BGB) unterliegt die dadurch begründete Übereignungsverpflichtung der Grunderwerbsteuer gem. § 1 Abs. 1 Nr. 1 GrEStG.[27] Die Grundstücksschenkung ist daher für das GrEStG ausgeführt, sobald seitens des Schenkers alles getan wurde und der Beschenkte durch die notarielle vertragliche Vereinbarung befugt ist, den entsprechenden Antrag auf Berichtigung des Grundbuchs zu stellen. Die Auflassung gem. § 925 BGB ist formell ordnungsgemäß zu beurkunden und

27 *Meßbacher-Hönsch*, in: Viskorf – Grunderwerbsteuergesetz, § 3 GrEStG Rn 221 m.w.N.

der Schenker muss die Eintragung der Rechtsänderung in das Grundbuch bewilligt haben.[28]

Ausgehend von den zivilrechtlichen Betrachtungen, die weiter oben angestellt wurden, ist auch für die Anwendung der Steuerbefreiung Voraussetzung, dass eine objektiv freigebige Zuwendung gem. § 7 Abs. 1 Nr. 1 ErbStG vorliegt. Der Begriff ist jedoch nicht identisch mit dem zivilrechtlichen Begriff. Die freigebige Zuwendung in steuerlicher Sicht setzt objektiv voraus, dass die Überlassung des Grundstücks auf Kosten des Zuwendenden zu einer Bereicherung beim Beschenkten führt.[29] In subjektiver Hinsicht genügt der einseitige Wille einer unentgeltlichen Zuwendung. 35

Die Steuerbefreiung sieht als Gegenstand der Schenkung naturgemäß ein Grundstück vor. Dies dürfte bei den oben näher diskutierten Überlassungsverträgen, die sich ausschließlich auf Immobilien beziehen, unproblematisch gegeben sein. Sollte im Ausnahmefall eine nur mittelbare Grundstücksschenkung gegeben sein, ist die Steuerbefreiung nach § 3 Nr. 2 Abs. 1 GrEstG nicht einschlägig.[30] 36

> *Praxistipp*
>
> Sieht der notarielle Überlassungsvertrag eine sog. **Kettenschenkung** vor, muss jeder einzelne Akt der Kettenschenkung auf Einschlägigkeit der Steuerbefreiung geprüft werden.[31]

Besondere Regelungen gelten für den Fall der sog. **gemischten Schenkung**. 37
Wie bereits im einkommensteuerlichen Teil oben angedeutet (s. Rdn 22), können notarielle Überlassungsverträge auch zu einer steuerlichen Bewertung als gemischte Schenkung führen, wenn das überlassene Grundstück gegen eine gewisse Gegenleistung von geringerem Wert, als es die Grundstücksleistung ist, gegenübersteht. Dennoch handelt es sich um ein einheitliches Rechtsgeschäft. In der Praxis wird bspw. bei Überlassungsverträgen im Familienverband oftmals ein Grundstück zu einem deutlich unter dem Verkehrswert liegenden Preis übertragen. In der Regel sind sich die Vertragspartner auch dieser Tatsache bewusst.[32] In der steuerlichen Praxis wird ein

28 BFH, Urt. v. 2.2.2005 – II R 26/02, BStBl II 2005, 312; BFH, Beschl. v. 12.1.2006 – II B 66/05, BFH/NV 06, 947.

29 *Meßbacher-Hönsch,* in: Viskorf – Grunderwerbsteuergesetz, § 3 GrEStG Rn 224 m.w.N.

30 *Meßbacher-Hönsch,* in: Viskorf – Grunderwerbsteuergesetz, § 3 GrEStG Rn 236.

31 BFH, Urt. v. 25.8.2020 – II R 30/18, BStBl II 2021, 322.

32 *Meßbacher-Hönsch,* in: Viskorf, Grunderwerbsteuergesetz, § 3 GrEStG Rn 252 m.w.N.

Ungleichgewicht der ausgetauschten Leistungen angenommen, sobald die verkehrsübliche angemessene Gegenleistung um 20 bis 25 % unterschritten wird.[33] In der Folge unterliegt nur der freigiebige Teil der Zuwendung der Schenkungsteuer. Dies hat zur Folge, dass auch nur für diesen Teil die steuerliche Befreiung gem. § 3 Nr. 2 S. 1 GrEStG Anwendung findet.

38 Ein weiterer praxisrelevanter Sonderfall ist die **Schenkung unter auf Auflage** gem. § 3 Abs. 2 S. 2 GrEStG. Sollte es sich um eine solche Gestaltung handeln, kann eine Auflage gem. § 3 Nr. 2 S. 2 GrEStG in jedweder Leistung bestehen, wobei der praxisrelevante Anwendungsfall des Überlassungsvertrages in der Bestellung eines Wohnrechts oder eines Nießbrauchs zugunsten des Schenkers zu sehen ist.[34] In der steuerlichen Rechtsprechung wurden Leistungs-, Nutzungs-, oder Duldungsauflagen näher betrachtet.[35] Sofern die Auflage bei der Schenkungsteuer abzugsfähig ist, unterliegt dieser Teil der Grundstücksüberlassung der Grunderwerbsteuer in Höhe des Wertes der Auflage, § 3 Nr. 2 S. 2 GrEStG.[36] Darüber hinaus greift die in § 3 Nr. 2 S. 1 GrEStG geregelte Steuerbefreiung.

Kommen die Auflagen hingegen dem Beschwerten selbst zugute, sind sie nicht abzugsfähig, wie in § 10 Abs. 9 ErbStG vorgesehen ist. Die Auflage ist demgemäß zu bewerten, es wird auf die Hinweise zur Erbschaft- und Schenkungsteuer verwiesen.

Wird ein Grundstück in der Familie in der Form weitergegeben, dass die Überlassung in gerader Linie verwandte Personen erfolgt, ist der Erwerb ebenfalls gemäß § 3 Nr. 6 GrEStG von der Grunderwerbsteuer befreit. Gleiches gilt für den Grundstückserwerb zwischen Ehegatten/Lebenspartnern, § 3 Nr. 4 GrEStG.

2. Besondere Steuerbefreiungen

39 Zunächst bei den besonderen Ausnahmen von der Besteuerung kurz auf § 4 GrEStG einzugehen. Die Norm betrifft **Sonderfälle**, die die hier zu diskutierenden notariellen Überlassungsverträge in der Regel nicht betreffen. Es geht hier um die Übertragung von Grundstücken, die juristischen Personen des öffentlichen Rechtes gehören, den Erwerb von Grundstücken von aus-

33 *Meßbacher-Hönsch*, a.a.O.

34 BFH, Urt. v. 20.11.2013 – II R 38/12, BStBl II 2014, 479.

35 *Meßbacher-Hönsch*, a.a.O., Rn 260.

36 BFH, Urt. v. 20.11.2013 – II R 38/12, BStBl II 2014, 479.

ländischen Staaten oder damit zusammenhängende Übertragungen. Eine interessante aktuelle Sonderregelung enthält § 4 Nr. 6 GrEStG: Die Norm stellt Erwerbe grunderwerbsteuerfrei, die allein auf dem Austritt des Vereinigten Königreichs Großbritannien und Nordirland aus der Europäischen Union beruhen.

Höhere praktische Bedeutung wird in der Regel § 5 GrEstG erlangen. Sind die Beteiligten eines der oben näher diskutierten notariellen Überlassungsverträge bspw. Miteigentümer eines Grundstücks und geht dieses Grundstück auf eine Gesamthand über, bspw. einen Immobilienpool, so wird in der Höhe keine Grunderwerbsteuer erhoben, in welcher die Übertragenden auch wieder an der Gesamthand beteiligt sind, siehe § 5 Abs. 1 S. GrEStG. 40

In Abgrenzung hierzu ist festzustellen, dass die genannten Steuerbefreiungen nicht von Kapitalgesellschaften in Anspruch genommen werden dürfen, da die Regelung ausdrücklich auf Gesamthandsgemeinschaften ausgerichtet ist.[37]

> *Hinweis*
>
> Unter dem Übergang von Grundstücken i.S.d. §§ 5, 6 GrEStG ist jeder in § 1 GrEStG beschriebene Vorgang zu verstehen, also insb. auch die Schenkung bzw. die gemischte Schenkung gem. § 1 Abs. Nr. 1 Alt. 2 GrEStG. Die Gesamthand muss also Eigentümerin des Grundstücks werden, um den Grundtatbestand nach § 5 Abs. 1 S. 1 GrEStG zu erfüllen.

Überträgt ein Alleineigentümer sein Grundstück auf die Gesamthand, so wird § 5 Abs. 1 S. 1 GrEStG in Höhe des Anteils nicht erhoben, zu dem der Veräußerer am Vermögen der Gesamthand beteiligt ist. Zu beachten ist außerdem, dass § 5 GrEStG auch eine **Missbrauchsverhinderungsvorschrift** enthält: Die Steuerbefreiungen sind nicht zu gewähren, sofern sich der Anteil des Veräußerers am Gesamthandvermögen innerhalb von zehn Jahren nach dem Übergang des Grundstücks auf die Gesamthand wieder vermindert.[38] Beispielsweise liegt eine schädliche Veränderung der Rechtsstellung des grundstückseinbringenden Gesellschafters dann vor, wenn er seine gesellschaftsrechtliche Position durch Austritt aus der Gesellschaft wieder aufgibt, da in diesem Moment seine dingliche Rechtsposition aufgegeben 41

37 *Viskorf*, in Viskorf, Grunderwerbsteuergesetz, § 5 GrEStG Rn 9 m.w.N., insb. zum Verständniswandel des Rechtsbegriffes der Gesamthand

38 Näheres bei *Viskorf*, a.a.O., Rn 70.

wird.[39] Gleiches gilt bei Verminderung seiner gesellschaftsrechtlichen Beteiligung durch Neuaufnahme von Gesellschaftern oder Absprache mit den übrigen Gesellschaftern.[40]

42 § 6 GrEStG enthält die spiegelbildliche Steuerbefreiung der soeben besprochenen Tatbestände sowie einige darüberhinausgehende Sonderregelungen. Es handelt sich hierbei um den Grundfall, dass ein Grundstück von einer Gesamthand in das Miteigentum mehrerer an der Gesamthand beteiligter Personen übergeht. Auf solche Vorgänge wird die Grunderwerbsteuer nicht erhoben, soweit der Bruchteil des einzelnen Erwerbers dem Anteil entspricht, zu dem er auch am Vermögen der Gesamthand beteiligt war.[41]

43 Enthalten daher die oben diskutierten notariellen Überlassungsverträge derartige Gesamthandgemeinschaften (s. Rdn 40), sind diese Regelungen bei Überlassungsverträgen aus der Gesamthand heraus stets mitzuprüfen. Außerdem gelten die oben genannten Vorschriften gem. § 6 Abs. 3 S. 1 GrEStG entsprechend, wenn ein Überlassungsvorgang betr. ein Grundstück von einer Gesamthand auf die andere Gesamthand geregelt werden. Sollten daher, wie in der Praxis durchaus üblich, solche Grundstücksüberlassungen zwischen verschiedenen Familiengrundstücksgesellschaften oder sog. Pools in Form einer Gesamthand erfolgen, ist auf § 6 Abs. 3 S. 1 ff. GrEStG abzustellen. Hinzuweisen ist diesbezüglich abschließend darauf, dass auch hier bei bestimmten Konstellationen Missbrauchsverhinderungsvorschriften vorgesehen sind, die § 6 Abs. 4 GrEStG geregelt werden. Hier soll der Hinweis genügen, da solche Steuerumgehungen bspw. entstehen könnten, wenn innerhalb kurzer Zeit nach dem Entstehen oder dem Erwerb von Beteiligungen Änderungen im Gesellschafterbestand stattfinden. Hierfür sieht das Gesetz daher bestimmte Sperrfristen vor.

V. Bemessungsgrundlage

44 Gemäß § 8 Abs. 1 GrEStG bemisst sich die Grunderwerbsteuer grundsätzlich nach dem Wert der Gegenleistung. Sollte es sich daher um eine entgeltliche Gestaltung handeln, in deren Rahmen ein Grundstück an eine andere Person veräußert oder teilweise veräußert wird, ist der Kaufpreis die Bemessungsgrundlage.

39 *Viskorf*, a.a.O., Rn 91.
40 *Viskorf*, a.a.O., Rn 99 ff.
41 § 6 Abs. 1 S. 1 GrEStG.

Beispiel

Herr A verkauft Herrn B sein in Hamburg belegenes Grundstück zum Preis von 1 Mio. EUR. Die Bemessungsgrundlage für die Grunderwerbsteuer wäre in diesen einfachen Grundbeispiel dann der Kaufpreis in Höhe von 1 Mio. EUR.

Die oben diskutierten Überlassungsverträge sehen im Ausgangsfall eine Schenkung im steuerlichen Sinne vor, wenn bspw. Eltern ihren Kindern Grundstücke überlassen. Hier ist bereits auf die oben schon dargestellte Steuerbefreiung (s. Rdn 32) gem. § 3 Nr. 2 GrEStG hinzuweisen. Eine Gegenleistung ist gem. § 8 Abs. 2 S. 1 Nr. 1 GrEStG nicht vorhanden. Interessant an dieser Regelung ist jedoch, dass es Fälle geben kann, in denen Grundstücke zwar übertragen werden, jedoch nicht im Sinne einer **freigebigen Schenkung**. Ein praxisrelevanter Anwendungsfall könnte ein notarieller Überlassungsvertrag sein, der eine Grundstücksübertragung vorsieht, wobei aber die Gegenleistung so niedrig vorgesehen ist, dass sie außer jeglichem Verhältnis zum Verkehrswert des Grundstückes steht.[42] In zahlreichen Fällen wird jedoch in der notariellen Praxis eine solche symbolischen Kaufpreisgestaltung lediglich innerhalb der engeren Familie Anwendung finden, für die dann die oben genannten persönlichen Steuerbefreiungen einschlägig sind (s. Rdn 38). Handelt es sich allerdings um eine gemischte Schenkung, die somit in einen Schenkungsvorgang und einen entgeltlichen Vorgang aufzuteilen ist, muss auf den entgeltlichen Teil das GrEStG angewendet werden, sofern keine persönliche Steuerbefreiung gegeben ist. Hier unterliegt der Vorgang der Prüfung des Einzelfalls. 45

§ 9 enthält die Einzelheiten zur Definition der Gegenleistung i.S.d. GrEStG. Sollte es sich daher bei dem notariellen Überlassungsvertrag um einen Kauf handeln, gilt gem. § 9 Abs. 1 Nr. 1 GrEStG der Kaufpreis als Gegenleistung. Vielfach werden allerdings im Bereich der vorweggenommenen Erbfolge Schenkungen bzw. Schenkungen unter Auflagen oder gemischte Schenkungen vorliegen, also teilentgeltliche Vorgänge: Hierzu ist zunächst festzustellen, dass gemischte Schenkungen und Schenkungen unter Auflagen grunderwerbsteuerlich **gleichbehandelt** werden.[43] 46

42 *Viskorf*, a.a.O., § 8 GrEStG, Rn 53 m.w.N.

43 *Loose*, in: Viskorf, Grunderwerbsteuergesetz, § 9 GrEStG, Rn 23.

Praxistipp

Wichtig für die Praxis der Überlassungsverträge ist auch die Regelung, dass Belastungen, die auf dem Grundstück ruhen und auf den Erwerber kraft Gesetzes übergehen, gem. § 9 Abs. 2 Nr. 2 S. 1 GrEStG zur Gegenleistung gehören. Verpflichtet sich darüber hinaus der Erwerber, eine Leistung an einen Dritten zu erbringen, so liegt hierin ebenfalls eine Gegenleistung gem. § 9 Abs. 2 Nr. 3 GrEStG. Die Grunderwerbsteuer selbst wird der Gegenleistung weder hinzu gerechnet noch davon abgezogen, siehe § 9 Abs. 3 GrEStG.

VI. Steuersatz

47 Gemäß § 11 Abs. 1 GrEStG beträgt die Grunderwerbsteuer 3,5 %. Sie ist auf volle EUR nach unten abzurunden, wie § 11 Abs. 2 GrEStG vorsieht.

Zu beachten ist, dass gem. Art. 105 Abs. 2a S. 2 GG die Bundesländer die Befugnis haben, den Steuersatz bei der Grunderwerbsteuer selbst zu bestimmen. So beträgt die Grunderwerbsteuer bspw. in Hamburg 4,5 %. Dieser Steuersatz gilt seit dem 1.1.2009 in Hamburg.

Zusammenfassendes Beispiel

Herr Schmidt aus Hamburg/Rissen überlässt im Rahmen eines notariellen Überlassungsvertrages das ihm allein gehörende Grundstück im Wert von 2 Mio. EUR an seine Nichte N. Der Überlassungsvertrag ist so gestaltet, dass sich eine Teilentgeltlichkeit in Höhe von 1,5 Mio. EUR ergibt. Die Nichte N entrichtet tatsächlich einen Kaufpreis in Höhe von 1,5 Mio. EUR an Herrn Schmidt. Des Weiteren hat der Nachbar von Herrn Schmidt, Herr Reese, 100.000 EUR von der Nichte erhalten, um ihn zum Verzicht auf den Erwerb des Grundstücks zu bewegen.

Wie berechnet sich die Grunderwerbsteuer in diesem Fall?

Lösungshinweise:

Sachliche Steuerpflicht: Gemäß § 1 Abs. 1 GrEStG ist ein Kaufvertrag über ein inländisches Grundstück ein Erwerbsvorgang im Sinne des Gesetzes. Es handelt sich außerdem um ein Grundstück gem. § 2 Abs. 1 S. 1 GrEStG.

Eine allgemeine Ausnahme von der Besteuerung ist insoweit anzunehmen, als die Überlassung der Schenkungsteuer unterliegt, siehe § 3 Nr. 2

GrEStG. Somit ist der schenkungsteuerpflichtige Teil für Zwecke der Grunderwerbsteuer außer Acht zu lassen.

Weitere besondere Ausnahmen sind nicht ersichtlich.

Als Gegenleistung sind hier der Kaufpreis gem. §§ 8 Abs. 1, 9 Abs. 1 Nr. 1 GrEStG anzusehen sowie gem. § 9 Abs. 2 Nr. 3 GrEStG die Abfindungszahlung der Erwerberin N. an den Nachbarn, Herrn Reese.

Darstellung der Bemessungsgrundlage:

a)	Kaufpreis	1.500.000,00 EUR
b)	Abfindung an den Nachbarn	100.000,00 EUR
	Summe:	**1.600.000,00 EUR**

Steuersatz: Gemäß § 11 Abs. 1 GrEStG i.V.m. Art. 105 Abs. 2a S. 2 GG in Hamburg 4,5 %.

Steuerberechnung: 1.600.000,00 EUR * 4,5 % = 72.000,00 EUR Grunderwerbsteuer.

VII. Besteuerungsverfahren

Steuerschuldner sind regelmäßig die an dem Überlassungsvertrag als Erwerbsvorgang als Vertragsteile beteiligten Personen, siehe § 13 Nr. 1 GrEStG. In gesellschaftsrechtlichen Gestaltungen sind, bei der Vereinigung von mindestens 95 % der Anteile an einer Gesellschaft in der Hand des Erwerbers, der Erwerber, mehrere Unternehmen oder Personen die Beteiligten Steuerschuldner, siehe § 13 Nr. 5 GrEStG. Die Fälligkeit der Steuer tritt einen Monat nach Bekanntgabe des Steuerbescheides ein, wobei das Finanzamt eine längere Zahlungsfrist setzen darf, § 15 GrEStG. 48

Auf Antrag wird die Steuer nicht festgesetzt, wenn ein Erwerbsvorgang wieder **rückgängig** gemacht wurde, bevor das Eigentum am Grundstück auf den Erwerber übergegangen ist, wenn die Rückgängigmachung durch Vereinbarung, durch Ausübung eines vorbehaltenen Rücktrittsrecht oder Wiederkaufsrechts innerhalb von zwei Jahren seit der Entstehung der Steuer stattfindet, oder die Vertragsbedingungen nicht erfüllt werden und der Erwerbsvorgang deshalb aufgrund eines Rechtsanspruchs rückgängig gemacht wird, § 16 Abs. 1 u. 2 GrEStG. 49

Gleiches gilt für den Fall, dass der Veräußerer das Eigentum am veräußerten Grundstück zurück erwirbt. Er kann einen Antrag auf Aufhebung Steuerfestsetzung stellen oder auf Nichtfestsetzung, wenn der Rückerwerb innerhalb von zwei Jahren stattfindet, das zugrundeliegende Rechtsgeschäft nichtig ist oder die Vertragsbedingungen nicht erfüllt sind. Einzelheiten sind § 16 Abs. 1 u. 2 GrEStG zu entnehmen.

50 Die **örtliche Zuständigkeit** für die Besteuerung richtet sich gem. § 17 Abs. 1 GrEStG danach, wonach das Grundstück oder der wertvollste Teil des Grundstücks liegt.

Praxistipp

Für den Berufsstand der Notare enthält § 18 GrEStG eine wesentliche **Anzeigepflicht**. Gerichte, Behörden und Notare haben dem zuständigen Finanzamt gem. § 18 Abs. 1 GrEStG schriftlich und nach amtlich vorgeschriebenen Vordruck Anzeige über die entsprechenden Rechtsvorgänge zu erstatten, siehe § 18 Abs. 1 GrEStG. Der Anzeige ist eine Abschrift der Urkunde beizufügen.

51 Die Norm enthält weitere **Sonderfälle**. Auch die Steuerschuldner müssen über entsprechende Rechtsvorgänge gem. § 19 Abs. 1 S. 1 Nr. 1 GrEStG Anzeige erstatten, näheres zum Inhalt der Anzeige enthält § 20 GrEStG. Gem. § 22 GrEStG darf der Erwerber erst dann in das Grundbuch eingetragen werden, wenn eine Bescheinigung des für die Steuerung zuständige Finanzamts vorgelegt wird, dass der Eintragung steuerliche Bedenken nicht entgegenstehen (**Unbedenklichkeitsbescheinigung**), siehe § 22 Abs. 1 S. 1 GrEStG.

C. Schenkungsteuer

I. Systematische Einordnung der Erbschaft- und Schenkungsteuer

52 Im deutschen Steuerrecht sind Vorgänge, die dem Erbrecht oder dem Schenkungsrecht unterfallen, in einem einheitlichen Gesetz geregelt, dem Erbschafts- und Schenkungssteuergesetz. Wir konzentrieren uns in diesem Abschnitt auf die unentgeltliche bzw. teilentgeltliche Übertragung von Vermögenswerten, die **zivilrechtlich** als Schenkung bzw. als gemischte Schenkung zu qualifizieren sind.

1. Maßgeblichkeit des Zivilrechts

Die verfassungsrechtlich umstrittene Erbschaft- und Schenkungsteuer[44] sieht Schenkungen in ihren verschiedenen Erscheinungsformen als einen der Hauptanwendungsfälle an, die grundsätzlich der Schenkungsteuer unterfallen. 53

Wesentlich für das Verständnis der Erbschaft- und Schenkungsteuer – im Folgenden nur noch Schenkungsteuer – ist die sog. Maßgeblichkeit des Zivilrechts für die steuerliche Bewertung des Vorgangs. Dies bedeutet, dass es bei der Beurteilung einer Schenkung nicht darauf ankommt, ob nach einer sog. wirtschaftlichen Betrachtungsweise ein Gegenstand einer bestimmten Person zuzurechnen ist, sondern es geht darum, dass sich das Schenkungsteuergesetz streng an die zivilrechtlichen Grundlagen hält, die im Notarvertrag gelegt werden. Hierunter verstehen wir die **Maßgeblichkeit des Zivilrechts**. Grundlage der Beurteilung eines schenkungsteuerlichen Vorgangs ist daher in jedem Falle zunächst die Bewertung der Frage, wie der Vorgang zivilrechtlich zu beurteilen ist. Liegt daher aus Sicht des Zivilrechts eine Schenkung oder gemischte Schenkung vor, so ist die Schenkungsteuer an dieses Judiz gebunden.

2. Schenkungen gem. § 7 ErbStG

In § 7 ErbStG sind die verschiedenen **Formen** der Schenkung einzeln aufgeführt, die dem Grunde nach eine Schenkungsteuer auslösen. Neben verschiedenen Sonder- und Auffangtatbeständen (z.B. die Abfindung für einen Erbverzicht gem. § 7 Abs. 1 Nr. 5 ErbStG) geht es im Kern eines unentgeltlichen Überlassungsvertrages in der notariellen Praxis sicherlich überwiegend um den Grundtatbestand gem. § 7 Abs. 1 Nr. 1 ErbStG. Dieser sieht vor, dass jede freigebige Zuwendung unter Lebenden als Schenkung i.S.d. ErbStG gilt, soweit der Bedachte durch sie auf Kosten des Zuwendenden bereichert wird. 54

Die wesentlichen Tatbestandsmerkmale der freigebigen Zuwendung gem. § 7 Abs. 1 Nr. 1 ErbStG sind daher die Freigebigkeit und die tatsächliche **Bereicherung** des Zuwendungsempfängers.[45] Im Endeffekt muss also eine Bereicherung des Zuwendungsempfängers stattgefunden haben, sog. Bereicherungsprinzip, das auch in § 10 Abs. 1 ErbStG seinen Niederschlag findet. 55

44 *Rose/Watrin*, S. 21.
45 Vgl. *Rose/Watrin* S. 31.

3. Stichtagsprinzip gem. § 11 ErbStG

56 Ein weiterer wesentlicher Grundsatz des Schenkungsteuerrechtes ist das sog. **Stichtagsprinzip**: Für die Prüfung der Frage, ob eine steuerpflichtige Schenkung vorliegt, ist der Stichtag von entscheidender Bedeutung. Je nach dem welcher Stichtag der Schenkung sich aus dem Notarvertrag ergibt, hat dies Auswirkungen für die Ermittlung der persönlichen Steuerpflicht (§ 2 ErbStG), die Entstehung der Steuerschuld (§ 9 ErbStG), die Wertermittlung (§ 11 ErbStG) und verschiedene andere wesentliche Fragen.

Entsprechend der dargestellten Grundsätze gliedert sich das Erbschaft- und Schenkungsteuergesetz in die systematischen Abschnitte der Steuerpflicht (§§ 1–9 ErbStG), der Wertermittlung (§§ 10, 13b ErbStG), Berechnung der Steuer (§§ 14–19a ErbStG) und der verfahrensrechtlichen Vorschriften zur Steuerfestsetzung, Erhebung der Steuer usw. (§§ 20–35, 36a ErbStG).

II. Einzelhinweise

57 Bei der steuerlichen Beurteilung eines durch den Notar vorbereiteten Schenkungsvertrages ist folgendes Prüfschema einzuhalten.

1. Sachliche Steuerpflicht

58 Die Schenkung unter Lebenden (§ 1 Abs. 1 Nr. 2 ErbStG i.V.m. § 7 Abs. 1 Nr. 2 ErbStG) stellt neben dem Erbfall den Hauptanwendungsfall des ErbStG dar. Sind deren gesetzliche Voraussetzungen (s.o. Rdn 54) erfüllt, sind die weiteren Vorschriften des Gesetzes zu prüfen.

Exkurs: Zuwendungen unter Ehegatten

In der Literatur werden seit jeher die „**unbenannten Zuwendungen**“ bzw. ehebedingten Zuwendungen unter Ehegatten diskutiert. Streitig war hier die Frage, ob solche Zuwendungen unter Ehegatten überhaupt als Schenkungen i.S.d. § 7 Abs. 1 Nr. 1 ErbStG angesehen werden können. Seit längerem hat sich der BFH der Meinung angeschlossen, dass auch ehebedingte Vermögensverschiebungen als Schenkungen im Sinne des ErbStG anzusehen sind – auch wenn sie zivilrechtlich nicht als Schenkungen i.S.d. § 516 BGB zu sehen sind.[46] Im Ergebnis kommt es für das Schenkungsteuerrecht auf den objektiven Vermögenstransfer an.

46 S. *Rose/Watrin*, S. 31 m.w.N.

2. Persönliche Steuerpflicht

Bei Schenkungen sind Erwerber und Schenker persönlich steuerpflichtig (§ 20 Abs. 1 ErbStG). Der Umfang der Steuerpflicht richtet sich nach der Frage, ob es sich um einen rein **inländischen** Fall oder um Fälle der beschränkten Steuerpflicht handelt. Inländer sind mit dem gesamten Vermögensanfall steuerpflichtig (§ 2 Abs. 1 Nr. 1, 2 ErbStG). Nichtinländer sind beschränkt steuerpflichtig, d.h. nur mit dem Inlandsvermögen, § 2 Abs. 1 Nr. 3 ErbStG i.V.m. § 121 BewG. 59

3. Entstehung der Schenkungsteuer

Gemäß § 9 Abs. 1 Nr. 2 ErbStG entsteht die Schenkungsteuer insb. in den oben dargelegten Fällen notarieller Grundstücksüberlassungen im Zeitpunkt der Ausführung der Zuwendung. Demnach müsste der Bedachte in einer der oben näher diskutierten Überlassungen Grundstückseigentümer geworden sein. Dies kann aufgrund der starken Auslastung der Grundbuchämter im Einzelfall einen erheblichen Zeitraum benötigen – der Bundesfinanzhof hat daher im Sinne der Praxis seit Längerem geurteilt, dass im Sonderfall der Grundstücksschenkung die Schenkungsteuer entsteht, sobald eine Auflassung i.S.v. § 925 BGB gegeben ist, und die Beteiligten in der notwendigen rechtlichen Form die Grundbuchänderung beantragt haben, sodass der Beschenkte rechtlich gesehen die Grundbuchänderung beantragen kann.[47] 60

4. Ermittlung der Bemessungsgrundlage

Diese richtet sich nach der Bereicherung, die sich aus dem Notarvertrag ergibt: § 10 Abs. 1 S. 1 ErbStG sieht vor, dass als steuerpflichtiger Erwerb die Bereicherung des Beschenkten gilt, soweit sie nicht steuerfrei ist. 61

47 *Meincke/Hannes/Holz*, § 9 ErbStG, Rn 50 m.w.N.

Systematisch ist die Bemessungsgrundlage der Schenkungsteuer wie folgt zu ermitteln:

Formel:

	Bereicherung gem. § 10 Abs. 1 ErbStG, Bewertung gem. §§ 11, 12 ErbStG i.V.m. dem BewG[48]
+	frühere Erwerbe (§ 14 ErbStG), sog. Vorerwerbe binnen der Zehn-Jahresfrist
-	sachliche Steuerbefreiungen gem. §§ 13, 13a ff. ErbStG
-	persönliche Freibeträge gem. § 16 ErbStG
=	**steuerpflichtiger Erwerb**

5. Einzelheiten zur Bemessungsgrundlage

62 Hinsichtlich der Überlassung von Immobilien richtet sich die Bewertung nach dem Schenkungsteuergesetz[49] in Verbindung mit dem Bewertungsgesetz.[50] Auch hier kommt es ausschließlich auf den Wert zum Stichtag an, wie § 11 ErbStG vorsieht. Kommt also z.B. drei Wochen nach der Grundstücksschenkung ein Kaufinteressent auf den Beschenkten zu, welcher ihm z.B. einen 10 % über dem zum Stichtag gegebenen Grundbesitzwert anbietet, ist die darin ggf. zu sehende Werterhöhung für die schenkungsteuerliche Veranlagung ohne Bedeutung.

Es kommt daher im Ergebnis auf den gesondert festzustellenden Grundbesitzwert an, wie § 151 Abs. 1 S. 1 Nr. 1 BewG vorsieht.

Im Folgenden sollen daher die wichtigsten Beispiele behandelt werden.

a) Schenkung unter Auflagen

63 Grundsätzlich ist zunächst festzulegen, welchen Wert die Schenkung als solche hat, sodass es im Bereich der Grundstücksüberlassung im Wege der Schenkung auf den gesondert festzustellenden Grundbesitzwert ankommt. Für Schenkungen unter Auflage ist auf die zwischenzeitlich erfolgte Neuausrichtung der Auffassung der Finanzverwaltung Bezug zu nehmen: Demgemäß ist keine Aufteilung mehr in einen unentgeltlichen und einen entgeltlichen Teil vorzunehmen. Leistungsauflagen werden – wie in der Vergangen-

48 Einzelheiten zur Bewertung s. *Rose/Watrin*, S. 48 ff.

49 Vgl. § 10 Abs. 1 S. 2 ErbStG, § 12 ErbStG.

50 Siehe § 12 Abs. 3 ErbStG i.V.m. § 19 Abs. 1, § 151 Abs. 1 S. 1 Nr. 1 BewG.

heit auch die Duldungsauflagen – mit ihrem vollem Steuerwert von der Schenkung abgezogen.[51]

Anwendungsbeispiel:

Der Vater V überträgt seiner Tochter T ein Grundstück, dessen Grundbesitzwert 1 Mio. EUR beträgt, im Wege der Schenkung. Der Wert der Leistungsauflage beläuft sich auf 500.000 EUR.

Wie hoch ist die von T zu entrichtende Schenkungsteuer?

Lösungshinweise:

Grundbesitzwert:	1.000.000,00 EUR
Abzug der Leistungsauflage	- 500.000,00 EUR
Persönlicher Steuerfreibetrag § 16 ErbStG	- 400.000,00 EUR
Steuerpflichtiger Erwerb	100.000,00 EUR
Steuersatz gem. § 19 ErbStG StKl. I 11 %	
Festzusetzende Erbschaftsteuer	**11.000,00 EUR**

b) Gemischte Schenkung

Die gemischte Schenkung unterlag in der Geschichte der Rechtsprechung 64
des Bundesfinanzhofs (BFH) erheblichen Entwicklungen. Aktuell ist auf die einschlägigen Erbschaftsteuerrichtlinien abzustellen,[52] die im Bereich der Besteuerung der gemischten Schenkungen folgendes vorsehen: Die Bereicherung wird ermittelt, indem von dem nach § 12 ErbStG zu ermittelnde Steuerwert der Leistung die Gegenleistungen des Beschenkten mit ihrem nach § 12 ErbStG ermittelten Wert abgezogen werden.[53] Im Ergebnis kann also die Gegenleistung in voller Höhe ihres Steuerwertes von dem Wert der Leistung abgezogen werden.[54]

Beispiel:

Vater V überlässt seinem Sohn S ein Grundstück, dessen Grundbesitzwert 1 Mio. EUR beträgt. Der Sohn wird im Rahmen des notariellen Überlassungsvertrages verpflichtet, 500.000,00 EUR an den Vater zu zahlen.

51 *Meincke/Hannes/Holtz*, § 7 ErbStG, Rn 43 m.w.N.

52 RE 7.4 I ErbStR.

53 *Meincke/Hannes/Holtz*, § 7 ErbStG, Rn 37 m.w.N.

54 *Meincke/Hannes/Holtz*, a.a.O.

Berechnung der Schenkungsteuer?

Lösungshinweise:

Grundbesitzwert:	1.000.000,00 EUR
Abzug der Leistungsauflage	- 500.000,00 EUR
Persönlicher Steuerfreibetrag § 16 ErbStG	- 400.000,00 EUR
Steuerpflichtiger Erwerb	100.000,00 EUR
Steuersatz gem. § 19 ErbStG StKl. I 11 %	
Festzusetzende Erbschaftsteuer	**11.000,00 EUR**

c) Hinweise zur vorweggenommenen Erbfolge und Vorschenkung

65 Die vorweggenommene Erbfolge existiert im Schenkungsteuerrecht als solche nur unter den bekannten Instituten der Schenkung. Eine sog. vorweggenommene Erbfolge ist daher kein steuerlich besonders zu behandelnder Fachbegriff, sondern ist unter die bekannten Tatbestände zu subsumieren.

Die vorweggenommene Erbfolge führt uns allerdings zu einem wichtigen Bereich, der sog. **Vorschenkung**. In vielen Fällen möchten die zukünftigen Erblasser den Berechtigten bereits zu Lebzeiten Vermögensvorteile zukommen lassen, was im Ergebnis zu anspruchsvollen steuerlichen Nachberechnungen führt. Geregelt ist das Institut der Berücksichtigung früherer Erwerbe in § 14 ErbStG. Wesentliche Grundsätze der Berücksichtigung früherer Erwerbe liegen darin, dass Erwerbe, insb. aus der vorweggenommenen Erbfolge, die innerhalb von zehn Jahren von derselben Person anfallen, dem letzten Erwerb zugerechnet werden. Findet daher innerhalb von zehn Jahren nach Vornahme der vorweggenommenen Erbfolge ein weiterer Erwerb statt, hat dies im Ergebnis eine Neuberechnung der gesamten Schenkungsteuer zur Folge. Die Prüfung auf Vorschenkungen innerhalb der Zehn-Jahres-Frist ist bei jeder erneuten Schenkung durchzuführen.

6. Stichtagsprinzip

66 Für die Bewertung des überlassenen Vermögens ist gem. § 11 ErbStG das **Stichtagsprinzip** einschlägig. Das bedeutet, dass der Bewertungsstichtag regelmäßig aus dem notariellen Vertrag zu entnehmen ist. Im Falle der Schenkung unter Lebenden – wie oben beschrieben (s. Rdn 60) – entsteht die Steuer mit der Ausführung der Schenkung, also der Zuwendung: Dies ist sodann auch der Bewertungsstichtag für das übergehende Vermögen. Wert-

schwankungen nach dem Erbfall sind damit unbeachtlich.[55] Es handelt sich hierbei um eine rechtlich zwingende Regelung.[56]

7. Ermittlung des steuerpflichtigen Erwerbs einer Überlassung – Abzugsfähigkeit von Kosten

§ 10 ErbStG enthält die Vorschriften, die bei der Ermittlung der Bereicherung des Erwerbers zu beachten ist, soweit sie nicht durch Sondervorschriften steuerfrei gestellt wird. Im Grunde geht es bei dieser Norm um die Feststellung des **Nettovermögensanfalls.**[57] Hängen mit den übergehenden Vermögensgegenständen Belastungen zusammen, ist zu prüfen, ob diese zum Abzug zugelassen sind. Interessanterweise enthält § 10 Abs. 1 ErbStG keine eindeutige Regelung der Bemessungsgrundlage für eine Schenkung. Die Literatur ist aber überwiegend der Ansicht, dass der steuerliche Bereicherungsbegriff für die Schenkung im Wesentlichen nach den Grundsätzen zu ermitteln sei, die § 10 Abs. 1 S. 2 ErbStG für den erbrechtlichen Erwerb vorsieht.[58] 67

Betreffend die abzugsfähigen Kosten enthält § 10 ErbStG überwiegend Regelungen für den **erbrechtlichen Erwerb**. Es ist aber nach überzeugender Meinung davon auszugehen, dass Erwerbskosten auch für Schenkungen berückichtigungsfähig sind.[59] Hierunter fallen z.B. Kosten für die Beurkundung des Notarvertrages, das Grundbuch und das Handelsregister.[60] Hinsichtlich der Frage, ob Rechts- und Steuerberatungskosten im Vorfeld einer Schenkung abzugsfähig sind, sehen die Erbschaftsteuerrichtlinien jedoch Restriktionen vor.[61] Hiernach werden diese nicht mehr anerkannt. 68

Exkurs: Zuwendung des Steuerbetrages gem. § 10 Abs. 2 ErbStG

In manchen Fällen übernimmt der Schenker auch die entstehende Schenkungsteuer im Notarvertrag. Hierdurch entlastet er den Beschenkten.[62] Gemäß § 10 Abs. 2 ErbStG gilt als Erwerb der Betrag, der sich bei

55 *Meincke/Hannes/Holtz*, § 11 ErbStG, Rn 7 m.w.N.
56 *Meincke/Hannes/Holtz*, § 11 ErbstG Rn 9.
57 *Rose/Watrin*, S. 54 m.w.N.
58 *Meincke/Hannes/Holtz*, § 10 ErbStG Rn 22.
59 *Meincke/Hannes/Holtz*, § 10 Rn 63 m.w.N.
60 RE 7.4 IV ErbStR.
61 RE 7.4. IV 2 ErbStR, Erlass vom 3.3.2015 BStBl I/15 S. 264.
62 *Meincke/Hannes/Holtz*, § 10 ErbStG Rn 29.

einer Zusammenrechnung des Erwerbs mit der aus ihm errechneten Steuer ergibt. Hieraus ergeben sich teils anspruchsvolle zusätzliche Berechnungen.[63] Der Schenker muss jedoch gegenüber der Finanzverwaltung ernsthaft erklären, dass er zur Zahlung der Schenkungsteuer bereit sei. Diese Erklärung kann formfrei erfolgen. Üblicherweise wird sie jedoch im Gespräch mit dem beurkundenden Notar erwähnt und dann vom Notar in die Urkunde aufgenommen.

Obschon § 10 ErbStG überwiegend auf **Erbfälle** zugeschnitten ist, ist heute anerkannt, dass für den besprochenen Fall der Zuwendungen unter Nießbrauchsvorbehalt heute eine Berücksichtigung der Nießbrauchsbelastung zulässig ist. Diese Rechtslage stellt sich so seit 2009 und der damaligen Erbschaftsteuerreform dar.

Beispiel:

Otto, 55 Jahre alt, überträgt eine gewerblich genutzte Eigentumswohnung in Hamburg-Wandsbek im Wert von 100.000 EUR (Grundbesitzwert) seinem Neffen unter Nießbrauchsvorbehalt.[64]

Lösungshinweise:

Erwerb abzgl. Nießbrauchslast	100.000,00 EUR
(100.000,00 EUR : 18,6 = 5.376 x 13,871)[65]	- 74.575,00 EUR
abzgl. Freibetrag StKl. II	**- 20.000,00 EUR**
steuerpflichtiger Erwerb	5.425,00 EUR
Steuer 15 %, § 19 Abs. 1 ErbStG	**813,00 EUR**

8. Hinweise zu praxisrelevanten Steuerbefreiungen

a) Wichtige sachliche Steuerbefreiungen

69 Im Bereich der **Schenkung von Grundstücken** sind einige praxisrelevante sachliche Steuerbefreiungen zu beachten.

- So sieht § 13 Abs. 1 Nr. 1 lit. a ErbStG einen Freibetrag für Hausrat bis zu 41.000 EUR vor. Ist ein Grundstück Gegenstand des notariellen Überlassungsvertrages, dessen Erhaltung im öffentlichen Interesse liegt, ist

63 *Meincke/Hannes/Holtz*, § 10 ErbStG Rn 30 m.w.N.

64 Aus *Bolz/Messner*, Arbeitsskript Steuerberaterverband Niedersachen Sachsen-Anhalt e.V. Band 15, S. 141.

65 Bewertung einer lebenslänglichen Nutzung oder Leistung Vervielfältiger für Bewertungsstichtage ab 1.1.2016, BMF-Schr. v. 2.12.2015 – IV C 7 – S 3104/9/10001, BStBl I 2015, 954.

auf die besondere sachliche Steuerbegünstigung gem. § 13 Abs. 1 Nr. 2 ErbStG hinzuweisen.

- Für Grundstücksüberlassungen unter Lebenden zwischen Ehegatten ist für das sog. Familienheim in § 13 Abs. 1 Nr. 4a ErbStG eine weitere praxisrelevante Steuerbefreiung gegeben. Diese betrifft die von Ehegatten zu eigenen Wohnzwecken bewohnte Wohnung.[66] Allerdings gilt dies nur für Überlassungen zwischen Ehegatten zu deren Lebzeiten. Strengere Befreiungen sehen § 13 Abs. 1 Nr. 4b und Nr. 4c ErbStG für den Erwerb des Familienheims von Todes wegen durch Ehegatten und Kinder vor.
- Auf die gesondert geregelten Steuerbefreiungen für Betriebsvermögen gem. § 13a ff. ErbStG ist nachrichtlich hinzuweisen.

b) Wichtige persönliche Steuerbefreiungen

Die persönlichen Steuerbefreiungen sind in § 16 ErbStG geregelt, der in einem engen systematischen Zusammenhang mit der Steuerklassifizierung in § 15 ErbStG zu sehen ist: 70

- Insbesondere bleiben hier steuerfrei Erwerbe von **Ehegatten** in Höhe von 500.000 EUR, § 16 Abs. 1 Nr. 1 ErbStG, sowie
- von **Kindern** in Höhe von 400.000 EUR, § 16 Abs. 1 Nr. 2 ErbStG,
- für **Enkelkinder** gelten 200.000 EUR als persönlicher Freibetrag, § 16 Abs. 1 Nr. 3 ErbStG.
- **Andere Personen** der Steuerklasse I erhalten gem. § 16 Abs. 1 Nr. 4 ErbStG nur einen persönlichen Freibetrag in Höhe von 100.000 EUR, Personen der Steuerklasse II nur 20.000 EUR, § 16 Abs. 1 Nr. 5 ErbStG.
- Zu beachten ist, dass aufgrund der Gleichstellung von **Adoptiv- und außerehelichen Kindern** gem. § 16 Abs. 1 Nr. 1 ErbStG auf diese ebenfalls 400.000 EUR persönlicher Freibetrag entfallen.

9. Hinweise zur Bewertung der überlassenen Gegenstände

Die zentrale Anknüpfungsnorm für die Frage, wie die überlassenen Grundstücke zu bewerten sind, ist § 12 ErbStG. Das überlassene Grundstück ist unabhängig davon, ob es sich um ein Ein-, ein Mehrfamilienhaus oder eine WEG handelt, mit seinem gesondert festzustellenden **Grundbesitzwert** zu bewerten, siehe § 12 Abs. 1, 3 i.V.m. § 19 Abs. 1, § 151 Abs. 1 S. 1 Nr. 1 BewG. Diese sind auf den Bewertungsstichtag nach § 11 ErbStG zu bewerten. Ausländischer Grundbesitz sind gem. § 12 ErbStG i.V.m. § 31 BewG 71

66 Einzelheiten s. *Meincke/Hannes/Holz*, § 13 ErbStG, Rn 23 m.w.N.

mit ihrem gemeinen Wert anzusetzen. Bleiben wir bei diesen Beispielen, ist zugleich ein kurzer Überblick über die komplexe Materie des Grundstücksbewertungsrechts möglich. Über die genannte Paragraphenverweisung gelangen wir in die Sondervorschriften des BewG zum Grundvermögen, §§ 176 ff. BewG. So gilt für die bebauten Grundstücke zunächst, dass verschiedene Grundstücksarten gem. § 181 Abs. 1 BewG zu unterscheiden sind, insb. Ein- und Zweifamilienhäuser, § 181 Abs. 1 Nr. 1 BewG, Mietwohngrundstücke, § 181 Abs. 1 Nr. 2 BewG, und insb. Wohnungs- und Teileigentum, § 181 Abs. 1 Nr. 3 BewG.

Hinweis

Das Gesetz definiert als Ein- und Zweifamilienhäuser Wohngrundstücke mit bis zu zwei Wohnungen und ohne Vorhandensein von Wohnungseigentum. Als Mietwohngrundstücke sieht § 181 Abs. 1 Nr. 2 BewG Grundstücke an, die zu mehr als 80 %, berechnet nach der Wohn- und Nutzfläche, Wohnzwecken dienen und nicht Ein- und Zweifamilienhäuser oder Wohnungseigentum sind. Wohnungseigentum hingegen ist das Sondereigentum an einer Wohnung in Verbindung mit dem Miteigentumsanteil an dem gemeinschaftlichen Eigentum, zu dem es gehört (§ 181 Abs. 1 Nr. 4 BewG).

72 Die somit zu unterscheidenden **Grundstücksarten** unterliegen jeweils unterschiedlichen Bewertungsverfahren, die in § 181 ff. BewG näher definiert werden. So sind das Wohnungseigentum und Ein- und Zweifamilienhäuser im Vergleichswertverfahren zu bewerten, siehe § 182 Abs. 2 BewG. Mietwohngrundstücke hingegen sind im Ertragswertverfahren zu bewerten, § 182 Abs. 3 Nr. 1 BewG.

73 Die **Bewertungsverfahren** unterscheiden sich erheblich. So ist Ausgangspunkt des **Vergleichswertverfahrens** die Kaufpreissammlung der Gutachterausschüsse gem. 192 ff. BauGB, siehe § 183 Abs. 1 BewG.

Im **Ertragswertverfahren** gelten die in § 184 ff. BewG geregelten Vorschriften, sodass grundsätzlich darauf hinzuweisen ist, dass der Gebäudeertragswert getrennt von dem Bodenwert auf Grundlage des Ertrages gem. § 185 BewG zu ermitteln ist. Es ergibt sich also eine gesplittete Systematik. Gemischt genutzte Grundstücke gem. § 182 Abs. 4 Nr. 2 BewG sowie grundsätzlich im Vergleichswertverfahren zu bewertende Grundstücke für den Fall nicht vorliegender Vergleichswerte (§ 182 Abs. 4 Nr. 1 BewG) und sonstige bebaute Grundstücke (§ 182 Abs. 4 Nr. 3 BewG) unterliegen dem in §§ 189 ff. BewG näher geregelten Sachwertverfahren. Auf dieses soll hier nur nachrichtlich hingewiesen werden: Ausgangsgröße sind gem. § 190 Abs. 1 BewG die Regelherstellungskosten des Gebäudes.

10. Steuerklassen gem. § 15 ErbStG

Das ErbStG kategorisiert die für die Steuersätze relevanten Steuerklassen nach dem jeweiligen **Verwandtschaftsverhältnis** zwischen Überlassendem und Übernehmer. So fallen z.B. Ehegatten, Kinder und Enkelkinder gem. § 15 Abs. 1 ErbStG in die Steuerklasse I. Entferntere Verwandte, z.B. Geschwister und Abkömmlinge ersten Grades von Geschwistern, fallen in die Steuerklasse II, alle übrigen nicht von Steuerklasse I oder II erfassten Erwerber fallen in Steuerklasse III. 74

11. Steuersätze gem. § 19 ErbStG

1. Die Erbschaftsteuer wird nach folgenden Prozentsätzen erhoben: 75

Wert des steuerpflichtigen Erwerbs (§ 10) bis einschließlich (...) Euro	**Prozentsatz in der Steuerklasse**		
	I	**II**	**III**
75 000	7	15	30
300 000	11	20	30
600.00	15	25	30
6.000.000	19	30	30
13.000.000	23	35	50
26.000.000	27	40	50
Über 26.000.000	30	43	50

2. Ist im Fall des § 2 Abs. 1 Nr. 1 ErbStG ein Teil des Vermögens der inländischen Besteuerung aufgrund eines Abkommens zur Vermeidung der Doppelbesteuerung entzogen, ist die Steuer nach dem Steuersatz zu erheben, der für den ganzen Erwerb gelten würde, siehe § 19 Abs. 2 ErbStG.
3. Der Unterschied zwischen der Steuer, die sich bei Anwendung des § 19 Abs. 1 ErbStG ergibt, und der Steuer, die sich berechnen würde, wenn der Erwerb die letztvorhergehende Wertgrenze nicht überstiegen hätte, wird gem. § 19 Abs. 3 ErbStG nur insoweit erhoben, als er

a) bei einem Steuersatz bis zu 30 % aus der Hälfte,
b) bei einem Steuersatz über 30 % aus drei Vierteln,
des die Wertgrenze übersteigenden Betrags gedeckt werden kann.

12. Verfahrensrechtliche Hinweise/Anzeigepflichten

76 Das Ergebnis des Besteuerungsverfahrens ist bei Vorliegen der oben näher dargestellten Voraussetzungen der Erlass eines **Schenkungsteuerbescheids** durch das zuständige Finanzamt gegenüber dem Schuldner der Schenkungsteuer.[67] Es ist somit eine Veranlagung durchzuführen – wobei es im Bereich der Schenkungsteuer Besonderheiten gegenüber anderen Steuerarten zu beachten gilt.

77 Die Beteiligten unterliegen **Anzeigepflichten**: § 30 Abs. 1 ErbStG sieht eine Anzeige des steuerpflichtigen Erwerbs durch die Beteiligten einer Schenkung binnen drei Monaten vor, nachdem sie Kenntnis von dem Vorgang erhielten (§ 30 Abs. 2 ErbStG erweitert die Anzeigepflicht auf den Überlasser). Außerdem kann das zuständige Finanzamt gem. § 31 Abs. 1 ErbStG von den Beteiligten der Schenkung die Abgabe einer **Schenkungsteuererklärung** verlangen, und ihnen hierfür eine Frist setzen. § 30 Abs. 7 ErbStG gestattet es den Finanzämtern, die Beteiligten im Wege der Selbstveranlagung zur Erstellung der Schenkungsteuererklärung auf amtlichem Vordruck zu verpflichten.[68] Bei einer Schenkung sind Schenker und Erwerber gleichermaßen Steuerschuldner.[69]

Wird eine Schenkung notariell beurkundet ist die Anzeige ausnahmsweise nicht erforderlich, wie § 30 Abs. 3 S. 2 ErbStG vorsieht, da der Notar ist gem. § 34 ErbStG zur Anzeige verpflichtet ist.

78 Die Formalien der Anzeige enthält § 30 Abs. 4 ErbStG. Die Anzeige soll **folgende Angaben** enthalten:

a) Vorname und Familienname, Identifikationsnummer (§ 139b der Abgabenordnung), Beruf, Wohnung des Erblassers oder Schenkers und des Erwerbers;
b) Todestag und Sterbeort des Erblassers oder Zeitpunkt der Ausführung der Schenkung;
c) Gegenstand und Wert des Erwerbs;

67 Näheres zum Veranlagungsverfahren s. *Rose/Watrin*, S. 120 ff.
68 Sog. Selbstveranlagung, s. *Rose/Watrin*, a.a.O.
69 Siehe § 20 Abs. 1 S. 1 ErbStG.

d) Rechtsgrund des Erwerbs wie gesetzliche Erbfolge, Vermächtnis, Ausstattung;
e) persönliches Verhältnis des Erwerbers zum Erblasser oder zum Schenker wie Verwandtschaft, Schwägerschaft, Dienstverhältnis;
f) frühere Zuwendungen des Erblassers oder Schenkers an den Erwerber nach Art, Wert und Zeitpunkt der einzelnen Zuwendung.

Wichtig!

Die Anzeigepflicht ist eine wichtige Mitwirkungspflicht der Erwerber bzw. des Notars!

Örtlich zuständig ist gem. § 35 ErbStG das Finanzamt in dessen Bezirk der Wohnsitz des Steuerpflichtigen liegt, das sog. Wohnsitzfinanzamt, § 35 Abs. 1 S 1 ErbStG i.V.m. § 19 Abs. 1 S. 1 AO. 79

§ 10 Abwicklung des Vertrages

Ulf Schönenberg-Wessel

A. Grundbuchvollzug – Erstvollzug

I. Stellvertretung und Genehmigung

Ein Überlassungsvertrag kann durch einen Vertreter geschlossen werden. 1
Liegt eine **Vollmacht** vor, ist zu prüfen, ob diese Vollmacht dem Bevollmächtigten auch den Abschluss von unentgeltlichen Verfügungen zulässt. Sofern der Erschienene sowohl für sich selbst als auch für den Vertretenen handelt, bedarf es stets der Befreiung von § 181 BGB. Während die Vollmacht selbst nach dem Gesetz nicht der Form des beurkundeten Geschäfts bedarf, ist der Nachweis der Vollmacht gegenüber dem Grundbuchamt in der Form des § 29 GBO zu führen.

Beachte

Die Beglaubigung von Unterschriften auf Vorsorgevollmachten durch die Urkundsperson bei der Betreuungsbehörde gem. § 6 Abs. 2 S. 1 BtBG genügt den Anforderungen des § 29 GBO.[1]

Wird in der Urkunde zugleich ein **Erb- und Pflichtteilsverzichtsvertrag** 2
nach § 2346 BGB erklärt, so sind zwingend die persönlichen Anforderungen des § 2327 BGB zu beachten. Der Erblasser (i.d.R. der Überlasser) kann den Erb- und Pflichtteilsverzichtsvertrag nur persönlich schließen. Für den Erblasser ist eine rechtsgeschäftliche Vertretung ausgeschlossen. Eine Vertretung des Verzichtenden kann hingegen in gleicher Weise erfolgen wie bei anderen Rechtsgeschäften unter Lebenden.[2]

Beachte

Sofern die Auffassung des OLG Brandenburg[3] zutreffend wäre und die Anordnung der Anrechnung auf den Pflichtteil nach § 2315 BGB zugleich eine (konkludente) Enterbung enthält, scheidet eine Stellvertretung auf Seiten des Überlassers stets aus. Durch die (konkludente) Ent-

1 BGH, ZEV 2021, 267.

2 BeckOK-BGB/*Litzenburger*, 74. Ed. 1.5.2025, BGB § 2347 Rn 4.

3 OLG Brandenburg, Beschl. v. 31.8.2022 – 3 W 55/22; OLG Brandenburg, MittBayNot 2023, 612 m. Anm. *Keim*,

erbung wäre die Urkunde als Verfügung von Todes wegen zu qualifizieren, die der Überlasser nach § 2064 BGB nur persönlich errichten kann. Eine Stellvertretung würde in diesem Fall ebenso ausscheiden, wie eine nachträgliche Genehmigung.[4]

3 Sofern der Überlassungsvertrag keinen Erb- und/oder Pflichtteilsverzichtsvertrag enthält, kann auf Seiten des Überlassers und des Übernehmers mit einem **vollmachtlosen Vertreter** beurkundet werden. Der Vertrag ist in diesem Fall im Nachhinein durch den vollmachtlos Vertretenen zu genehmigen. Die Genehmigung ist **formfrei** möglich; sie ist jedoch dem Grundbuchamt gegenüber wieder in der Form des § 29 GBO nachzuweisen. Deshalb sollte die Form der **Genehmigung** vorsorglich in der Urkunde vereinbart werden.

▼

Muster 10.1: Vereinbarung nachträglicher Genehmigung

10.1 Dieser Vertrag bedarf zu seiner Wirksamkeit der Genehmigung des Verkäufers/Käufers. Die Beteiligten vereinbaren, dass diese nur in grundbuchlicher Form erteilt werden kann. Der Notar belehrte die Beteiligten darüber, dass das Rechtsgeschäft schwebend unwirksam ist und es dem vollmachtlos Vertretenen freisteht, die Genehmigung zu erteilen oder zu verweigern. Bei Verweigerung der Genehmigung ist der Vertrag endgültig nicht zustande gekommen, es sind aber gleichwohl Kosten für die Beurkundung des Vertrages angefallen, für die der Veranlasser haftet.

▲

4 ▼

Muster 10.2: Genehmigungserklärung

10.2 Bei Beurkundung des Kaufvertrages vom ____ (UVZ-Nr. ____ des Notars ____, *[Ort]*) ist für mich als vollmachtloser Vertreter ____ aufgetreten.

Ich genehmige hiermit uneingeschränkt das Handeln von ____ *[Name]* bei Abschluss des vorgenannten Kaufvertrages und bestätige ausdrücklich alle für mich abgegebenen einseitigen Erklärungen, Bewilligungen und Anträge sowie die erteilten Vollmachten.

4 BeckOK-BGB/*Litzenburger*, 74. Ed. 1.5.2025, BGB § 2064 Rn. 0.

[*Name*] war von den Beschränkungen des § 181 BGB befreit.

Die Notargebühren dieser Genehmigungserklärung trage ich.

Der Wert dieser Genehmigungserklärung beträgt EUR.

▲

II. Zustimmung des Ehegatten nach § 1365 BGB

5 Im gesetzlichen Güterstand der Zugewinngemeinschaft sind bestimmte Vermögensverfügungen von der **Zustimmung** des anderen Ehegatten abhängig. Die Zustimmung des anderen Ehegatten ist eine einfache Einverständniserklärung.[5] Sie bezieht sich auf die Vornahme der Eintragung im Grundbuch.

6 Wenn der Überlasser seinen gesamten Grundbesitz überträgt, muss in Betracht gezogen werden, dass er damit im Wesentlichen sein Vermögen veräußert und somit eine Zustimmung seines Ehegatten nach § 1365 BGB erforderlich ist. Die Zustimmung nach § 1365 BGB braucht nicht erteilt zu werden, wenn bei kleinen Vermögen 15 % des ursprünglichen Gesamtvermögens und bei großen Vermögen 10 % des ursprünglichen Gesamtvermögens beim übertragenden Ehegatten verbleiben.[6] Ein Notar ist nicht verpflichtet, bei jedem Beurkundungsvorgang automatisch zu überprüfen, ob der Veräußerer im Wesentlichen das gesamte Vermögen überträgt und deshalb eine Zustimmung nach § 1365 BGB erforderlich ist: Eine **Nachforschungs- und Belehrungspflicht** ergibt sich aber, wenn für den Notar konkrete Anhaltspunkte für die Voraussetzungen eines Zustimmungserfordernisses nach § 1365 BGB vorhanden sind. Ergibt sich aufgrund der Nachforschung und Belehrung des Notars, dass es zweifelhaft ist, ob eine Zustimmung nach § 1365 BGB erforderlich ist, hat der Notar den Beteiligten nahe zu legen, vorsorglich die Zustimmung einzuholen.[7]

7 Ehegatten und eingetragene Lebenspartner können gem. § 1519 BGB durch notariellen Vertrag den Güterstand der Wahl-Zugewinngemeinschaft begründen. § 1519 S. 1 i.V.m. Art. 5 WZGA normiert eine absolute Verfügungsbeschränkung hinsichtlich der Familienwohnung. Das Rechtsgeschäft eines Ehegatten über Rechte, durch die die Familienwohnung si-

5 MüKoBGB/*Koch*, § 1365 Rn 7.

6 BGHZ 77, 293, 298.

7 BGHZ 64, 246, 248 ff.; OLG Schleswig, NJW-RR 2005, 646.

chergestellt wird, ist ohne Zustimmung des anderen Ehegatten unwirksam.[8] Ein gutgläubiger Erwerb scheidet aus. Anders als nach BGB besteht das Verfügungsverbot auch bei Getrenntleben der Ehegatten in Bezug auf das Familienheim weiter.[9] Die Regelung über das (absolute) Verfügungsverbot steht in Kapitel III des maßgeblichen Staatsabkommens und stellt damit zwingendes Recht dar. Statt der Zustimmung des anderen Ehegatten ist auch eine Genehmigung möglich. Die Zustimmung kann auch aufgrund einer (frei widerrufliche) Bevollmächtigung erteilt werden.[10]

III. Verwalterzustimmung nach § 12 WEG

8 Durch die **Gemeinschaftsordnung** kann die schuldrechtliche und dingliche Veräußerung des Sondereigentums an die Zustimmung des WEG gebunden werden. Der Zustimmungsvorbehalt hat zur Folge, dass die Zustimmung des Verwalters auch für den Überlassungsvertrag erforderlich ist. Die Veräußerungsbeschränkung wirkt gem. § 12 WEG sowohl auf das dingliche Rechtsgeschäft (Auflassung) als auch auf den schuldrechtlichen Überlassungsvertrag, die bis zur Erteilung der Genehmigung schwebend unwirksam sind.[11]

9 Zum Vollzug der **Eigentumsumschreibung** im Grundbuch ist dem Grundbuchamt nicht nur die Zustimmung selbst in der Form des § 29 GBO nachzuweisen, sondern auch die Wirksamkeit der Verwalterbestellung durch Vorlage einer Niederschrift über die Eigentümerversammlung, in welcher der Bestellungsbeschluss gefasst worden ist; nach § 29 GBO ist hinsichtlich der Niederschrift weiter erforderlich, dass die Unterschriften des Versammlungsvorsitzenden und eines Wohnungseigentümers sowie gegebenenfalls des Vorsitzenden des Verwaltungsbeirats oder dessen Stellvertreter öffentlich beglaubigt sind.

▼

8 BeckOK-BGB/*Spernath*, 74. Ed. 1.5.2025, BGB § 1519 Rn 6.
9 MüKoBGB/*E. Koch*, 9. Aufl. 2024, WZGA Art. 6 Rn 2.
10 Gernhuber/Coester-Waltjen FamR/*Coester-Waltjen/Gernhuber*, 7. Aufl. 2020, § 37. Rn 17.
11 *Hügel/Elzer*, WEG, § 12 Rn 23.

Muster 10.3: Anschreiben

Überlasser: 10.3

Übernehmer:

Objekt:

Besitzübergang:

Sehr geehrte Damen und Herren,

über das vorgenannte Wohnungseigentum wurde am (UVZ-Nr. /2022) ein Überlassungsvertrag beurkundet. Zu der in dieser Urkunde enthaltenen Veräußerung ist Ihre Zustimmung erforderlich. Beigefügt übersende ich den Entwurf einer Zustimmung und bitte namens und im Auftrag der Beteiligten um Unterzeichnung, Beglaubigung Ihrer Unterschrift durch einen Notar und Rücksendung an mich.

Vorsorglich weise ich darauf hin, dass

- ich aus Gründen der bestehenden Verschwiegenheitspflicht und des Datenschutzes nicht befugt bin, Ihnen eine Vertragsabschrift zur Verfügung zu stellen. Ich verweise insoweit auf die Entscheidung des Bundesgerichtshofes vom 25.9.2020.[12]
- gem. § 12 Abs. 2 WEG die Zustimmung nur aus einem wichtigen Grunde versagt werden darf und nach der Rechtsprechung der Verwalter dem Verkäufer gegenüber haftet für Schäden aus verzögerter oder verspäteter Zustimmung oder deren unberechtigter Versagung
- das Grundbuchamt einen formgerechten Nachweis über Ihre Bestellung zum Verwalter benötigt,
- nach der Rechtsprechung dem Verwalter wegen einer Verwaltergebühr oder wegen eines Ersatzanspruches für die Beglaubigungskosten ein Zurückbehaltungsrecht an der Zustimmungserklärung nicht zusteht. Somit kann ich eine Treuhandanweisung, über die Zustimmung erst nach Ausgleich der Beglaubigungskosten oder einer Bearbeitungsgebühr zu verfügen, leider nicht annehmen.

Mit freundlichen Grüßen

[*Unterschrift*]

12 BGH, Urt. v. 25.9.2020 – V ZR 300/18.

Anlage: Entwurf des Notars (Az.)

Verwalterzustimmung

Mit Überlassungsvertrag vom zur Urkundenverzeichnis-Nr. / 2022 des Notars in [*Ort*] wurde das im Wohnungsgrundbuch des Amtsgerichts von Blatt verzeichnete Wohnungseigentum von [*Vorname, Nachname, Anschrift*] an [*Vorname, Nachname, Anschrift*] übertragen.

[*Bei einer Einzelperson*:] In meiner Eigenschaft als Verwalter stimme ich hiermit der Veräußerung und dem zugrunde liegenden Verpflichtungsgeschäft unwiderruflich zu.

[*Bei einer juristischen Person*:] Die GmbH stimmt hiermit in ihrer Eigenschaft als Verwalterin der Veräußerung und dem zugrunde liegenden Verpflichtungsgeschäft unwiderruflich zu.

Der Verwalternachweis ist dieser Erklärung in beglaubigter Fotokopie beigefügt.

Der Verwalternachweis ist zu den Grundakten von hinterlegt.

Der beglaubigende Notar wird vom Verwalter beauftragt, die Verwalterzustimmung dem Vollzugsnotar durch Übermittlung einer elektronisch beglaubigten Ablichtung mitzuteilen.

Der Geschäftswert dieser Erklärung beträgt unter Berücksichtigung von § 98 GNotKG EUR.

[*Ort, Datum*]

IV. Vormerkung

10 Im Überlassungsvertrag kann die Vormerkung sowohl genutzt werden, um den Erwerbsanspruch des Übernehmers zu sichern, als auch um den Rückforderungsanspruch des Überlassers im Grundbuch rangwahrend abzusichern. Die Vormerkung wahrt den Rang und ermöglicht die Durchsetzung des Anspruchs auch gegen Dritte, die zwischenzeitlich ihrerseits Rechte am Grundstück erworben haben.

▼

Muster 10.4: Antrag Grundbuchamt Vormerkung

Ich beantrage gem. § 15 GBO namens der Beteiligten unter Ausschluss unmittelbarer Anträge Beteiligter 10.4

- zugunsten des Übernehmers eine auflösend bedingte Auflassungsvormerkung als Berechtigte je zur ideellen Hälfte in dem o.a. Grundbuch einzutragen;
- zugunsten des Überlassers eine auflösend bedingte Rückauflassungsvormerkung als Berechtigte je zur ideellen Hälfte in dem o.a. Grundbuch einzutragen.

▲

Die Vormerkung zur Sicherung des Erwerbsanspruchs stellt auch beim Überlassungsvertrag von den Eltern auf die Kinder den sichersten Weg dar. Nach Belehrung über die Wirkung und die Kosten einer Erwerbsvormerkung wird regelmäßig der Verzicht auf die Eintragung der Vormerkung erklärt. Die Belehrung sowie die Verzichtserklärung sollten in der Urkunde an geeigneter Stelle dokumentiert werden. 11

▼

Muster 10.5: Verzicht auf Vormerkung

Der Notar belehrte die Beteiligten über die Wirkungen und Kosten, insbesondere den Schutzumfang einer Auflassungsvormerkung. Im Hinblick auf die Besonderheiten des vorliegenden Geschäfts verzichten die Beteiligten ausdrücklich auf die Bestellung und Eintragung einer Vormerkung zugunsten des Übernehmers. 10.5

▲

B. Grundbuchvollzug – Endvollzug

Ist der Überlassungsvertrag **vollzugsreif**, ist er durch den Notar an das Grundbuchamt zu übermitteln. In der Regel wird die **Auflassung** bereits im Überlassungsvertrag mit beurkundet und weder eine Ausfertigungssperre noch eine Bewilligungssperre vereinbart sein. Diese in Immobilienkaufverträgen häufig anzutreffenden Schutzmechanismen werden im Überlassungsvertrag meist nicht benötigt, da hier eine Zug-um-Zug Leistung häufig nicht vereinbart ist. 12

13 Ist hingegen eine **Zug-um-Zug-Leistung** vereinbart, etwa weil Leistungen an weichende Geschwister zu zahlen sind, wäre ähnlich dem Verfahren beim Grundstückskaufvertrag eine Ausfertigungssperre oder eine Bewilligungssperre im Überlassungsvertrag vorzusehen und die Auflassungsvormerkung im Endvollzug wieder zu löschen.

▼

Muster 10.6: Grundbuchantrag

10.6

1. Ich beantrage gem. § 15 GBO namens des Eigentümers unter Ausschluss unmittelbarer Anträge Beteiligter die Löschung des Rechts Abteilung III lfd. Nr. .
   Den originalen Grundschuldbrief reiche ich auf dem Postwege nach.
   Als einreichender Notar bestätige ich hiermit, dass ich über die Prüfpflichten des § 15 Abs. 3 GBO die vorgenannten Löschungsbewilligungen – soweit diese nach dem 8.6.2017 beglaubigt worden sind – auf die Eintragungsfähigkeit überprüft habe; Bedenken gegen die Eintragungsfähigkeit habe ich nicht.
2. Sodann bewillige und beantrage ich namens der Beteiligten unter Ausschluss unmittelbarer Anträge Beteiligter, das Eigentum umzuschreiben von dem Eigentümer auf den Erwerber als Alleineigentümer/Eigentümer je zur ideellen Hälfte, im vorgenannten Grundbuch die Eintragung eines Nießbrauchrechts/Wohnungsrecht, Eintragung der Rückauflassungsvormerkung zugunsten des Überlassers im Range nach dem Nießbrauchrecht alles gemäß überreichter Urkunde.
3. Schließlich beantrage ich gem. § 15 GBO namens der Beteiligten unter Ausschluss unmittelbarer Anträge Beteiligter, die in Abteilung II zugunsten des Übernehmers eingetragene Auflassungsvormerkung im Zuge der Eigentumsumschreibung zu löschen.

▲

Stichwortverzeichnis

fette Zahlen = Paragrafen, magere Zahlen = Randnummern

Benutzungshinweise für den Download

Zur Nutzung des PDF-Musterverzeichnisses benötigen Sie einen **lokal installierten PDF-Reader**, da die Funktionalität über das reine Anzeigen einer PDF-Seite hinausgeht.

Den Download-Link (URL) finden Sie auf der Seite 4 (IV) des Werks (Impressum). Über diesen Link stellen wir Ihnen sämtliche im Werk enthaltenen Muster und Formulierungsbeispiele zur Verfügung. Zur Nutzung der Muster/Formulierungsbeispiele gehen Sie auf den Download-Link und laden die dort abgelegte zip-Datei auf Ihr Laufwerk herunter. Um den Ordner zu entpacken, klicken Sie mit der rechten Maustaste auf die Datei, wählen „**Alle extrahieren**" und folgen dann den Anweisungen. Die Nutzung der Muster ist unabhängig vom Betriebssystem Ihres Rechners.

Durch das Extrahieren werden ein **PDF-Musterverzeichnis** sowie die **Worddateien** der jeweiligen Muster auf dem von Ihnen gewählten Laufwerk Ihres Rechners abgelegt.

Zur Nutzung des PDF-Musterverzeichnisses benötigen Sie einen kostenlosen PDF-Reader. Das Musterverzeichnis gibt Ihnen einen Überblick über die enthaltenen Muster und erleichtert Ihnen den Zugang zu den Mustertexten. Beim Anklicken des gewünschten Musters in dem PDF-Musterverzeichnis öffnet sich der Text direkt in Microsoft Word oder in dem bei Ihnen eingesetzten Textverarbeitungsprogramm. Dann können Sie die Word-Datei direkt bearbeiten und unter einem neuen Dateinamen abspeichern. Bei Nutzern von Microsoft Word können Sicherheitshinweise auf dem Bildschirm erscheinen. Dort müssten Sie die Nutzung ggf. zulassen. Dies wird in den verschiedenen Wordversionen und Textverarbeitungsprogrammen unterschiedlich gehandhabt. In den einzelnen Word-Dateien sind keine Makros o.ä. eingebunden. Damit die Navigation über das PDF-Musterverzeichnis funktioniert dürfen der Ordner „Muster-Doks" und die ursprünglich gelieferten Dateien nicht umbenannt werden. Speichern Sie die bearbeiteten Worddateien daher stets unter einem neuen Dateinamen ab.

Die in einigen Word-Mustertexten vorhandenen **Formularfelder** können Sie markieren und überschreiben. Sie können sich die Bearbeitung erleichtern, indem Sie diese Formularfelder mit dem Default-Tastaturkürzel Ihres Textbearbeitungsprogrammes ansteuern. Für Microsoft Word ist dies i.d.R. das Tastaturkürzel F11, um zum nächsten Feld zu springen und „UMSCHALT+F11", um zum vorherigen zu springen. Diese Tastaturkürzel werden von der Arbeitsumgebung Ihres Textverarbeitungsprogramms und nicht durch die bereitgestellten Word-Muster-Dateien definiert. Daher können die Tastaturkürzel in alternativen Betriebssystemen und/oder Textbearbeitungsprogrammen (z.B. LibreOffice Writer) abweichen.

Bearbeiten der Muster/Formulierungsbeispiele mit einer anderen Textverarbeitung und/oder einem anderen Betriebssystem

Wenn Sie kein Microsoft Word, sondern ein anderes Textverarbeitungsprogramm auf Ihrem Rechner installiert haben, können Sie die Dateien trotzdem aufrufen und bearbeiten. Gehen Sie dazu direkt auf das gewünschte Muster in dem abgelegten Ordner „Muster-Doks“. Über diesen Weg können Sie auch auf die Word-Dateien zugreifen, wenn Sie nicht über das mitgelieferte PDF-Musterverzeichnis navigieren möchten. Jedem Mustertext ist eine Nummer zugewiesen, die in dem Download-Symbol neben dem jeweiligen Formular/Mustertext im Buch abgedruckt ist. Über den Dateinamen (p = Paragraf und m = Muster) lässt sich die gewünschte Mustertext-Datei auffinden.

Faßbender u. a.
Notariatskunde
21. Auflage 2025,
1.040 Seiten, gebunden,
mit Muster-Download,
79,00 €
ISBN 978-3-95646-326-6

Das Standardwerk für alle NoFas!

Für Notariatsfachangestellte sind **aktuelle und didaktisch gut aufbereitete Fachinformationen** sowohl für die Ausbildung als auch für die Prüfung unerlässlich. Aber auch in der Praxis schätzen Sie als Mitarbeiter gebündeltes, schnell erfassbares Notariats-Fachwissen.

Die komplett überarbeitete 21. Auflage der „Notariatskunde" von Faßbender u. a. bietet Ihnen als bewährtes Standardwerk auf diesem Gebiet **umfassende Informationen über den Notar, seine Tätigkeitsbereiche und die rechtlichen Hintergründe.** Eine große Fülle von **Mustern, Beispielen und grafischen Darstellungen** macht die Aneignung des zum Teil schwierigen Stoffes besonders leicht.

Folgende Gesetze, die seit der Vorauflage erlassen bzw. aktualisiert worden sind, finden in der Neuauflage Berücksichtigung:

- Reform des Personengesellschaftsrechts (MoPeG)
- Neuregelungen zur elektronischen Urkundensammlung
- Geldwäschegesetz (GwG)
- Geldwäschegesetzmeldepflichtverordnung Immobilien (GwGMeldV-Immobilien)
- Verordnung über die Führung notarieller Akten und Verzeichnisse (NotAktVV)
- Einführung des Onlineverfahrens durch das DiRUG und Erweiterungen durch das DiREG

Seit dieser Auflage enthält das Werk auch einen Muster-Download: So können Sie die zahlreichen Muster, die in diesem Werk enthalten sind, als Word-Dateien herunterladen und individuell anpassen.

Fazit: Auf die Notariatskunde können Sie sich verlassen – als praktizierender Notar sowie als Notariatsfachangestellte(r). Hier finden Sie **auf einen Blick alles Wichtige rund um die Arbeit des Notars** – von den Tätigkeitsbereichen bis zum Kostenrecht.

Bestellungen bitte an:
service@notarverlag.de
Tel.: 02 28 - 91 91 185
Fax: 02 28 - 91 91 184

Rochusstr. 2-4
53123 Bonn
www.notarverlag.de

DeutscherNotarVerlag